U0909625

神准的性格分析

让你看透每个人的12面

王小亚◎著

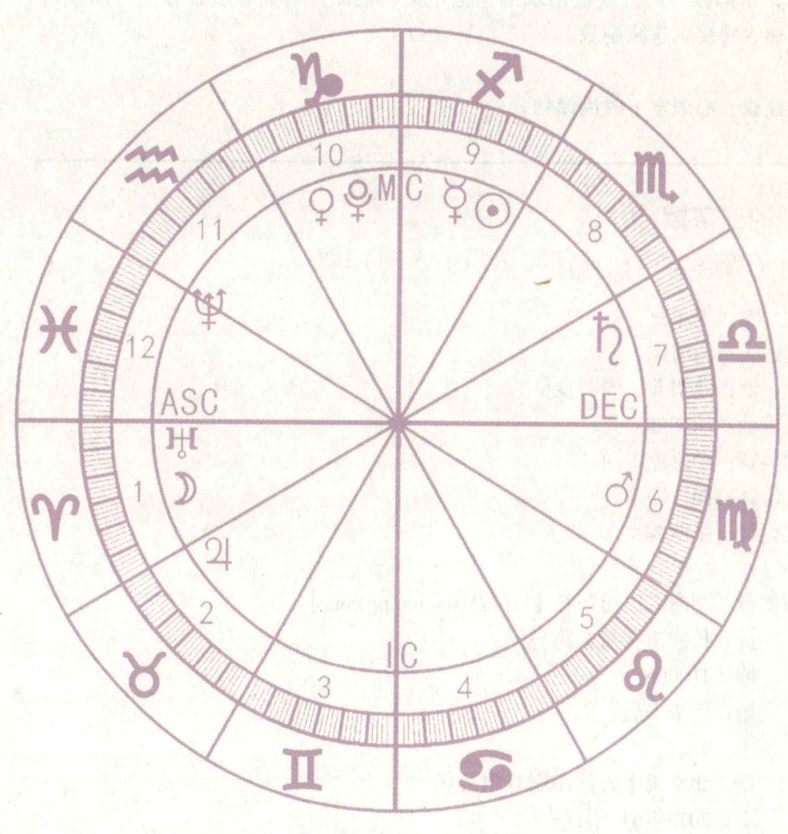

CNS 湖南人民出版社 博集天卷 CS-BOOKY

图书在版编目（CIP）数据

神准的性格分析：让你看透每个人的12面/王小亚著.
—长沙：湖南人民出版社，2013.4
（小亚的红茶馆. 第1讲）
ISBN 978-7-5438-9283-5

Ⅰ. ①神…　Ⅱ. ①王…　Ⅲ. ①性格-通俗读物
Ⅳ. ①B848-49

中国版本图书馆CIP数据核字（2013）第070265号

©中南博集天卷文化传媒有限公司。本书版权受法律保护。未经权利人许可，任何人不得以任何方式使用本书包括正文、插图、封面、版式等任何部分内容，违者将受到法律制裁。

上架建议：心理学·时尚读物

小亚的红茶馆　第1讲
神准的性格分析：让你看透每个人的12面

作　　者：王小亚
出 版 人：谢清风
监　　制：蔡明菲　潘　良
责任编辑：胡如虹
策划编辑：李彩萍
封面设计：面　团
版式设计：张丽娜

出版发行：湖南人民出版社【http://www.hnppp.com】
地　　址：长沙市营盘东路3号
邮　　编：410005
经　　销：新华书店

印　　刷：北京天宇万达印刷有限公司
版　　次：2013年6月第1版
2013年6月第1次印刷
开　　本：720mm × 1000mm　1/16
印　　张：17.5
字　　数：300千字
书　　号：ISBN 978-7-5438-9283-5
定　　价：32.80元

（若有质量问题，请致电质量监督电话：010-84409925）

自序

“天蝎是专一的爱人，也是最阴森可怕的敌人”“体贴爱付出的巨蟹是最理想的伴侣人选”“白羊鲁莽直接但没啥心眼”“摩羯是最负责任的星座”“天秤就是个老好人，对所有人都很温柔”……这些是在各种星座书籍和文章里司空见惯的星座性格描述，相对应的星座人就这么被简单地贴上了性格标签，但真的是这样吗？

在很多星座论坛里，经常会看到很多人发帖询问：“为什么我的天蝎恋人总是背着我和异性往来甚至发生关系，事后还理直气壮地说爱我？！”“为什么我认识的白羊那么多愁善感？”“摩羯男就是典型的不主动不拒绝不负责的‘三不男’！”“天秤明明是非常冷酷的啊！”“巨蟹才没那么温柔，情绪发作起来还会打人！”……这些描述看起来简直不像是在说同一个星座，难道是由星座论性格并不准吗？

接触了星座基础上更为严谨的占星学后，我们可以将之归结为每个人出生时本命盘里各行星所落位置的不同导致性格上的差异。但实际上，即便只看太阳星座，上述那两种截然不同的性格描述完全可以在同一个星座上体现。之所以存在着差异，是因为彼此采用的判断标准不同、对于性格体现的对象及时机存在误解，又或者对性格进行了片面的表面化的解读。

2011年，象征玄幻的海王星进入自己的领地双鱼座，未来十几年此类主题将大行其道。星座类话题也越来越火爆，在相亲节目、社交聚会、应聘求职中越来越频繁地提到星座话题。全面了解星座，而不是脸谱化地去简单解读，比起以前显得更有必要了。

在这本书里，也许你会看到对各个星座的许多负面评价。实际上，并非他们真的如此糟糕，找不出多少优点，而是希望通过这本书让你了解更多星座不为人知的另一面，这样不同星座人会有上述那些令人意外的表现也就不难理解了。此外，读过本书，还可以学着以其他星座的标准看待问题，从而设身处地地进行换位思考，使我们与各个星座人之间的相处和磨合都变得更容易。

通过这本书，你也能了解到一些占星术的初级常识，以及行星、星座对我们流年运势的影响。对于有兴趣进一步了解占星术的读者来说，可以作为入门的兴趣读物来看。即便不想深入探究，也可以当成是本以另一个角度看待星座的娱乐性读物。

第一章 了解星座：有些基础常识你必须知道

第二章 占星十二宫：人生各领域的缩影

第一章

了解星座：有些基础常识你必须知道

第一节

你真的知道自己是什么星座的吗？

星座现今是个热门话题，尤其年轻人对此更是津津乐道。我们常能听到例如“你是处女座啊，难怪那么细心”“我很喜欢神秘的天蝎座呢”这样的对话。对于每个星座所属日期范围的划分在各种星座书、网络文章中也比比皆是。

在讨论星座时，经常有人提出这样的问题：“星座究竟该以我的阳历生日还是农历生日来算？”“我的生日是1月20日，那究竟是摩羯座还是水瓶座？为什么有些书上说是摩羯，有些却说是水瓶呢？”有时当一群星座爱好者在一起交流时，有人会这样介绍自己的星座：“我的星座是太阳天蝎上升狮子月亮双子。”“太阳？月亮？还有上升星座？这些是什么？”很多时候，这种看似很详细的自我介绍马上会引来一连串疑问。

其实，很多人并不知道所谓的星座究竟是怎么来的，要说清这些问题得简单介绍一下占星学中的一些基本常识。

1. 黄道十二星座

简单来说，以地球为观测中心，太阳一年在天空中移动一圈的路径就叫“黄道”。在占星学中，古人把黄道一圈划成了12等份（每份30度），每一部分都用该位置邻近的一个星座命名，也称之为“黄道十二星座宫”。它和天文学上的星座位置区分方式并不相同，所以在占星学中并不存在“蛇夫座”这个星座。

十二星座的划分是以黄道0度算起，其排列顺序依次为：（1）白羊座（又称牧羊座）（2）金牛座（3）双子座（4）巨蟹座（5）狮子座（6）处女座（又称室女

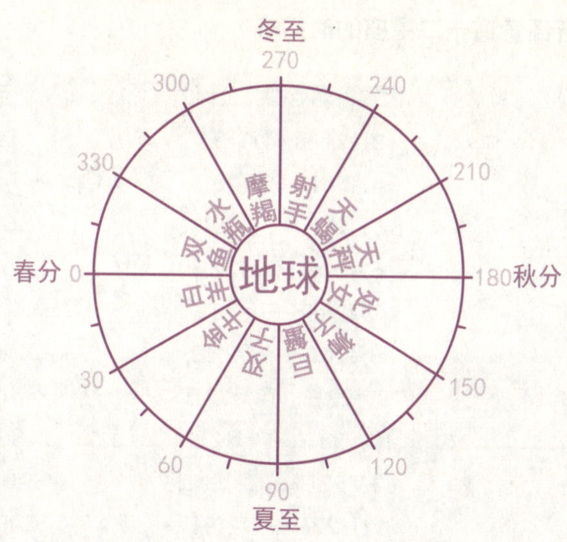

座）（7）天秤座（又称天平座）（8）天蝎座（9）射手座（又称人马座）（10）摩羯座（又称山羊座）（11）水瓶座（又称宝瓶座）（12）双鱼座。

记住十二个星座的先后排列顺序，对于充分了解每个星座的性格非常重要。

2. 太阳星座：自我意志的体现

（1）太阳星座的定义

我们平时常提到的“星座”，其实指的是“太阳星座”，也就是当你出生的那一刻，以地球为中心来观察太阳在黄道圈中所处位置是在哪个星座，那么它就是你的“太阳星座”，亦即是我们平时所简称的“我是某某星座”。

那么自然，你究竟属于哪个星座，得按照你阳历（也就是太阳历）的出生时间计算。

在近代，每年3月21日前后的“春分”当天，太阳会出现在黄道0度，也就是黄道第一个星座——白羊座的0度位置。众所周知，地球绕太阳公转一圈所需的时间是365天，其运行轨道大体是个圆形，一年365天里绕行360度，大致速度为每天行走1度。再结合黄道十二星座的排列顺序，就能计算出每年太阳行经各个星座的时间段。我们平时常见的按生日来划分十二星座的日期表正是由此而来的。

（2）太阳行经黄道十二星座的时间表

星座名称	大致日期范围（公历）	英文名
白羊座	3月21日—4月19日	ARIES
金牛座	4月20日—5月20日	TAURUS
双子座	5月21日—6月20日	GEMINI
巨蟹座	6月21日—7月22日	CANCER
狮子座	7月23日—8月23日	LEO
处女座	8月24日—9月22日	VIRGO
天秤座	9月23日—10月22日	LIBRA
天蝎座	10月23日—11月21日	SCORPIO
射手座	11月22日—12月21日	SAGITTARIUS
摩羯座	12月22日—1月19日	CAPRICORN
水瓶座	1月20日—2月19日	AQUARIUS
双鱼座	2月20日—3月20日	PISCES

必须弄清楚的是，太阳更换星座的时间（也就是前后两个星座的分界时间）并不会恰好是在某一天的零点零分，而是几点几分这样的不规则时间。而且在不同的年份里，这个具体的时间会略有变化，每一年各个星座更替的精确时间都会略有出入。

因此，无论是上面列出的各个星座所属的时间段，还是平时各种星座书和文章中的此类图表，都是为了方便起见，才以“天”为单位大致罗列的，其精确度会存在几小时到一天的出入。

举例来说，通常我们看到的星座表会把摩羯座所属的时间段写成“12月22日—1月19日”。实际上，北京时间2010年12月22日07：38之前出生的人属于射手座。到了2011年，1月20日18：18之前出生的也属于摩羯座。可是，按照星座日期对照表来看，凡是1月20日出生的都应该属于水瓶座了。由此可见，每一年各星座的精确更替时间都不是固定的。

所以，那些恰好出生在两个星座交界前后一天以内的人，若想确认自己究竟属于哪个太阳星座，就必须使用专业程序来获得自己出生那一刻的各星体所处的位置（这也被称为“本命盘”或“出生星图”），并从本命盘中找到太阳当时的运行位置。

1950—2020年太阳星座时间表请进入本书作者新浪博客的相关博文查询。

网址：http: //t.cn/zODrvd9

（3）太阳星座：展现我们意志的方式

太阳系中唯一的恒星就是太阳，各行星以太阳为中心运转。太阳散发着光与热，为地球上的人们所看见。所以，太阳在占星学中和“自我意志（Will）”有关，太阳所在的星座就是它展现自我意志的方式，通过太阳星座我们可以大致描述出每个星座人的性格。

打比方说，既然太阳星座是我们展现自我意志的方式，那么当我们想要什么东西时，就会以该星座的方式来表达。白羊座或许是直截了当地说出：“我想要……”谨慎的摩羯座也许会先判断下实际情况，再考虑要不要提出要求，当现实条件不允许时，宁可把这个意愿埋藏在心中。

太阳是你想让别人看到的部分，“自我个性”“外在形象”“表现方式”“精神面貌（活力）”等这些能为人所感知到的部分都受它的影响。

作为太阳系的中心，太阳在占星术中就是尊贵、权威、男性的象征。所以，太阳和与我们密切相关的男性、父辈、权威人士有关，这一点对女性尤其明显。

3. 上升星座：我们应对世界的人格面具

所谓上升星座，就是在我们出生的那一刻，出生地的东方地平线上正在升起的那个星座。所以，它的变换速度就和地球自转速度一样，每个上升星座的时间跨度为两小时，出生地的经纬度及出生时间的不同，对应的上升星座也会改变。

上升星座有着并不亚于太阳星座的重要性。如果说太阳星座是自我意志的体现，那么上升星座就是我们应对外界所选择的面具，也可以说是后天环境渐渐打造的结果。上升星座的影响在年幼时或许并不很明显，自身也不容易对它有知觉。然而，随着年龄的增长，经历越多，就越容易形成一套应对环境的方式，上升星座的特质也就渐渐增强，甚至已经不再是一副面具，在经年累月中已经同我们融为一体，难以取下。上升星座的反应模式也已经成为习惯融入潜意识之中。

于是，往往我们对他人的第一眼感觉，是对方的上升星座特质。所谓知人知面难知心，其原因之一就是他的上升星座和太阳星座的性格特质相差甚远带给人的错判。

举例来说，太阳双子座或狮子座这类比较活泼外向的星座，如果出生在一个传统、保守的家庭之中，从小就被要求循规蹈矩按部就班，甚至长大后的工作环境也是类似公务员、制度严谨的大型企业，那么为了更好地适应环境，他们就会无意识地渐渐选择至少表面上看似踏实、可靠、沉稳的摩羯座作为面具。于是，别人对他的第一眼印象会是如摩羯座一般内向、传统，而深交后却发现他其实是个幽默活泼的话痨（太阳双子座），或大大咧咧的豪爽男子汉（太阳狮子座）。

所以在看星座性格分析时，我们需要同时参考太阳星座和上升星座。

4. 其他行星星座

太阳系中除了地球之外，还有八大行星以及地球的卫星——月亮（注：在占星学中，习惯将月亮也称作行星），它们无时无刻不在沿着特定的轨道运行，那么在我们每个人出生时，这些星体在黄道圈中都有其当时所对应的位置。所以，既然有太阳星座，自然也会有月亮星座、金星星座、火星星座等。若想获知自己的出生星图，同样需要使用专业的绘制程序。

5. 出生星图（本命盘）：每个人独有的身份证

要知道自己的太阳、月亮及其他各行星，还有重要的上升点究竟在哪个星座，就必须知道出生那一刻的星图，该星图也被称作“本命盘”。在计算机尚未普及的时代，绘制出生星图是件相当麻烦的事，好在如今简便了许多，很多占星软件及在线程序只需输入你精确的出生年、月、日、时和出生地经纬度就可以自动生成出生星图，并以文字列出各个星体和上升点所在的星座。

星座符号：

白羊座　金牛座　双子座　巨蟹座　狮子座　处女座

天秤座　天蝎座　射手座　摩羯座　水瓶座　双鱼座

行星符号：

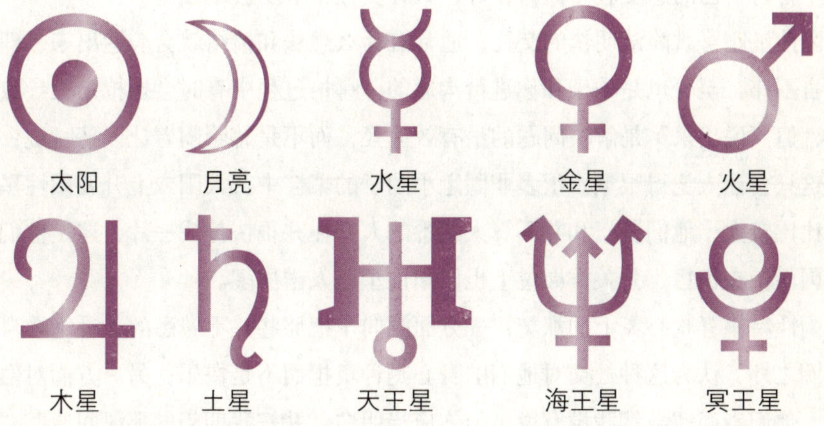

太阳　月亮　水星　金星　火星

木星　土星　天王星　海王星　冥王星

四轴点：

ASC（Ascendant）：上升点　DES（Descendant）：下降点

IC（Immum Coeli，拉丁文）：天底　MC（Midheaven）：天顶/中天

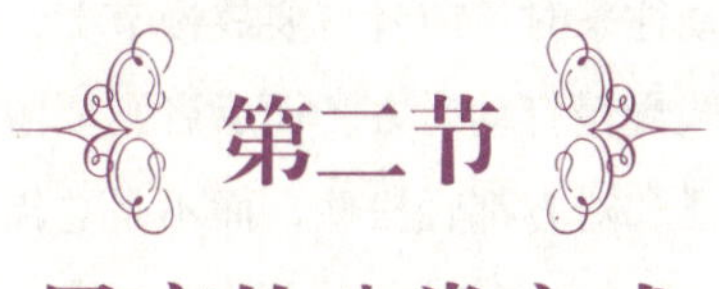

第二节 星座的分类方式

在了解每个星座的性格特质之前，从星座分类入手更有助于我们了解星座之间具有的一些共性。

星座分类方式很多，最为常见的是阴阳、元素、特质这三种分类法。

1. 按阴阳分类：主动者与被动者

阳性星座：白羊、双子、狮子、天秤、射手、水瓶

阴性星座：金牛、巨蟹、处女、天蝎、摩羯、双鱼

阳性星座的人性格主动，积极、乐观、开创性强，善于表达自己的想法，有些自来熟，相对容易交朋友。阴性星座的人性格被动，容易悲观、消极，反应倾向内敛，不喜将自己的感受轻易流露在外，人际交往中节奏会缓慢些。

阳性星座喜欢简洁明快的交往，通常有什么想法和情绪就会表达出来，即便不是直言不讳，至少也是乐于和你进行沟通的。哪怕过程中有时会擦枪走火导致口角争执，但“说出来”是解决问题的最有效途径，而不是憋着闷着让人猜哑谜，长久下来这只会让人觉得很累。很多非固定小圈子的聚会中，太阳或上升属阳性星座的人占比比较大，他们善于和并不算太熟悉的人交往并很快打成一片，这是他们的优势。因而，在销售、公关类岗位上也以阳性星座人士居多。

阴性星座喜欢心灵上的默契，一方面倾向于把那些并不熟悉的人隔绝在自己的交际圈之外，认为这种社交对他们的身心是种负担而不是快乐；另一方面对熟悉的人群，他们崇尚“虽然我没有说，但你应当明白，并按我期望的那般回应”“懂我的人始终会懂，不懂的也没必要多说”这种默契式的交往，甚至有时坚持要他们表达自己的感受，只会有种“被粗暴地伤害”的感觉。在陌生的环境或圈子中，太阳或上升是阴性星座的人习惯先将自己摆在观察者的位置上，因而与快热型的阳性星座相比，在聚会初期常有种格格不入或孤僻感。只有在熟悉的人群中，他们才能放开自己，流露出真实本性，甚至展现出别人很少见到的另一面。

当阳性和阴性星座互动往来时，前者需要放慢节奏，仔细留意后者的反应，以循序渐进、由浅入深的方式慢慢打动对方。而后者则要敞开心扉，学会在必要时不妨说出自己的想法，让自己和对方都轻松些，而不是总指望别人费神费力来当自己肚子里的蛔虫。

2. 按元素分类：火风土水四元素

（1）占星学里的“三方”星座：火土风水四元素星座的划分

在西方科学家眼中，整个世界是由火、土、风、水四个元素组成的，同样在占

星术中也将十二星座按不同元素划分成四类：

火象星座：1白羊、5狮子、9射手

土象星座：2金牛、6处女、10摩羯

风象星座：3双子、7天秤、11水瓶

水象星座：4巨蟹、8天蝎、12双鱼

（注：星座前的数字是按该星座在黄道十二星座里的排列顺序。）

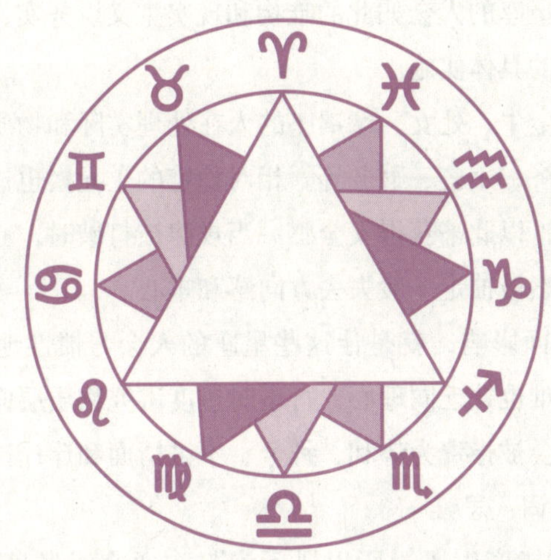

如图我们可以看到，若将同一元素的三个星座用线连接起来，就能得到一个完美的等边三角形。因此，我们也将这种按元素划分的星座称之为“三方”星座。

（2）不同元素属性赋予星座根本的特质

◆ 火象星座关键词：驱动力

火元素象征着能量、热情、创造力、理想、信念，它为我们提供动机，使之成为让事情发生的驱动力，并给予必要的鼓舞来将信念持续。所以，火象星座在黄道十二宫就像是领导者或啦啦队的角色。

受到火元素特质的影响，白羊、狮子、射手座的人通常都显得乐观开朗，更有着仿佛不会枯竭的生命力。他们并不惧怕失败，完全不担心自己跌倒后会爬不起来，这使得他们敢于去尝试去冒险。即便一时遭遇挫折，他们也能很快“春风吹又生”般恢复。未来对他们而言是充满各种可能性等待他们去冒险的乐园。

火元素也会带来些负面特质，例如，持续性不够稳定、行事冲动、过度理想主义、因为过于自信而变得自大，甚至会演变成对别人具有攻击性，迫使别人接受自己的想法及安排等。

◆ 土象星座关键词：实质

和无法触摸的风元素、火元素及不定形的水元素相比，土元素就显得实在和可靠得多。它是切切实实可把握于手中的物质，能为我们的生活提供物质资源，所以也不奇怪为什么土象星座的人会如此的唯物和现实主义、务实、注重实用性了。土象星座掌管的是事件的具体实施。

受土元素影响，金牛、处女、摩羯座的人在处理实际和物质性的事务方面有着极强的天赋，例如经济、工艺、财务等。相对稳定的土元素也让他们喜欢有规律的生活，按照习惯行事，以此来获得安全感。当规律被打破时，心情会变得焦虑，简直就像脚下的地毯突然被抽走一般失去方向感和重心。

土元素带来的负面影响，就是让这些星座的人会习惯性地压抑自己的情感反应，对他人遭受的苦难也缺乏同理心。行事时过度讲究物质层面的影响，而忽略其背后的意义，这通常会被指责为势利、拜金、不讲情面和斤斤计较。

◆ 风象星座关键词：思维

只有在运动中才能产生风，所以风元素与沟通交流息息相关。它象征着思维、想法、智力、人与人之间的互动、各种人际关系。风元素提供的是引发事件的想法。

因而，风象星座的双子、天秤、水瓶都善于思维，对各种信息极为敏感，也喜欢和他人分享彼此的想法。对风象星座的人来说，没有什么比接触到新知识和不同的想法更有趣的了，这也难怪他们为什么那么爱交朋友。对他们而言，不同想法间产生碰撞是一种享受，但前提是，对方是可以沟通的，而不是一味只顾单向输出自己的想法，而拒绝聆听不同的声音。

多思的风元素带来的负面作用会体现在想得多而做得少，或是将太多想法放在一起实现而导致一心多用虎头蛇尾，最终一事无成。

◆ 水象星座关键词：感受

俗话说“柔情似水”，在很多文学作品中，水元素与“情”字总是脱不开关系。它象征我们的情绪、情感。掌管的是事件中的“感受”部分，包括自己和事件相关人士的感觉。

就如同水有渗透性那样，水象星座多少具有直觉和心灵方面的能力，相比其他星座更能感受到他人的情绪波动、对别人的境遇也易生出同理心。水象星座是感受者、滋养者和照顾者。出于对他人心理及感受的良好把握，从事服务性行业、辅助性职务时，常能让对方觉得贴心、周到。

不过，感情用事也成为水象星座的软肋。他们并非没有理智，但理智总被自己的感性击溃。过度敏感引起的“受迫害妄想”会给自己人际交往造成阻碍，给人留下孤僻的印象。

（3）不同元素星座的互动

平时多观察下团队中“四象星座”的言行，可以对他们在事件各环节中起的作用有个直观的认识。举个实际例子，某家公司组织拓展训练时，将团队成员根据火土风水四象星座分成四个小组，比赛扎木筏和漂流。比赛的过程很有意思，充分体现了火象提供驱动力、风象提供想法、土象负责具体执行、而水象关注感受的特点。

比赛开始后，火象星座小组立即动手操作，率先扎好木筏下水，但由于操之过急工作不够细致，导致中途木筏散架，失去了夺冠机会。

而风象星座呢，免不了先在组内讨论设计、步骤分工、采用路线等各种想法，力求找出最好的一种。中间经过了协商、改进、说服后终于制定出相对完美的方案，也成功到达了终点，但因为花了太多时间在讨论上，所以屈居亚军。

冠军结果毫不意外地落在了土象星座组。他们将木筏的安全性和牢固性放在第一位，在商量各方案的过程中并不苛求完美，而且注重实际效果并能自觉控制讨论时间和方向，结果下水时间比风象组早，木筏顺利到达终点并获得第一。

水象组因为太在乎自己的感受，有抱怨规则不公平的，有表示自己并不喜欢这种活动的，有提出友谊第一不必争抢的，还有担心安全能否得到保障的，总之就是难以同心协力去动手，最终成为四组中效率最低的一组。

这个比赛的结果正说明了各元素星座擅长的领域各不相同，所以很多时候我们在团队合作时、人际互动中，选择合适的人员配置能事半功倍。

（4）看人下菜：如何打动各元素星座

知己知彼方能百战百胜，想打动别人时，把对方需要的东西展现出来远比一味表现自己认为好的方面来得重要。无论是工作、业务还是感情，想打动各星座就得从他们所属的元素入手，再辅以其他。

对于火象星座，痛快感是第一位的。他们是具有未来性的星座，可以侧重向他们展示美好的前景、崇高的理想、具有充分可能性的未来，而不是用反复说明现实局限性及各种细节问题来扑灭他们的热忱。在赠送礼物时，大手笔、大气魄、夸张豪爽的东西或行为较能符合火象星座人的心理期待。

对于土象星座，得突出你能提供的实际价值，同时充分罗列现实中可能面临的问题，以及相应的各种解决方式，让他们明白你考虑得非常周到，是个务实的人，而不是脱离现实一味流于幻想。送礼物时，要以“能转手卖出一定价格”为标准。并不是说他们拜金或真的不懂情趣缺乏文艺情怀，而是习惯以实质标准来衡量。例如，你送跑遍全世界去收集各个国家的明信片，很可能远不如一部当红的iPhone手机、大牌配饰来得直接有效。

对于风象星座，要让他们感觉你是可交流的。提出你的想法，同时也敞开心扉去倾听对方的意见。理性地分析和解决问题，而不是夹杂感情因素混作一谈。要让他们觉得日后即便有什么问题和其他要求，和你也是有畅通交流渠道的。

对于水象星座，需要以情动人，向他们表示你的诚意。无论是美好前景描述，还是赠送昂贵物，或是海阔天空畅谈，这些不终究是你对谁都能做的吗？所以，要展现出你给他们的“特有”服务，让他们觉得自己对于你是特殊的存在。同样赠送礼物时，也是心意比价值来得重要，但这并不是说你可以送一些无物质价值的东西，毕竟观察他们的喜好也属于心意的一个方面。如果对方喜欢有价之物，那一样需要送。

3. 按类型分类：基本宫、固定宫、变动宫

（1）占星学里的“四正”星座：基本宫、固定宫、变动宫

所谓“四正”星座，就是在星盘中任取一个星座作为一个角，把360度的星盘按90度任意划分成四等分，其十字痕的四个点，也就是所形成的正方形的四个角就

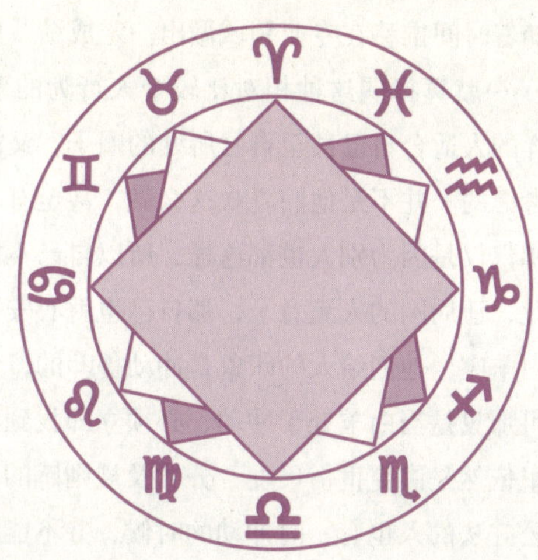

成为了一组。根据划分方式的不同，可以得到三组不同的分法，即

基本宫星座：1白羊、4巨蟹、7天秤、10摩羯

固定宫星座：2金牛、5狮子、8天蝎、11水瓶

变动宫星座：3双子、6处女、9射手、12双鱼

（注：星座前的数字是按该星座在黄道十二星座里的排列顺序。）

如果从太阳星座相对应的时间来看，基本宫星座对应的恰好是每个季节开始的时间，所以又被称为“始创宫”“本位宫”，具有开拓、创立的特质。固定宫对应的时间位于每个季节的中间，是季节特征最明显的时候，所以关注的是如何将拥有之物固守下去。变动宫是四季的尾声，性质较不稳定，位于两个季节之交的他们适应性较强。

和以元素划分的星座一样，这里每一组星座也是相像的。这三类星座之间的根本区别就在于对待“规则”的态度不同。

（2）三类星座性格

◆ 基本宫：世俗规则下的模范生

基本宫仿佛就是为规则而活，此处的规则指的是社会及世俗上的定义。比如，一个成功的人生，就是得小时候好好学习天天向上尽量让父母师长省心，走出校园后有份体面的工作，随着时间推移在专业领域做出一定成绩，然后找个门当户对的结一门亲、生个孩子……就算择偶这种相对比较个人行为的事情，也很少是由着自己性子来的，什么样的人适合自己甚至自己所处的圈子，又能让自己的家庭接受等，这些都是他们要考虑的。并不是他们喜欢这么做，甚至有时他们自己都不知道为什么要这么做，仿佛仅仅是因为别人也都这样，所以自己不能显得太突出。他们打心眼里觉得理应如此，让周围的人满意了，那自己也就心安了。

显得较特别的是白羊座，他们给人的印象是冲动鲁莽的，仿佛上面那些描述和白羊完全对不上号。可那只是当白羊处于冲动、必须立即找到渠道发泄的状态下给人的错觉。白羊骨子里依然是讲究世俗尺度、分寸及规则感的，就好比一个熟知法律并且一辈子讲究奉公守法的人也有一时冲动的时候，并不能因此就认为他是无视或藐视法律的。

用“为别人而活”来形容基本宫不算过分，可问题在于，人总是有欲望的。很多基本宫前半生一直致力于让自己成为一个“标准生”。可到了后半生，事业、婚姻乃至子女的状况相对稳定下来后，难免会觉得自己一辈子都没真正为自己活过。所以，很多年轻时像个模范生的基本宫人，在中老年时期会做出些相当离经叛道让人大跌眼镜的事来。

◆ 固定宫：“我”即是规则

与行事考虑是否“应该”、是否“合乎常理、常规”的模范生基本宫相比，固定宫人显得有个性得多。他们的出发点就是自己乐意不乐意、喜欢不喜欢，“千金难买爷愿意”是他们的行事准则。虽然固定宫人并不会无聊得没事就去挑战世俗规则，甚至有时表面看起来他们和基本宫人没啥两样，同样都是奉公守法的好公民，但骨子里他们压根没把那些世俗规则、人与人交往时理应遵守的秩序、分寸当回事。只要他们乐意，就可以毫无愧疚地去将规则打破，而不那么做的原因，也不外乎是不想给自己惹上不必要的麻烦，而不是真认为规则是对的、是需要遵守的。

这一点在人际关系中体现得格外明显。基本宫人在与人来往时，对别人的欣赏通常是循序渐进的，一点一点加分，同时自己也一步步地敞开心扉。从说场面话，到聊心里话，甚至告诉你个人隐私，他们认为这是把你当成自己人的体现，是一种肯定。

但固定宫人呢，一旦觉得很投缘，立马可以掏心掏肺地和你聊。别说什么家庭

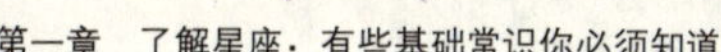

地址、电话号码这种资料，甚至恨不得把自己的爱好、习惯、乃至祖宗十八代姓甚名谁都讲给你听，好让你多了解下自己，唯恐对方知道得不够多。固定宫人初识时就将对方分为喜欢与不喜欢两种，如果觉得和对方不是一国的，那态度别提有多傲慢冷漠，或者勉强保持表面的客套。他们对人一旦在心里做出评价把你归到异类，无论你日后做多少事来弥补，都很难改变这个观感。

很多人对水瓶座属于固定宫感到不解，水瓶特有的风向淡漠、流动性的本质似乎和固定宫的固执、浓烈的行事作风完全相反，而且还有广交天下朋友的美名。然而，从对待“规则”的态度来说，他们同样遵守着自己的一套处事原则，既不像基本宫那样会有什么“理应如此”的想法，也不像变动宫可以随意适应外界环境。水瓶座看似朋友遍天下，但正像风不会附于任何物体上一样，那些朋友并没有触及水瓶内心的分毫，如同拂过身上的风，而非附于骨架上的血肉，即便消失也不会有什么痛苦。这份疏离感的存在正是为了能更好地保有自己的个性不受周围干涉的左右。

为自己而活的固定宫会显得很任性，甚至人近中年都依然有股叛逆青年的劲儿，不喜欢就顶着不干，还觉得自己特牛气，这说穿了不过是自恋。这个世界毕竟不是你一个人的，也不可能顺着你的心意改变。很多好运的固定宫要么生长在一个可以包容其鲜明个性与作风的环境，要么是得到认可从而能保持其个性的氛围，即使自恋也依然能得到美誉。但运气差一些的固定宫呢，既无法改变自己的性格与外界长期妥协，同时又缺乏让自己发挥出色的才能，却依然自认为与众不同，是一匹未遇见伯乐的良驹。殊不知，这种表现可以用个更通俗简单的成语来描述，那就是“眼高手低”。

◆ 变动宫：任何规则我都能适应

变动宫，顾名思义就是善变。因为善于变通，所以并不在乎是该遵守世俗规则，还是听从自己内心的声音。这些都无所谓，都可以随着当下所处环境来决定，选择一条最简单好走的路，或许可以将之形容为投机取巧、能屈能伸、适应力强等。

这也是给他们招来无原则、无底线、无节操等恶名的原因。对于困难、障碍，他们不会选择知难而上、直面挑战，而是尽量绕着走、躲着走，有些逃避倾向。路上遇到障碍时，如果觉得扫除障碍可能比较麻烦，他们宁愿开辟一条未知的新路去冒风险，也不愿意去干些愚公移山、精卫填海的事，即便那条新路或许又是条死路。正因为如此，也可以理解为什么他们对于承诺常常会出尔反尔了。对基本宫来说，承诺是规则，得尽量去维护；对固定宫来说，认真许下的承诺多数出于自己的本心，即使出于好恶因素也乐意去竭力维护；而变动宫呢，可以因为实际情况随时抛开束缚自己的东西。

即便是沾染了土象星座刻板固执性格的处女座，虽然其变化性不像其他三个变动宫星座那样明显，但那只是作为务实的阴性星座，在行为和言辞上体现得相对不够多而已。其实，处女内心想法的多变、思维的敏捷、有时想法和行事的出人意料还是很有变动宫特质的。

善变通是变动宫最大的优点，也是缺点之一。“变化”对他们来说，更像是生活必需品，而不是代价昂贵的奢侈品。放弃自己在一个领域内已经取得的成绩，踏上另一条新路这种人生大举措，对他们的意义就和在屋里坐久了必须出去呼吸下新鲜空气一样理所当然。这固然会带来很多新机会，减少无益的进一步损失，但也会让他们太过轻易地去放弃，使之在任何方面的累积都很有限。这么看来，也许他们灵活机动地调动自己各个领域中认识的人脉，利用好别人的能力积累来达成目的这样更合适些，所以也难怪很多变动宫人会选择从事业务、销售、公关类的职务。

第二章

占星十二宫：人生各领域的缩影

每个人的性格都不是单一的，可能一个冷血杀手回到家中，却是个尊老爱幼的模范父亲孝顺儿子。也有时一个在周围人眼里当属好好先生的男人，在家中却斤斤计较处处挑剔还动不动就实施冷暴力，让伴侣不堪忍受。同样星座也是如此，都说摩羯不懂情趣，但他们也有浪漫得让你即使在冬日都觉得温暖的举动；都说天蝎寻求灵魂伴侣，可实际上肉体的合拍对典型的天蝎男女来说甚至比精神上的需求来得更重要。造成这些在各个情景下表现差异的原因，正是因为我们每个人的星盘上都有十二个宫位，它们分别代表人生的十二个领域，每个宫位的自身情况决定了我们以什么样的面目去对待该宫位所象征的事物。

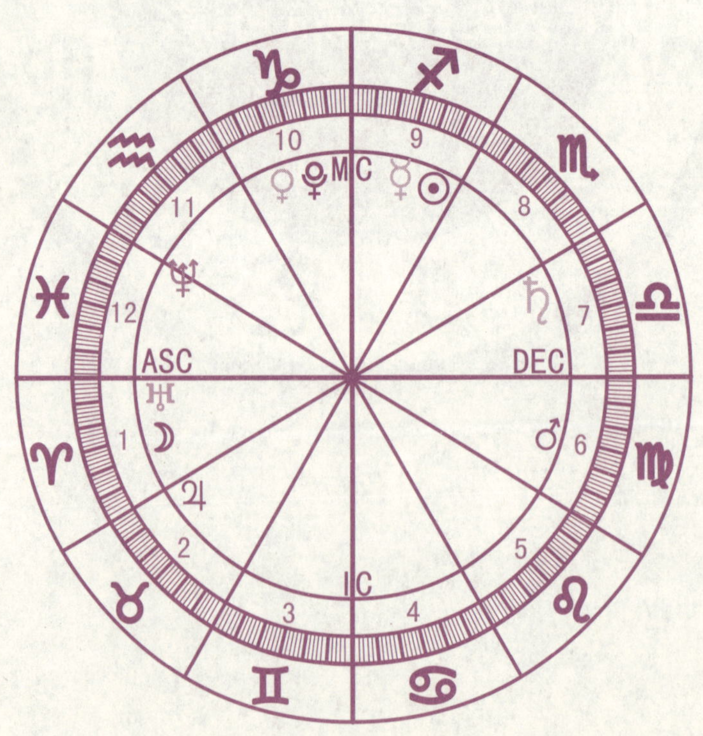

如图我们可以看到星盘有三个重要元素：最外圈的是星座，中间一圈是宫位，而散布在圆盘上的各种符号则是行星。宫位代表事件发生的领域，星座是事件发生的方式，而行星则是事件的具体特质。

如果将之比作一个舞台剧，宫位决定了这是科教片、爱情片、商战片，还是家庭伦理片；而星座则和表现形式有关，是小说、诗朗诵，还是舞蹈。行星就像是一个个出演角色的演员，有老人、小孩、青年男女等，并带着演员本身的表演特点将故事演绎出来。

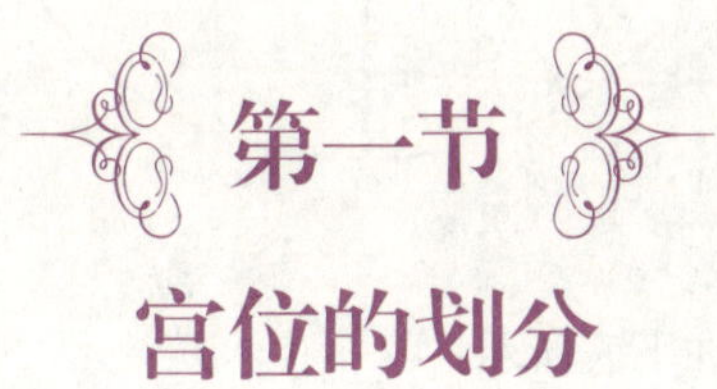

第一节　宫位的划分

宫位有好几种不同的划分方式，最常用的是根据所处地点的经纬度与时间相结合的“普拉西度（Placidus）”式分宫法。对于初学者来说，为了便于理解，本书中的宫位制采用的是“整宫（Whole）”制。正如上图所示，也就是选定一个星座作为命宫后，从该星座头部的0度开始，每30度划为一个宫，共十二个宫。对应上十二个星座，恰好是每个星座占一个宫的位置。

第二节　十二个宫位的含义

十二个宫位在星盘上以固定的次序排列，即从正西九点钟方向起，以逆时针方向排列第一到第十二宫。宫位代表特定的人生领域，如自我、财产、家庭等，我们在该领域中的经历也会由此来体现。

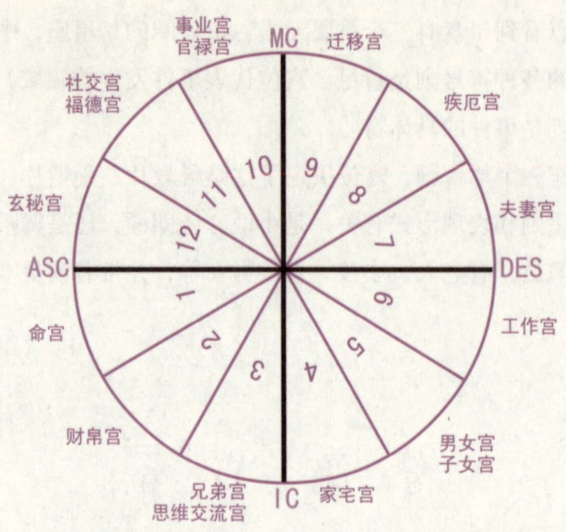

各个宫位代表的领域如下表所示：

宫位	常用名称	宫位本质含义	宫位衍生含义
第一宫	命宫	“自我”	性格、言行举止、健康、外貌、体形以及给予他人的第一印象
第二宫	财帛宫	拥有的物质和资源	金钱价值观、拥有的财产、理财能力和方式、鉴赏能力
第三宫	兄弟宫 思维交流宫	兄弟姐妹、学习沟通、交流等互动模式	（1）代表一个人所处的近距离环境，包括兄弟姐妹、左邻右舍、生活社区等； （2）所有与交流沟通相关之事，如思考、学习、口才、写作、表达、语言、教育等； （3）短途迁动，如搬迁、交通、短途旅行等
第四宫	家宅宫	家宅状况	一个人的根基，包括精神和物质上的。如内心情感、家庭状况、父亲、长辈、祖荫、矿产、房地产等
第五宫	男女宫 子女宫	纯粹的娱乐/快乐	（1）一个人对待不涉及责任的感情的态度与表现形式，也包括性方面的乐趣； （2）对爱情、投机、休闲等涉及玩乐方面的态度； （3）创意和自我表达能力，如创作各种文学、绘画和艺术作品、表演等； （4）子女、儿童

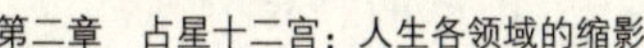

续表

宫位	常用名称	宫位本质含义	宫位衍生含义
第六宫	工作宫	工作杂务/健康	日常工作时的状况、部属关系、健康和饮食养生
第七宫	夫妻宫	一对一带有责任的关系	夫妻或互相已有承诺的感情关系（注意与第五宫所代表的感情相比，区别在于互相有无责任）、合作关系、协议的双方、公开的敌人/竞争对手、广义上泛指的“他人”
第八宫	疾厄宫	疾厄、从他人处获得的东西（含有形和无形资产）	（1）灾祸、死亡、疾病、神秘、再生能力、（生理上的）性能力； （2）第八宫也可看成是“第七宫的第二宫”，第七宫指广义上的“他人”/合伙人/配偶，所以第八宫与“他人所拥有的资源”相关，如合伙人/配偶的财产，遗产、债务、保险、信托、赋税等
第九宫	迁移宫	远距离/有深度的事物	（1）长途旅行、异国他乡（包括其文化）； （2）宗教、哲学、法律、其他高等学识等有深度的知识
第十宫	事业宫 官禄宫	社会地位 公众形象	它掌管一个人在事业发展上的企图心。与第六宫“工作宫”所代表的工作与日常杂务劳作琐事相比，事业宫则更侧重事业的发展方向和前景。其中也涵盖了在社会/行业中的地位，在大众眼中呈现出来的形象。也代表位于上层的人物，如上司和权威人物
第十一宫	社交宫 福德宫	群体	与所处群体（社交/朋友圈）的关系，交友状况 付出所得到的回报
第十二宫	玄秘宫	隐秘不明之事物	潜意识想法/性格、秘密、直觉、暗中的敌人、玄秘事物（如各种命理/灵修/心理学等）、医院/监狱等带有拘禁性质的场所

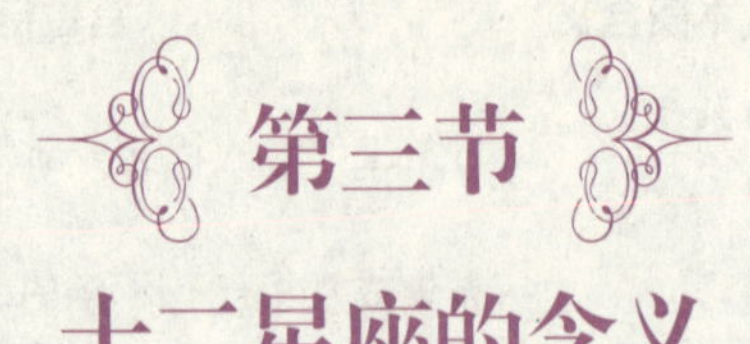

第三节 十二星座的含义

星座是演绎方式，当它和星盘中的各个宫位对应起来时，就体现出“盘主”对该领域事物的观点、需求和态度。例如，当一个人的掌管恋爱的第五宫是金牛、摩羯、处女等土象星座时，此人对待爱情的态度比较务实，也喜欢用实质性的行为去表达和衡量爱。比如，送礼物时会选择看得见摸得着、有实用功能或一定价值的东西，而不是采用唱一首歌、写首情诗这种虚幻、无法界定功用与价值的形式来表达。

所以在了解了十二个宫位象征的人生领域后，还有必要大致了解下各星座的含义。

星座名	元素	类型	守护星	原型含义
白羊座	火象	基本宫	火星	自我、勇敢、快速、爆发、新鲜、热情、冒险、攻击、冲动
金牛座	土象	固定宫	金星	实际、占有、稳定、坚持、缓和、顽固、（物质）安全感、倔强
双子座	风象	变动宫	水星	变动、思考、学习、传达、流动性、交际、善变、浮躁、表面化
巨蟹座	水象	基本宫	月亮	情绪、（情感）安全感、母性、温情、照顾、防护、储藏、堆积
狮子座	火象	固定宫	太阳	自尊自我、热情、表现欲、创意、积极、慷慨、傲慢、自大
处女座	土象	变动宫	水星	实际、分析、细节、秩序、劳碌、勤劳、完美主义、挑剔、短视
天秤座	风象	基本宫	金星	理性、美感、均衡、体谅、分析、交涉、优柔寡断、艺术、合作

续表

星座名	元素	类型	守护星	原型含义
天蝎座	水象	固定宫	冥王星 火星	原欲、极端、再生、深沉、内敛、神秘、情欲、黑暗、执着、死亡、暴力
射手座	火象	变动宫	木星	高远、自由、理想、变动、教育、智慧、异地、迁移、热情、宗教、哲学
摩羯座	土象	基本宫	土星	现实、责任、限制、传统、规则、刻苦、严谨、忍耐、野心、冷酷、低调、固执
水瓶座	风象	固定宫	土星 天王星	天才、自由、奇异、独立、前卫、科技、创造、革新、反叛、团体
双鱼座	水象	变动宫	木星 海王星	混沌、朦胧、感性、仁慈、包容、玄奥、浪漫、沉溺、上瘾、欺骗

每个人的太阳星座或上升星座能视为第一宫，也就是命宫。那么按照从白羊、金牛、双子一直到双鱼这十二星座的顺序，将十二宫的位置逐一对应，就能大致看出每个星座对待人生各个领域所持有的不同态度。

十二星座的顺序如上表所示，那么对于白羊座来说，第一宫就是白羊座本身，第二宫是金牛座，第三宫是双子座……依此类推，直到第十一宫是水瓶座，第十二宫是双鱼座。而对金牛座来说，第一宫就是自已的金牛座本身，第二宫是双子座，第三宫是巨蟹座……直到第十一宫的双鱼，第十二宫的白羊。若假设水瓶座是第一宫的话，第二宫就是双鱼，到了第三宫即重新回到白羊座，第四宫是金牛……直到第十二宫的摩羯。

当选择不同的星座作为第一宫时，其十二个宫位对应星座如下表所示：

第一宫	白羊	金牛	双子	巨蟹	狮子	处女	天秤	天蝎	射手	摩羯	水瓶	双鱼
第二宫	金牛	双子	巨蟹	狮子	处女	天秤	天蝎	射手	摩羯	水瓶	双鱼	白羊
第三宫	双子	巨蟹	狮子	处女	天秤	天蝎	射手	摩羯	水瓶	双鱼	白羊	金牛
第四宫	巨蟹	狮子	处女	天秤	天蝎	射手	摩羯	水瓶	双鱼	白羊	金牛	双子
第五宫	狮子	处女	天秤	天蝎	射手	摩羯	水瓶	双鱼	白羊	金牛	双子	巨蟹
第六宫	处女	天秤	天蝎	射手	摩羯	水瓶	双鱼	白羊	金牛	双子	巨蟹	狮子
第七宫	天秤	天蝎	射手	摩羯	水瓶	双鱼	白羊	金牛	双子	巨蟹	狮子	处女

续表

第八宫	天蝎	射手	摩羯	水瓶	双鱼	白羊	金牛	双子	巨蟹	狮子	处女	天秤
第九宫	射手	摩羯	水瓶	双鱼	白羊	金牛	双子	巨蟹	狮子	处女	天秤	天蝎
第十宫	摩羯	水瓶	双鱼	白羊	金牛	双子	巨蟹	狮子	处女	天秤	天蝎	射手
第十一宫	水瓶	双鱼	白羊	金牛	双子	巨蟹	狮子	处女	天秤	天蝎	射手	摩羯
第十二宫	双鱼	白羊	金牛	双子	巨蟹	狮子	处女	天秤	天蝎	射手	摩羯	水瓶

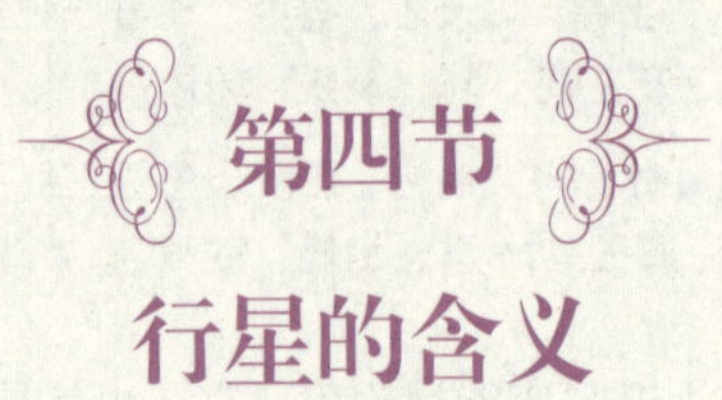

第四节 行星的含义

行星就像是演员，在特定的人生舞台（宫位）以指定的方式（星座）演绎时，难免带上自己的个人色彩及所扮演角色的特质。虽然在本书中我们并不会详细论述行星对于星盘的影响，但每个星座都有守护星，仿佛领主一般，领主的意志会决定领土所呈现的风貌，所以大致了解下每颗行星的含义，对照其守护的星座，也会对星座的特质有进一步的了解。

行星	掌管星座	代表含义
太阳	狮子座	领导力、成功、自信、自尊、男性、父亲、丈夫、老板/政治家等权威人士、生命力、黄金、心脏、脊髓
月亮	巨蟹座	内在情绪、潜意识情感、温柔、体贴、变动、阴柔、过往、回忆、女性、母亲、妻子、家庭、不动产
水星	双子/处女座	聪明、沟通、文笔、思维、分析、反应、多变、初级教育、反应、短途旅行、文笔口才等表达方式、逻辑
金星	金牛/天秤座	美（含艺术、美容、俊男美女等）、爱、金钱、品位、和谐、懒惰、犹豫不决
火星	白羊/天蝎座	行动力、勇敢、积极、刚强、火暴、冲动、短暂、争吵、战争、伤害、男性、运动、军警、金属、器械、仪器

续表

行星	掌管星座	代表含义
木星	射手/双鱼座	财富、幸运、地位、仁慈、成功、乐观、繁荣、高等教育、远距离旅行、宗教哲学
土星	摩羯/水瓶座	严肃、劳碌、努力、迟缓、实力、中老年、坚硬、磨炼、损失、权威、专家、牙齿、骨骼、关节、皮肤、慢性病
天王星	水瓶座	革新、创意、新奇、独特、突发意外、博爱、发明、占星、高科技、怪异、标新立异、太空、社团
海王星	双鱼座	艺术、奉献、酒/毒品等易上瘾物、迷糊、航海、朦胧
冥王星	天蝎座	秘密、洞察力、直觉、强制、再生、阴谋、颠覆、垄断、税收、死亡、心理

例如，水星的含义是学习、思维、分析、交流。我们会发现由水星守护的两个星座——双子座和处女座，都很爱对各种现象进行思考、分析，只是作为阳性且爱交流的风象星座双子座，会喜欢将思考分析的过程、甚至结果与人热烈讨论；而处女因为属于内敛的阴性星座，又是倾向克制、低调的土象星座，所以往往会默默地把结论放在心中，或者只和部分熟识的人分享。

同样，金牛座与天秤座由于同受金星掌管，因而都和“美”有关。不过，土象的金牛座所代表的“美”是从看得见摸得着的实际角度出发，比如，柔滑的丝绸布料、美味可口的食物、美貌男女的姿色甚至抚摸时的手感、奢华且具昂贵价值的珠宝和艺术品等。风象天秤座指代的“美”如同风一般，是无形的，是一种氛围，如和睦的关系、和谐的气氛、令人愉快的言辞和行为、虽然算不上美貌但却很顺眼、具协调感的外表和体形、美丽但未必贵重的物品等。

第五节

宫位与星座的结合，让你全方位了解他人

每个人的性格不可能是单一的，我们在不同的舞台上扮演着各种角色，有时是

子女、有时是甜蜜的情人，也可能是威严的师长。每一个星座人都有其十二个宫位，每个宫位根据星座的排列顺序不同，使我们在各个宫位象征的领域中，表现出不同的面貌。而我们的命宫如同总司令，所有行为举止、表达方式都会带有自己命宫所对应星座的模式。

通过每个宫位与星座的结合，我们就能了解为什么有时某个星座人会有似乎与该星座完全不同的表现来。

第三章

占星十二宫，教你看透每个星座的十二面

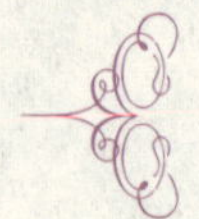

第一节　白羊座

我不是头脑简单，只是等不及

一、白羊座基本资料篇

白羊座

- 守护星及其含义：火星——暴力、爆发、果断、情欲
- 星座阴阳：阳性
- 星座元素：火象星座
- 星座类型：基本宫
- 强势行星：在此地能更好地发挥其本性的行星

  守护星：火星

  擢升（Exalted）行星：太阳
- 弱势行星：在白羊座处于弱势，无法正常发挥其原有特质

  失势受损（Detriment）行星：金星

  落陷（Fall）行星：土星

当以白羊座为第一宫（命宫）时，十二个宫位对应的星座如下表所示：

宫位	宫位常用名称	对应星座	宫位本质含义
第一宫	命宫	白羊座	“自我”、行为模式
第二宫	财帛宫	金牛座	拥有的物质和资源
第三宫	兄弟宫 思维交流宫	双子座	兄弟姐妹 学习沟通、思维交流等互动模式
第四宫	家宅宫	巨蟹座	家宅状况
第五宫	男女宫 子女宫	狮子座	纯粹的娱乐/快乐
第六宫	工作宫	处女座	工作杂务/健康
第七宫	夫妻宫	天秤座	一对一带有责任的关系
第八宫	疾厄宫	天蝎座	疾厄、从他人处获得的东西（含有形和无形资产）
第九宫	迁移宫	射手座	远距离/有深度的事物
第十宫	事业宫 官禄宫	摩羯座	社会地位 公众形象
第十一宫	社交宫 福德宫	水瓶座	群体、社交
第十二宫	玄秘宫	双鱼座	隐秘不明之事物、潜意识

注：各宫位衍生含义参见第二章第二节中“十二个宫位的含义”部分。

二、通过行星了解白羊座

Q: 白羊真的是传说中那种既没大脑又冲动的单细胞生物吗？

1. 守护星——火星

白羊之所以给人留下这种印象，得从白羊的守护星火星说开去。

在神话传说中，火星是战神的化身，掌管行动力、冲动、暴力和攻击等。有这么个火暴的主子，自然白羊容易在激情、情绪的促使下，有以行动为先的特征。战神要开战时，没人能阻挡。

然而，冲动并不代表真的没头脑，这也是很多人对白羊的误解。白羊只是在强烈欲望的驱使下，难以克制想当下就行动的冲动，哪怕明知这么做并非上策。不过，这与他们的头脑和智商状况并不矛盾。在欲望蛰伏时，他们有着并不逊色于其他星座的头脑与观察力，乃至动物般的直觉。白羊的行动计划就是“行动”，遇到复杂的局势时，他们认为与其停留在原地绞尽脑汁，还不如用行动来打破混沌冲出新天地。很多人觉得白羊行动前不考虑后果，其实他们知道行动的风险，只是不愿委屈自己去克制。在白羊看来，把某个看不顺眼的家伙暴打一顿出气后挨处罚，都好过当下憋着委屈自己。这也是为什么白羊座人常会给人勇敢但又鲁莽的印象。

如果真当他们是傻瓜，去轻视他们，那愚蠢的可就是你了！

Q: 为什么白羊总爱以自己为中心，不顾别人的想法？不是狮子才会这样吗？

2. 擢升行星——太阳

白羊座的“自私”、“以自我为中心”和狮子座相似，是源于一种“我认为你一定会对我的决定感到满意”的心态。

通常，在某个星座内处于擢升地位的行星，其象征的含义可以看成是该星座的最终目的，而该星座本身的守护星，则是为了更好地达成这个最终目的服务的。我们可以将二者的关系视作董事长与总经理，即星座的守护星就像是负责具体事务的总经理，服务于董事长；而擢升行星则是起着指导性作用的董事长。导致白羊座有这种心态的重要原因，就是太阳在白羊座内擢升。

象征自我意志的太阳，是太阳系的中心。就和君臣关系一般，其他行星都围绕着太阳运转。太阳，也是狮子座的守护星，所以狮子们自然而然带着一种帝王心态，很少真心站在别人的立场上思考。白羊座同样受到太阳的影响，同时又被火星“快速行动”的要求激化，使得他们比狮子更容易将想法强势推行下去。比如，如果狮子渴望赢得众人关注，就会竭力展示自己的魅力，仿佛全身上下每一个细胞都在无声地呐喊：“快来关注我吧！”而白羊呢，他们会直接强势地拉着你过来，直

截了当地对你说："来来，看着我！"也就是说，狮子总有种放不下身段的"傲骄"，而白羊不会摆架子。

当白羊想对你好时，确实是满心满意为你打算的。但他们给的是"他认为"最好的东西，以"他认为"对你最好的方式，却很少想到、也很难理解别人竟然并不认同自己的想法。他们就像是个彻头彻尾任性的孩子，凭借自己被火星强化过的行动力，一门心思地要达成自己的意愿。

例如，白羊想同别人交往或者哪怕仅做个普通聊天的朋友，当他们的要求被拒绝时，常极度不理解为什么这么简单的要求也不被接受，而很少会反思对方凭什么要答应自己的要求。这一点在不够成熟的白羊身上格外明显。然而，随着年龄的增长，不少白羊渐渐学会了换位思考，但他们以欲望为第一优先的本能仍然会不时爆发。

在占星术中，象征男性的行星是太阳与火星，而这两颗星体在白羊座内都属于强势状态，这从侧面说明了白羊座的刚性特质。

Q: 为什么白羊追得狂热冷得快？

3. 弱势行星——土星、金星

在星座内处于弱势状态的行星，其所代表的特点，可以看成是该星座无法正常发挥、互相难以兼容的特质。土星象征着传统、规则、克制、忍耐，金星象征着和平、以和为贵、优雅，而这两颗星都在白羊座内落陷。联想一下白羊座人的性格，就可以发现上述这些特点正是他们的不足之处。

金星是柔情，火星是激情，白羊的爱不会润物细无声，而是天雷地火般。金星喜欢"你好我也好""你既无意我便休"，而火星则宁可"过把瘾就死""执子之手，把子拖走"。前者倾向于双向的合拍感，而后者多从自我的单向出发。所以，在火星的影响下，白羊的爱是风风火火、雷厉风行的，而不似金星那种慢节奏的示好、关怀、暧昧和愉悦。

土星能让事态稳定、有序、进退有度。白羊既不擅长金星式"国标舞"般有节奏的你来我往，又难以缓慢、稳定的方式行事，无怪乎他们会给人"三分钟热度"的印象。他们很直接，希望短时间内就能看到成果。然而，白羊座人忘记了并不是所有人的速度都能和自己同步，尤其在人际关系上，他门往往低估了对方需要花在考虑、观察、评估上的时间。

Q: 太阳白羊座和上升白羊座有什么区别呢？

4. 太阳白羊座和上升白羊座的区别

（1）太阳白羊座

象征着“自我意愿”的太阳，是狮子座的守护星。通过太阳，我们能把自己的太阳星座同狮子座联系到一起，进而找出自己的“意愿”是关于人生哪个领域的。

狮子座对应着白羊座的第五宫位置，而第五宫简称子女宫，广义上掌管着所有属娱乐性质、让人高兴的事情。对太阳白羊座而言，即第五宫的守护星太阳落入了自己的命宫白羊座内，意味着白羊座人的本质是与第五宫象征的含义密切相关的。因此，白羊仿佛是个永葆赤子之心的大孩子。他们有冲劲，对未来抱有憧憬；他们可爱、好动，就如同刚出生的婴孩一般。第五宫是很注重如何让自己高兴的宫位，因此你不能指望一头原生态的白羊像天秤一样权衡各方面的利弊和众人感受来做决定。孩子什么样，他们就什么样。和小孩接触过的人都会知道，当一个孩子哭闹着要做什么事时，你道理说破嘴皮他们都未必听得进去。

虽然白羊如此任性，对他人的不配合感到莫名其妙，却并不容易招人恨。或许正是因为白羊的任性完全就和儿童一样，反而不会让人与之计较，因为对方知道白羊的莽撞背后并没什么坏心眼。

第五宫和广义上的娱乐有关，太阳白羊座的人也爱玩，爱寻找各种能让自己玩得高兴的途径，除非上升星座正好落在性质相反的星座上，比如摩羯这种沉稳派的，也包括些双鱼、金牛、天秤这种行动和反应并不快的星座。

（2）上升白羊座

和太阳白羊座相比，上升白羊未必是性格冲动之人，但拥有果断的行动力。至于行动力用来执行什么内容，还得结合太阳星座甚至整体星盘来看。上升同属火象的星座——白羊、狮子、射手——都很类似，其火象体现在坚决贯彻真实的意愿

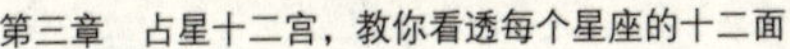

上，而非真的冲动鲁莽。

打个比方，如果一个上升白羊的人配上太阳巨蟹，表现出来的就不是豪爽、大气、果断，而是更容易因为敏感起反应，例如不会克制或压抑自己的悲伤低落。上升白羊加上谨慎的太阳摩羯，则可能经过周密思索后再采取坚决的行动，即便遇到阻碍也能坚持。上升白羊的人在执行自己感兴趣的事时，会显得特别有干劲，也会追求效率和速度，但他们并不一定会像太阳白羊那样以自我为中心，任性、直爽和不计较。

其他上升星座和太阳星座的区别也是如此。太阳星座更多考虑个人的意愿和想法，上升星座的特质则体现在：当太阳的意愿想付诸实施时，以什么样的行动模式来配合。

三、占星宫位剖析白羊座

1. 白羊座基本性格解读篇——“贪快”带来的以自我为中心

（主要相关宫位：第一宫、第三宫、第九宫、第十一宫、第十二宫）

Q: 为什么和白羊在一起总会演变成要我迁就他？

（1）第一宫白羊座——“自我”

白羊座是黄道十二星座中的第一个星座，就如同初生的孩子，对自己的欲望会以最简单直接的方式来表达。生活中爱当第一名的人通常好胜、急性子，占据星座头把交椅的白羊自然也不例外。

当第一宫落在白羊座，这双重的“第一”结合到一起，就成了“只知有我，不知有他”的特性。白羊的习惯性思考模式就是：从自我出发。“这样多好！”白羊常会怀着这种单纯的善意去拉着别人一起做自己喜欢的事情。例如，会二话不说就把正在忙其他事的朋友拖出来，仅仅为了看一场他觉得很有趣的电影；在商讨合作时，只管开出自己的价码和条件，而很少会设身处地地站在对方的立场上思考：自己能给对方什么，对方又凭什么答应你。

白羊对自己想维护的东西、想达到的目的很能豁得出去。他们眼中只有自己的立场，完全懒得去仔细考虑其他因素。其他星座就做不到这样抛开所有顾虑地去与白羊争执。也许只有另一个火象星座——只图自己爽快的射手，可以与白羊有一拼。就连同是火象星座的狮子也只能甘拜下风。狮子放不下对自己形象、尊严的顾忌，因而多了许多顾虑，不过也绝对别指望他们会乖乖听话。

若是白羊座身边的亲朋好友尤其是伴侣，同样性格强势、固执时，二人也会战场上见。因此我们常能看到，火象星座的白羊、狮子、射手之间虽然因性格相似很容易一见如故，但也常因意见分歧、彼此不愿意让步而当场翻脸。幸好，他们通常都不是很记仇的类型。

Q: 为什么白羊做事总是三分钟热度？

（2）第三宫双子座——讯息、思维、交流和学习

第三宫掌管我们的思维模式、交流沟通的方式等。白羊座的第三宫对应着双子座，这是个聪明伶俐、反应快、好求知的风象星座。这些特点再配上白羊本身的热情特质，使他们相当喜欢与人交流互动，对新知识也很有好奇心，在一开始就会一头扎进去，学习进度也比旁人要快。

不过，属于变动宫的双子持续性不强，也不善于深入研究，而属于火象星座的白羊则喜欢简单明快，基本宫的开创性倾向又使他们迫切地想把所会的用于实现自己的目标上，这就导致在白羊座人身上同样会出现类似双子座人那种稍微会了一点儿就现学现卖的情况。更有甚者，出于他们的“自我”本性，对自己所会的深信不疑，以致听不进别人的异议。除非白羊座人星盘上有其他踏实、稳定的成分，否则让他们在学习上做到按部就班勤奋踏实可不容易。

Q: 有人说白羊鲁莽无脑，可又有人说不能轻视白羊，哪种说法更正确呢？

千万别当白羊真傻，他们只是一心想要达到自己的目的，懒得去为自己不在意

的事情大费周章。

风象星座的特质与理性、思想有关。包括白羊在内的三个火象星座（白羊/狮子/射手），其掌管想法的第三宫对应的必然是风象星座。所以，白羊并不是真的头脑简单，他们心底里常能把形势看得很明白。更重要的是，白羊也很乐意别人认为自己无心眼，傻呵呵，大智若愚。藏起点儿锋芒，让别人少些戒心有什么不好呢？其实，火象星座都相当乐意别人把自己看成头脑简单但不愚蠢的人，毕竟这对他们利远大于弊。

Q: 为什么常说白羊是最具有开创性的星座？

（3）第九宫射手座——哲学/宗教/人生观/远行

作为黄道十二星座的首个星座，白羊做事有一马当先的倾向。此外，白羊座的开创性或许和他们的第九宫对应着射手座也不无关系。当象征人生观和哲学、宗教观的第九宫对应到具有延伸、拓展含义的射手座，使他们对未来很有远见，能敏锐感知到新生事物的潜力和趋势，总能走在潮流前头。

虽然白羊通常不擅长科班式踏实勤奋的学习模式，但他们的第九宫对应着智慧的射手座，再加上掌管思维和交流的第三宫对应着好奇心强且喜欢思考的双子，这一切都令他们非常重视教育，只是必须是自己感兴趣的学科和教学方式才能勾起他们的热血。

学习的模式并不仅限于读万卷书行万里路，在沿途的见闻中增长学识是另一种选择。第九宫的另一个含义是长途远行、异国他乡，当这个本身就指代广阔范围的宫位对应具有延展性的射手座时，使白羊人爱一走三千里，甚至远赴海外，或者去那些民族、宗教等人文背景不同而且和自己家乡风貌迥异的地方。

Q: 为什么白羊容易交上朋友，却又少亲密稳定的朋友？

（4）第十一宫水瓶座——社交

白羊掌管社交的第十一宫对应着水瓶座，而水瓶座象征群体，这就决定了他们的交友态度，也难怪白羊们总有庞大的亲友团。水瓶的含义是独特，也就是没有固定模式和规律可言，因而白羊交友时不会让自己只同某一类型的人来往。思维交流宫双子座的灵活沟通能力，又确保了白羊能与各种群体打成一片，从天南到地北，从老至少，从生活中周围背景与自己类似的人到三教九流各界人士。因此，很难把他们的朋友分类。

不过，水瓶座也有疏离与不稳定的特点。白羊容易交朋友，初次见面就能聊得火热，但他们关注的事和人太多，时间却有限。因此，虽然白羊能迅速建立起友情，但不易将之推进到非常亲密的程度。除非星盘中有其他水象、土象星座等阴性成分，不然作为火象星座的白羊往往没有耐心去感受他人的细腻情怀。他们需要的，也许就是能陪他们一起疯、一起玩后大家能尽兴而归的轻松友情。

Q: 作为白羊座，要注意哪些性格盲点？

（5）第十二宫双鱼座——潜意识、障碍与困境

双鱼座的含义是梦想、理想化、空想，双鱼式的想法有些“看起来很美”。第十二宫双鱼座的特性影响到白羊座的潜意识和性格盲点，使得白羊并不善于考虑实际执行中的细节问题，满心想的都是某个美好的目标。在这种情况下，其他星座人未必会付诸行动，可由战神火星守护、以自身欲望为第一位的白羊绝不会缺少执行能力。爱拼才会赢，“幻想+冲动”虽然有时会失败，但也有那么几次，真的成功了就成了佳话。说白羊座的闯劲一部分正是来自于双鱼十二宫带来的理想主义也不为过。

白羊有闯劲的特点也有其负面性，除非自身星盘中有很多土象星座成分，比如上升星座或其他行星落在土象星座内，否则还没考虑细节问题就已经行动起来。白羊是火象星座，火，可燃烧，但难持久，而双鱼又是个遇到困难会选择逃避的星座，一旦短时间内看不到进展，白羊便会心生去意难以坚持。

此外，太过理想主义会让白羊看不清自己的真正实力，很多事以为自己完全能行就扛了下来，结果一遇到障碍就轻易放弃，给人“嘴上无毛，办事不牢”的感觉。

Q: 为什么白羊有时多愁善感又很有文艺范儿？

第十二宫的星座特质通常是虽然存在于我们的潜意识中，却很难表现于外的部分。包括白羊座在内，所有火象星座的第十二宫对应的都是水象星座：白羊的第十二宫对应双鱼，狮子对应巨蟹，射手对应天蝎。这也反映出火象星座并非是我们看到的那样，总是情绪高昂，仿佛不知多愁善感为何物一般。其实，他们也有哀愁的时候。

白羊的第十二宫双鱼，很容易让白羊想法多多，甚至莫名地仅因为自己某个想象就陷入低落。可是，要仔细体察和分析自己那股怪异感究竟从何而来，作为火象星座的他们又觉得无能为力，也无法将这种感觉清楚地表达出来与人分享。当遇到这种阻碍时，他们会选择不继续沉溺其中，而是发挥火星的行动力，换个目标让自己投入进去，好转换下情绪。和白羊类似，火象星座并非只会傻乐，只是不习惯一直沉浸在某个令自己不适的状态之中，并反复咀嚼痛苦。

如果上升星座是白羊，太阳却落在一些容易忧郁的星座内，那么会以最快的速度寻找发泄通道，比如大哭一场、大闹一番。

2. 职场中的白羊座——现实的野心家

（主要相关宫位：第六宫、第十宫）

Q: 火象星座是不是都胸无大志只会玩呢？

（1）第十宫摩羯座——人生/事业的长远目标、公众声望

火象星座的性格普遍外向、热情，容易和人打成一片。不过，因为多少有些性急，常给人“只会没心没肺疯玩，闷头傻干”的印象。然而，实际上他们也各有各的人生目标。

白羊座属于基本宫，而基本宫的类型都希望获得为世俗认可的成就，包括事业有成、家庭美满等。第十宫象征我们对人生的愿景，希望呈现给这个世界看的公众形象等。众所周知，摩羯座素来有工作狂和野心家之称，当白羊座的第十宫对应摩羯座时，意味着白羊对未来有着如摩羯般的强大野心。守护星火星的行动能量，则增强了白羊以自己强大的行动力来为之努力和奋斗的决心。所以，白羊非但不是胸无大志的愣小子，更是个认准了目标就会排除万难去实现的“有志青年”。

不过要注意的是，受火星勇猛、急性特质“染色”的白羊常希望自己的付出能

立刻看到收获，缺乏花费许多时间慢慢经营的耐心，而且会选择最快最直接的方式进行。当他们自身实力尚不足时，便显得急功近利了些。就像是个只学到师傅三成功力的徒弟，迫不及待地就想下山闯江湖去了。

Q: 职场上的白羊有什么特点？相处时需要注意什么？

第十宫不仅和人生目标有关，还代表职场中的上下级关系，例如会遇到什么样的上司，以及当自己成为管理者时对待下属的态度。摩羯座是个务实、唯结果论，又要求严格的星座，它和白羊座有一个共同点，那就是希望自身能处于首领地位并左右全局。这两个星座都没有耐心去了解别人的情绪与感受，执行力和实际表现才是他们看重的。所以，若你的上司是白羊，那可别被他大而化之的表面印象误导，以为他是个好糊弄的人。实际上，他们的得过且过只对自己，对待别人就像个急性子的包工头，既快又准地实际干出成果来才最重要。

反过来说，既然第十宫和白羊的上司形象以及与之相处的模式有关，因此白羊人本身也容易遇到严苛型的上司。除非双方的理念、行事模式、共同利益都能达成一致，不然以白羊既火暴又自我的性格，当付出没有马上见到成效或建议未被接受时，会自认为没得到应有的回报，进而容易心生不满，甚至对工作表现出消极的态度。

（2）第六宫处女座——日常工作/杂务/人事关系：效率与质量两手抓

我们自身日常的工作态度、和同事下属之间的关系以及相处模式都与第六宫有关。白羊座的第六宫对应以挑剔、严格著称的处女座。因此白羊座人不仅在工作中会以身作则，高效完成各项工作，更会对自己以及相关环节的共事者提出高要求。从这个意义上来说，如果你有个白羊座上司或同事，那简直比和摩羯一起工作更累人。

同样对工作要求甚严的摩羯，在遇到他人表现不尽如人意时，很少会采取强势推动的方式解决，而是看在眼里记在心里的居多。然而，总把自己的需求和欲望放在第一位的白羊，可不会这样忍气吞声。他们会直截了当地指出你的问题所在，并要求你按照他们说的去做。哪怕有时提出的要求有些过分，也很少有人敢正面对抗

白羊的要求，宁可选择屈服在白羊的气势之下。

处女座的守护星是水星，而水星和交流沟通相关，爱当领头羊又直爽的白羊座喜欢在工作中发号施令，当有了新想法、新点子、意见和建议时，很难忍住不说。这种心直口快在某些情况下会是制造争端的诱因。

3. 白羊座的金钱观——冲动而有度

（主要相关宫位：第二宫、第八宫）

Q: 白羊是不是经常冲动消费，还花钱大手大脚？

（1）第二宫金牛座——我的资产与价值观

火星掌管下的白羊常因为冲动，不管三七二十一先做了再说，因此在理财上也难免有冲动、冒险的一面。不过，好在白羊的第二宫对应着金牛座，对白羊的理财观通常能起到正面作用。不仅在冲动消费之余依然心中有谱保留底线，更是明白快意人生必须建立在一定的经济基础之上，为了自己的自由不被窘迫的物质现状束缚，就必须力拼让自己不至于两手空空。

金牛的理财天分加白羊“冲在前头”的倾向，给了白羊在赚钱方面的灵敏嗅觉，能很快找到“赚钱速成方法”，或是找到办法将损失减少到最小。例如，转手卖出、囤积到合适的时机卖个高价、作为人情送人等，而不会单纯地放任不管。我们常能看到一头被败家欲望冲昏头脑的白羊在把钱包败得“皮包骨头”，打心底里替对方捏着把汗时，一转头却发现他们不知从哪儿又搞来了钱，潇洒得很。

（2）第八宫天蝎座——他人的资产

白羊的投资眼光也相当不错，因为他们掌管他人资产、投资的第八宫（简称为“偏财宫”）对应着天蝎座。天蝎的特性是直觉强、目光敏锐、一针见血，往往能一眼就看到关键所在，过滤无用信息及干扰，从而做出准确的判断。这一特性增强了白羊在投资方面判断力的准确度。更何况，掌管白羊资产的第二宫对应的还是稳重的金牛，这等于为他们的投资多加了重保险，确保不会盲目地孤注一掷。

4. 恋爱中的白羊座——火暴的浪子，传统的伴侣

（主要相关宫位：第四宫、第五宫、第七宫、第八宫）

Q: 白羊的追求总是三分钟热度，这是否说明他们不是真心的？

很多时候，我们恋爱中遇到的问题并非爱与不爱，而是双方在感情中的节奏快慢、进退步伐不一，表达爱的方式千差万别，这些不同使得恋爱的双方如同一对总是踩不准节奏，甚至还屡屡踩到对方脚的舞伴。

对包括白羊在内的火象星座来说，“明快”是他们恋爱时最大的特点。不过，虽然同属火象星座，白羊、狮子和射手特性的“火”却是不同的。白羊的火，是火燃烧起来的一瞬间，从“无”迅速到“有”，速度比起狮子的持续燃烧、射手的蔓延，要来得更快。很多时候，对方都还没进入状态，甚至尚未意识到白羊已经产生好感时，他们就已经一头扎了进去，并一厢情愿地开始猛攻。这种情况在遇到慢热的水象和土象星座时格外明显。当白羊的苦苦追求未收到回应时（对方可能都还没反应过来和想好怎么回应呢），就会有强烈的受挫和委屈感，一怒之下就怀着“此处不留爷自有留爷处”的心情而放弃。

“洞中方一日，世上已千年”，白羊对时间的感觉“如隔三秋”。在旁人看来他们仅是猛打猛攻的三分钟热度，对白羊来说已是付出到精疲力竭的程度了。所以，不能说白羊不真心，正因为是十足真心，才无法持久燃烧。因为熊熊火焰若无法得到持续的燃料供给（对方的回应），只需一瞬便烧至一地灰烬。

Q: 白羊需要怎样的恋爱？

（1）第五宫狮子座——追求愉悦的爱：欣赏有能力的对象，需要被崇拜

狮子座所在的宫位是我们渴望获得认可的地方。在那里，我们是舞台中央的王者，也是我们充满热情、需要得到欢乐的地方。白羊座象征恋爱的第五宫对应着狮子座，这使得他们和狮子一样喜欢高调，巴不得全世界都知道自己的恋情，围观他主演的感情戏的“观众”也越多越好。他们喜欢和对方一起燃烧、一起激情四射地

入戏。

在感情中，白羊并不喜欢受到太多约束，你能想象如狮子那般的“帝王”受到自己后宫妃嫔的管束吗？白羊易与人快速交上朋友的性格，让他们拥有不少异性朋友，也不介意其中有些仰慕者，即便他们已经有了伴侣。不过，这并不意味着白羊就是个风流的家伙。他们只是喜欢受到关注，被许多人爱慕，而第五宫正是他们发光发亮的地方。不可否认，或许这种特质是挺容易一不小心擦枪走火卷入三角关系的，但同样你去干涉、管制白羊不但没有效果，搞不好反而把他们推离你。

第五宫也代表我们欣赏的爱人类型，如狮子座那般有主见、有光彩，甚至拥有独特的一技之长（至少在某个领域内）的人，会是白羊欣赏的对象。从这个意义上来说，白羊也是“外貌协会”成员。白羊喜欢光彩照人的对象，即便不美，通常也不会是暗淡、平常、不起眼之人。

Q: 为什么白羊在性方面和天蝎一样进展快、易冲动？

（2）第八宫天蝎座——对性的态度

白羊座的守护星是火星，白羊的第八宫对应天蝎座，其同样由火星掌管。这就将第八宫所象征的内容与白羊座本身紧密连接了起来。火星象征着包括性欲、性冲动在内的欲望，第八宫也和性及原欲相关，所以难怪很多和白羊尤其是和白羊男恋爱过的人，会评价他们急色，关系还没发展多久就想着亲密接触。

天蝎座代表人体的生殖系统，当它对应到与性爱相关的第八宫就好比如鱼得水。火星模式的性爱是纯粹的，并不需要感情与承诺，更不会考虑社会伦理。因此，白羊座对于纯粹的性关系接受度较高，“为欢娱而性”对他们来说并不是什么羞于启齿的事。

Q: 为什么冲动派的白羊婚后其实相当尽责且重视婚姻？

（3）第七宫天秤座——婚姻的本质是双方的契约关系

第五宫和第七宫都和感情相关，但第五宫偏向以追求愉悦、欢乐为主的感情，也就是两情相悦；第七宫则以责任和合作为主，即更偏向婚姻的含义，爱是其次，两人如何相处、如何承担彼此的责任才是首先要考虑的。

所以，虽然白羊容易喜欢上个性鲜明有风采的人，但落实到婚姻或正式关系上，他们其实相当务实。在长期相处中，他们倾向于选择能与自己刚柔相济的对象。白羊的第七宫对应着天秤座，而天秤是个具有合作意味的星座，虽然常被称为“无主见”，实则是在自己能接受的前提下尽量配合他人，这才是他们所谓合作的真义。

若要和白羊发展长久的关系，就得注意如何协调好彼此的职责范围，并互帮互助。有时，我们会看到一个曾经多姿多彩的白羊男娶了个无甚出彩的普通女子，或是精明强干的白羊女却找了个事业、能力等各方面还不及自己的“家庭煮夫”，其原因也正在于此。第七宫的本质是合作宫，所以它代表的伴侣关系性质是一种“合作”，而爱情并不是这种关系中必有的。

（4）第四宫巨蟹座——家庭与内心需求

从白羊的第四宫也可以看出为什么他们对婚姻的态度相当传统。通常巨蟹座所在的宫位是我们需要寻求安全感的地方。白羊在外仿佛是一个无法打倒的斗士，相当自我，有时甚至自私，但家庭却是能让他们感到舒适的港湾，是能让疲惫的白羊们充满电再次踏上征途的地方。白羊们很愿意为家庭付出，并保护家庭不受外界伤害。

巨蟹座所在的宫位还是我们容易表露出自己敏感、脆弱情绪的地方。白羊的劳累、脆弱、失落、悲伤也许只有他们的家人才看得到。有时在家中，白羊们会显得情绪反复无常，因为那里是他们不需要戴上面具的地方。也正是因为需要这样一个能给自己提供情感支持的家庭，所以在择偶时白羊会倾向于选择能配合自己，却并不一定要有多出色，或有主见、强势的对象。刚与柔的结合才能保证家庭的长久稳定。

5. 白羊座的健康问题

（主要相关宫位：第一宫、第六宫、第八宫）

Q: 白羊在健康养生方面需要注意什么？

（1）第一宫白羊座——身体也是自我的一部分

作为黄道十二星座的“领头羊”，白羊座代表的人体部位正是头部，所以易发

生的疾病也与此有关。例如，脑血栓、脑溢血、脑肿瘤、脑动脉硬化等脑部疾病，头、面部分的疾病也包含在内，如头痛、颜面神经受损等。白羊是第一个火象星座，象征着起火的一瞬间形态，带有火元素的爆裂特质。所以，与火烧相关的外伤也得留意，如烧伤、烫伤，以及炎症。

（2）第六宫处女座——生活规律与健康养生

由水星掌管的星座容易出现的问题之一便是与神经相关。白羊性急，在工作时常常要求高又急于求成。所以，要提防因精神紧张、焦虑导致的肠胃和消化系统疾病，例如胃炎、腹膜炎、肠胃炎等。工作中不要将自己逼得太狠，避免出现精神焦虑倾向。

（3）第八宫天蝎座——疾厄与死亡

当掌管疾厄的第八宫对应天蝎座时，其可能引起的疾病容易是生理与心理两个方面的。生理上，天蝎掌管的部位是生殖与排泄系统，如直肠病变、尿道炎、痔疮等。精神上长期处于亢奋或紧张状态也容易引起女性生理期、男性性功能的异常，此外还包括不孕、卵巢囊肿等。

就心理层面来说，第八宫代表的是原欲，白羊座和第八宫天蝎座的守护星皆是象征欲望的火星，这个共通性导致白羊内心的控制欲与渴求都极端强烈。当目的无法达到时，便会产生巨大落差，带来情绪困扰。所以，白羊应学习如何舒缓情绪，避免造成心理负担。

四、给白羊座的忠告

1. 往前冲时有时也须看看“队友”是否想法和你一样，否则不满的种子会逐渐累积。

2. 在觉得别人反应太慢时，先想想是否自己跑得太快。

3. 在执行计划时，如果自己无法做到考虑周全，至少听一听身边稳健周到型朋友的意见。

五、白羊座名人录

◆ **赵匡胤**（公元927年3月21日）：宋朝开国皇帝。

◆ **岳飞**（1103年3月24日）：中国历史上著名的战略家、军事家、民族英雄、抗金名将。

◆ **清孝庄文皇后**（1613年3月28日）：清初杰出的女政治家。一生培育、辅佐顺治和康熙两代君主。

◆ **约翰·塞巴斯蒂安·巴赫**（1685年3月21日）：德国著名音乐家、作曲家，杰出的管风琴、小提琴、大键琴演奏家，被誉为“西方现代音乐之父”。

◆ **奥托·冯·俾斯麦**（1815年4月1日）：普鲁士宰相兼外交大臣，是德国近代史上杰出的政治家和外交家，被称为“铁血宰相”。

◆ **查理·卓别林**（1889年4月16日）：20世纪著名的英国喜剧演员，现代喜剧电影的奠基者，在世界范围内享有盛誉。

◆ **梁思成**（1901年4月20日）：中国著名的建筑学家和建筑教育家，对中国建筑学的科学研究有贡献。妻林徽因。

◆ **金日成**（1912年4月15日）：朝鲜民主主义人民共和国开国领袖。

◆ **小罗伯特·唐尼**（1965年4月4日）：好莱坞影星，“钢铁侠”的扮演者。

◆ **维多利亚·贝克汉姆**（1974年4月17日）：英国歌手和时尚设计师，是前流行组合辣妹的成员之一。与英格兰足球明星大卫·贝克汉姆结婚。

◆ **舒淇**（1976年4月16日）：港台著名影星。

◆ **Lady Gaga**（1986年3月28日）：欧美流行音乐天后。

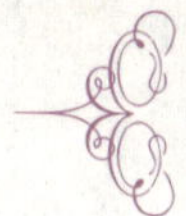

第二节　金牛座

在乎物质价值不等于拜金

一、金牛座基本资料篇

金牛座

◆ 守护星及其含义：金星——爱与美、金钱、品位、和谐、懒散、优柔寡断

◆ 星座阴阳：阴性

◆ 星座元素：土象星座

◆ 星座类型：固定宫

◆ 强势行星：在此地能更好地发挥其本性的行星

守护星：金星

擢升（Exalted）行星：月亮

◆ 弱势行星：在金牛座处于弱势，无法正常发挥其原有特质

失势受损（Detriment）行星：火星

落陷（Fall）行星：无

当以金牛座为第一宫（命宫）时，十二个宫位对应的星座如下表所示：

宫位	宫位常用名称	对应星座	宫位本质含义
第一宫	命宫	金牛座	“自我”、行为模式
第二宫	财帛宫	双子座	拥有的物质和资源
第三宫	兄弟宫 思维交流宫	巨蟹座	兄弟姐妹 学习沟通、思维交流等互动模式
第四宫	家宅宫	狮子座	家宅状况
第五宫	男女宫 子女宫	处女座	纯粹的娱乐/快乐
第六宫	工作宫	天秤座	工作杂务/健康
第七宫	夫妻宫	天蝎座	一对一带有责任的关系
第八宫	疾厄宫	射手座	疾厄、从他人处获得的东西（含有形和无形资产）
第九宫	迁移宫	摩羯座	远距离/有深度的事物
第十宫	事业宫 官禄宫	水瓶座	社会地位 公众形象
第十一宫	社交宫 福德宫	双鱼座	群体、社交
第十二宫	玄秘宫	白羊座	隐秘不明之事物、潜意识

注：各宫位衍生含义参见第二章第二节中“十二个宫位的含义”部分。

二、通过行星了解金牛座

Q: 金牛和天秤都是由金星守护的，为什么差异却那么大？

1. 守护星——金星

金星象征着爱与美、和谐、金钱、品位，和木星一样，在占星术中被视为吉星。吉星通常能使我们感到舒适、愉悦，因而由金星守护着的金牛和天秤，都是在生活中追求爱与美、舒适与和谐的星座，但由于这两个星座在自身元素、类型方面

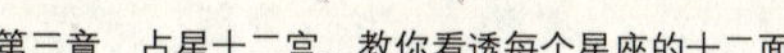

的差别，使得他们追求的目标并不相同。

风象的天秤座注重的美是偏向整体的氛围，例如人际和谐、接受赞赏、人或物品整体上的协调美、环境的气氛等，这些都是非物质层面的标准。金牛座是土象星座，所以他们眼中的美好事物，通常是物质层面的，也就是能看得见、摸得着且能以世俗价值来量化，或通过感官来领略的。例如，有着昂贵价值的艺术品、能够给自己品尝的醇酒佳肴、能够享用的美人……反过来，那些虚幻的精神层面的事物会让他们难以判断其价值，例如口头的赞扬、精神上的财富等。因为无法衡量其世俗价值，就使他们不知该表现出多少分的喜悦。所以，给金牛座贴上“爱财”的标签对金牛们并不公平，他们只是习惯凭实用价值及物质价格来判断而已。

金星作为吉星，和另一颗吉星木星一样，都有着懒散和贪图享受的倾向。因此，金牛相当善于在力所能及的范围内让自己有尽量好的享受，例如购买性价比高的物品、关注促销、优惠信息让自己花最少的钱得到最大的回报等。

Q: 巨蟹和金牛常有一手不错的厨艺，这是什么缘故呢？

2. 擢升行星——月亮：追求物质安全和感官满足

月亮象征着我们情感上的本能需求、安全感、情绪、母性、潜意识、繁殖。在人体部位上，它掌管胃、乳房和子宫。月亮是巨蟹座的守护星，金牛座是月亮的擢升之地，而擢升行星代表的含义是该星座追求的目标，这就意味着金牛和巨蟹都有与“月亮”含义相似的一面，即相当重视自己的本能需求和安全感。

既然月亮掌管“胃”，这就难怪很多巨蟹和金牛常常通过美食来获得满足感了。仔细留意，我们会发现在网络论坛上传美图秀菜式、询问厨艺诀窍、评点哪家餐馆好吃又有特色的人中，有不少金牛和巨蟹。

由月亮守护的水象星座巨蟹座的安全感，自然是来自情绪和情感上的，所以只有给予他们足够多的爱，才能让其获得满足感。就如同月亮掌管的“胃”一样，若不能填补需求，他们就会如饥似渴般不断地索取。巨蟹爱下厨给自己的亲朋好友们吃，以满足口腹之欲和情感支持的双重需要。

作为土象星座，金牛注重实惠和行动力，爱自己下厨一试身手。而且，金牛安全感的来源必须是物质层面的，例如大量的金钱、充足的食物、大面积的土地、房产甚至还包括能满足自己生理欲望的伴侣。

Q: 为什么平时看着稳重的金牛一旦暴怒会那么可怕？

3. 弱势行星——火星

火星是神话传说中战神的象征，它代表行动力、暴力和欲望。金牛座是火星的弱势之地，这意味着金牛不容易掌控好火星的能量，会使它成为扭曲的激情和冲动。金牛座常常要么行动和反应都很缓慢，要么一旦下定决心，就如同看见红布的倔牛一般疯狂地冲向目标。此时，火星的能量一下变得极具侵略性和攻击性。这也难怪在传统占星术中，金牛座也被视为“暴怒星座”。所以，别看金牛座平时温吞的样子，一旦惹恼了他们，没准儿比白羊座更彪悍。

火星掌管我们的欲望，金牛尤其是金牛男，常有“好色”的评价。当火星能量控制不佳时，金牛们要么显得缺乏阳刚气，要么因过度使用火星能量而导致沉溺。作为土象星座，金牛本身就喜好享受，而在金牛座内处于旺势的两颗星体——金星和月亮又都是阴性、女性的特质，所以相比之下，金牛男更易耽于肉欲。嫉妒、占有欲和情事也是容易激起金牛座爆发的根源。

别惹恼金牛座，他们会比白羊更凶猛。

Q: 太阳金牛座和上升金牛座有什么区别呢？

4. 太阳金牛座和上升金牛座的区别

（1）太阳金牛座

金牛象征家宅和内心需求的第四宫对应着狮子座，而太阳是狮子座的守护星。对太阳金牛座来说，即第四宫的守护星落入自己的星座，将金牛座与他们的家宅、内心根本需求紧密联系在一起。因此，金牛十分需要有个家，也重视家庭的稳定，这甚至影响到他们的择偶标准。与很多注重感觉的火象和水象星座不同，太阳金牛座与其说是为爱而结婚，还不如说是为了有个安定的家。哪怕婚内关系淡漠，

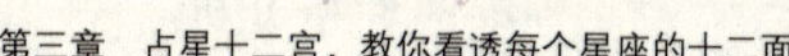

甚至有一方劈腿出轨，太阳金牛座也不会轻易离婚，除非对方坚持要和金牛分道扬镳。

第四宫的另一个象征是内心需求，太阳金牛座很注重这一点。金牛的固执和相对反应迟缓就是因为他们走内心戏得有个不短的过程，这也导致他们只考虑自己的想法，没法换位思考。很多人说金牛座人有些“轴”，就是因为这个原因。金牛座是土象星座，所以他们内心的根源需求侧重于物质层面，即必须得有坚实的经济基础才能让他们觉得心中踏实和有安全感。

（2）上升金牛座

上升星座的体现以给人的第一印象和行为模式为主。上升金牛的长相会显得比较敦厚，而且他们喜欢舒适稳定的生活。上升金牛作为土象星座，无论其太阳星座是较冲动的火象星座，还是爱喋喋不休的双子座，都在上升金牛的控制下，会减缓行动的节奏与速度，不随意行事，也多了几分低调。相比之下，有些太阳金牛座若是搭配上活泼的上升星座，例如双子和射手，倒会显得不那么像金牛的性格，看起来外向得多。

三、占星宫位剖析金牛座

1. 金牛座基本性格解读篇——能落实到世俗中的才有意义

（主要相关宫位：第一宫、第三宫、第九宫、第十一宫、第十二宫）

Q: 为什么金牛会那么固执，有时交流起来简直鸡同鸭讲？

（1）第一宫金牛座——“自我”

就和动物界的牛一样，金牛们通常显得无害又可靠，但绝不能就此忽略他们内在的狂热和执拗——一头暴走的牛会比猛兽更具杀伤力。金牛座作为固定宫，对于自己认定的信念、想法、爱好、想做的事等，会有股坚定不移的狂热，就像看见红布的牛一样，眼里再看不见别的。在与人互动时，这股狂热会让人觉得不好沟通，例如他们提出一个想法并表示想这么做，之后对于别人提出的建议、拒绝、反对等，完全就是左耳进右耳出，全未听到心里。金牛会依然按照自己既定的思路说和做，甚至会将你的语意曲解，让你觉得既好气又好笑。

Q: 金牛不是很实际、物欲又强的星座吗？为什么很多文学家、思想家都是金牛座？

（2）第三宫巨蟹座——讯息、思维、交流和学习

莎士比亚、康德、《简爱》的作者勃朗特、哲学家和经济学家马克思、心理学家弗洛伊德、诗人泰戈尔、作家巴尔扎克……随意搜索一下金牛座的名人录，我们会惊讶地发现，这个在传闻中总是和“钱”挂钩的星座竟然出了那么多思想、哲学、文化方面的“大牛”。

关于一个星座的思想形态，我们可以参考其掌管思维、交流和学习能力的第三宫。金牛座的第三宫对应巨蟹座，而巨蟹座象征着家宅和情绪安全感。家宅是我们每个人的“本源”，还有什么比“我是谁？我从何处来？”更具哲学性呢？无怪乎小说中西毒欧阳锋会被黄蓉的这个问题问得生生钻进牛角出不来了。

别因为金牛表面的憨厚、稳重、反应不够敏捷，就认为他们的内心一定是大度且钝感的。他们的思维宫由最多愁善感、爱怀旧的巨蟹座掌管，怎么可能内心也一样“皮糙肉厚”呢？不过，他们又和总受情绪折磨的巨蟹座不同，土象星座的务实使他们关注的是当下的实际需求，而不喜欢浪费时间、精力、资源在无产出的事上。除非本命星盘中有特殊的配置，否则金牛很少会用情绪和痛苦来折磨自己。

（3）第九宫摩羯座——哲学/宗教/人生观/远行

除此之外，金牛座的第九宫对应的摩羯座也确保了他们不会纠缠在空想之中，而是把自己丰富的思想化作更有实际意义的东西，例如哲学、思想、文艺方面的著作。土象星座通常都有这种化虚幻为实用的倾向。

摩羯是个相当注重“功用”的星座，无论对于人还是物，都需要有其功用才能方便摩羯定位，否则就不知道将对方放在哪个位置才好。例如，伴侣是用来在私人生活中互帮互助生儿育女的，恋人是让自己感到快乐的，朋友是能互相帮助的……这就是摩羯的“功用主义”，和功利稍有差别。

当金牛座掌管人生观与宗教哲学观的第九宫对应摩羯座时，同样也会受这个“功用”判别标准的影响，更别提金牛座本身就是个善于用物质价值来衡量事物的星座。如果一件东西无实用功能和物质价值，金牛会很难将这件东西定位，比如有实用功能吗？有价值吗？没用的话这又是干吗的？对于宗教、玄学的观念也是如此，金牛座并不反感形而上学范畴的事物，但其理论必须能回到实际中来，如对现实生活的指导和帮助。

第九宫和我们的远行有关，当摩羯座处于这个位置时，远行对于金牛座来说可能并不是件轻松愉快的事。他们容易带着任务去远行，而不是纯粹的玩乐。例如，旅行时还要带上需要处理的公务或者经常出差，旅途也并不轻松顺利，物质享受也不够舒适，尽管金牛本身是个爱酒池肉林的家伙。

Q: 怎样和金牛朋友相处较好？

（4）第十一宫双鱼座——社交

虽然金牛座被激怒时就像看见红布的公牛一样疯狂，但通常情况下他们还是脾气好、待人又和善的一个群体。在守护星金星的影响下，粗暴几乎与他们无缘。掌管金牛座社交的第十一宫对应着双鱼座，在富有灵性的双鱼座影响下，虽然金牛本身评判事物有些物质与实用主义，但他们很乐意向朋友展现自己的品位，例如一起享受浪漫的聚会。当然，这个浪漫是金牛式的，比如在一家装修得很有格调的餐厅享用美食，在家中和朋友一起下厨烹饪等。所以，如果你有个金牛朋友，会是相当幸运的事。他能给你很多实际的帮助，带你一起去参与众多实惠优质的消遣活动。

金牛的性格有些“轴”，但他们对你好时是满心满意的，所以你也同样得付出真诚，尤其不能当面一套背后一套，要知道金牛比天蝎更难容忍身边人的“背叛”。

金牛座第十一宫对应着双鱼座，双鱼座代表迷惑、模糊、包容。金牛座本身也是个内敛的土象星座，有时他们表现得憨憨的，反应又很迟钝，实际上是大智若愚，看破但不说破。双鱼座带来的另一种负面效应是欺骗和戴着玫瑰色眼镜看人。金牛有时是装傻瞒过了别人，也有时是陷入自己的想象中无法自拔。金牛座对自己认定的结论会有些“轴”，例如当他认为某个人一定会帮助自己时，无论有多少迹象表明对方仅是口头客套敷衍，甚至旁观者也给出了暗示，他却依然一厢情愿地坚持自己的观点，把自己的想象套在他人身上。

Q: 作为金牛座，要注意哪些性格盲点？

（5）第十二宫白羊座——潜意识、障碍与困境

掌管金牛座潜意识的第十二宫对应的是白羊座，这个由战神火星守护的星座再次强调了金牛座是个有着隐藏暴怒潜质的星座。所以，别以为食草的牛就没有脾气会任人宰割，也不要因为他们的表面温和就被迷惑。

金牛座是土象星座，对能量的发作具有抑制和减速的作用。然而，不在沉默中爆发就在沉默中灭亡，金牛座内心藏着的暴烈一旦发动起来将一发不可收拾。而且作为固定宫，有固守的习性，所以金牛不会草草发泄就算了事。他们会持续下去，而且还有一道道后续手段来将之贯彻执行，哪怕伴随破坏也在所不惜。也正因为如此，这个星座出过不少铁腕名人，如康熙皇帝、俄国女皇叶卡捷琳娜二世、列宁、已故越南共产党领导人革命家胡志明、美国前国务卿奥尔布赖特……有如此之多的强势人物，难怪金牛座常被打趣为“惹不起的金牛座”。

本身性格就容易钻牛角尖的金牛，当这种倾向发展过度就容易刚愎自用。他们会和白羊座一样采用“单线思维”，一门心思只沿着自己的思路跑，而不知道换个角度去看问题，甚至即便想切换下视角，也无能为力。这种性格也是他们惹来人际问题的原因之一。金牛本身并不好斗，在第十一宫双鱼座的影响下，他们也想尽量与人为善，更何况还有吉星金星的守护。可是，一旦他们执拗起来，就容易不顾、也看不到他人的感受和需求。正是这种太过我行我素、一厢情愿的做法，很容易给周围的人带来压力。

2. 职场中的金牛座——理性和稳定是他们最大的优势

（主要相关宫位：第六宫、第十宫）

Q: 在职场上和金牛协作时要注意些什么？

（1）第十宫水瓶座——人生/事业的长远目标、公众声望

金牛作为土象星座，其安全感来自于规律性、一切尽在掌握、可能出现的问题都在预料之中。所以，金牛座人对工作的前提要求是“稳”，就连相关人员及环节都不允许出意外。例如，他们希望与自己共事的人也是行事有规律、有计划的，最好还能时刻汇报进度以便金牛座人调整自己的节奏来配合，而不是你一个任务交代过去，对方接下后就无影无踪找不到人，心血来潮时给你提前一倍的速度完成，不在状态时就拖拖拉拉怎么敦促都无效。与其如此，还不如给金牛座配上一个虽然办事效率不高，但极有规律且不会出“幺蛾子”的搭档。

“但求稳、喜规律”并不意味着金牛座就没有创新精神，只会墨守成规。掌管金牛座事业的第十宫对应着水瓶座。水瓶座是由传统、有序、现实主义的土星与离经叛道、变革的天王星共同守护的，其含义是在旧有规则的基础上进行突破，而非异想天开脱离实际地瞎变一通。金牛座在能保障工作安稳顺利进行下去的同时，是非常喜欢来点儿创意和变化的，比如思考有没有更好的处理方式。有时金牛在一个地方待久了，也会突然换个工作甚至转变行业。但尽可放心，金牛不会不经思考就乱来，他们有自己的打算。

（2）第六宫天秤座——日常工作/杂务/人事关系：行事有条理，追求人际和谐与环境舒适

金牛的第六宫对应着天秤座。这两个星座同是由象征爱与美、喜好享受的金星掌管，这就使得他们十分注重工作环境的舒适、美观以及气氛的和谐。金牛座人会尽量把自己工作环境内的小天地布置得非常舒适，摆上些零食、美丽而实用的装饰品，更会与同事们分享，因为他们第六宫对应的天秤座是个与合作、分享相关的星座。

金牛座作为上司，对下属的态度通常也不错，喜欢组织聚餐、下午茶之类的活动。对于交代的任务，金牛座会十分有条理，同时也希望下属能尽量以理性客观的

方式汇报工作，并且保持联络，阶段性地报告进展状况。第六宫天秤座带来的理性与注重和谐的影响，使得他们很少会轻易发火，所以一旦金牛座上司的口气显得严厉认真，那就要格外留心了。他们严肃口吻背后的不满，也许比一头勃然大怒的白羊更多。

3. 金牛座的金钱观——爱计算价值并不等于抠门

（主要相关宫位：第二宫、第八宫）

Q: 金牛真的很抠门吗？可为什么有些金牛非常舍得花钱呢？

（1）第二宫双子座——我的资产与价值观

金牛座人掌管资产与价值观的第二宫对应着双子座，这是个充满好奇且好学的星座，使得金牛座人在如何赚钱、想出更好的方法赚钱、财务上的盈亏计算、各种理财方式的区别与利弊、如何花最少的钱得到最大回报等方面都天赋独具。当其他星座可能常被这一堆讯息搞得头大且懒得去仔细研究时，金牛座人却能乐在其中。

金牛座的“抠门”，他们本身非常不认同，但在其他星座人中却是公认的。这是各个星座间因标准与动机不同导致的认知误差。金牛座对自己认定的道理是有些固执且认死理的，掌管他们价值观的第二宫双子座喜欢分析对比，于是对物质层面的事物非常敏感又在理财上有天赋的金牛，自然会本能地思考和比较各个方案，然后选出最合算的一个。只要金牛座认为合理，价格其实并不是问题。

于是我们会发现，当金牛座与朋友一起出去玩，轮到消费时，面对多种消费方案，他们总能迅速地想出哪种最合算，并理直气壮地提出来。这时，那些对金钱并没那么爱计算、也不善于对比方案的人就会觉得金牛怎么那么计较其中的区别呢？他们可能根本不在乎多花点钱，然而金牛就纳闷明明有更好的方案干吗不选，甚至会“牛”劲发作地反复提出，于是就给人留下“计较、抠门”的印象了。实际上，金牛的心态大致就和“处女座提议怎样做事更完美、巨蟹建议菜怎么烧才更好吃”差不多。并不是心疼那几个钱，是觉得理所当然应该把钱花在更合理、更有性价比的地方。

Q: 为什么普遍认为金牛很有理财天赋?

（2）第八宫射手座——他人的资产

金牛座对于投资是既能谨慎分析，又敢于大胆行动的。第八宫掌管着广义上的他人资产，包括投资、与人合伙以及伴侣的资产。射手座所在的宫位通常是我们想尽情开拓的人生领域，而它正对应着金牛座的第八宫。

金牛座对物质基础的安全感需求，加上第二宫双子座的好学与分析能力，再结合第八宫射手座的大胆，使得金牛座很敢于投资，甚至颇有斩获。在做业务和商业合作时，他们计较收益但不“抠门”，正因为知道金钱的作用才更会以“利”诱人，用更吸引人的利益分配方案，或给他人提供更好的服务、质量更佳的商品来创造商机，从而达到双方的互利互惠。这就是金牛座人所谓的“与人方便，与己方便”。

金牛座需要警惕自己的贪婪倾向。由扩大性质的木星所守护的射手座，其正面作用是带来更多机会、更轻松的发展、更多收益，但负面表现是盲目扩大、过于乐观。所以，当理财、合作方面的机会增多，眼下形势一片大好时，虽然金牛正常情况下还是十分谨慎、考虑问题也比较全面，但也得避免因自己钻了牛角尖而一叶障目。

4. 恋爱中的金牛座——实用的爱意表达和强大的独占欲

（主要相关宫位：第四宫、第五宫、第七宫、第八宫）

被认为是靠谱结婚对象的土象星座，在恋爱方面总是老大难，这是因为他们总是容易将本应轻松愉快的过程搞得如同悬疑剧。土象星座的人喜欢在心中默默考量，让人摸不透心里在想什么。金牛座也类似，和其他土象星座一样有着慎重或是“懒得说”的习惯，不会轻易明确表达出自己的态度。当出现问题时，也不习惯和火象星座那样第一时间就直截了当地谈个清楚，而是一直累积到不得不面对的时候。难怪在网上星座论坛中，各个“星座去死去死团”的人数对比之下，土象三座都挤进了前四名，夹杂在里面的另一个星座就是一直以“神秘”“难以捉摸”著称的天蝎座。

Q: 为什么金牛的感情既慢热，又很容易惹上负面桃色传闻？

（1）第五宫处女座——纯粹的恋爱关系、娱乐

金牛本身已经是喜欢考虑种种因素后再做决定的土象星座，由于宫位分布的规律，掌管其第五宫的必然也是土象星座。例如，处女的第五宫是摩羯座，摩羯的第五宫是金牛座，而金牛的第五宫则对应着处女座。第五宫指代的是广义上让我们觉得快乐的方式，包括恋爱、娱乐、表现自我的方式，当对应着顾虑重重的土象星座时，自然不容易让当事人尽情地释放自己。

处女座是个对各方面状况乃至细节都十分注重的星座，有些旁人注意不到的缺陷或潜在问题都难逃他们的法眼。有这样一个目光如炬的星座处于金牛的第五宫，使得金牛对恋爱对象抱有极高的考查标准。作为由象征爱与美的金星守护下的土象星座，势必会综合考查对方的外貌、体形、彼此的家庭背景、经济条件、性格等种种方面是否合适。如果对方同样是比较被动的性格，就会导致双方迟迟难迈出第一步。

不过若是金牛已经决定追求对方，那么被金牛爱上的人就能充分体会到处女座的“服务精神”了。金牛一旦决定行动就有种不达目的不罢休的劲头，处女的细节主义和土象星座的务实又使他们会从实际的角度关心和讨好对方，而不是仅停留在空口无凭的甜言蜜语上。从送礼物（多数还是有实用价值的）到为你办实事、帮助你、邀请你一起出去吃吃喝喝，他们会全方位地展开攻势。这时若被追求者对金牛并无多大好感想拒绝的话，并非易事。你会发现婉转的拒绝金牛根本听不懂，他们已经进入“向红布冲刺”的状态，眼中只见目标，听不到也看不到其他东西了。非得你狠下心把话说得很明白，他们才会恍然大悟。若要这么做，你又难免因此心生内疚。

（2）第八宫射手座——性生理功能、对性的态度

由木星守护的射手座追求的是广度与数量上的多，当它处于与性事相关的第八宫时，会让本身就喜欢肉欲享受的金牛变本加厉。金牛和天蝎一样都被形容为“好色欲的星座”，不过不必担心金牛会随便与人发生关系，毕竟它本身是个谨慎行事的土象星座。即便在有冲动时，也会考虑种种可能产生的影响，“闷骚”之名便由此产生。在确定无后顾之忧后，金牛才会放开手脚，尽情享受。所以，很多男女经验丰富的金牛很可能正经恋爱没谈多少次，却会选择交易性质或一夜欢愉等方式，因为这种无须彼此负责天亮说再见的事反而是比较“安全”和少后患的。

Q: 不是说天蝎座占有欲强吗？怎么实际上金牛的占有欲让人感觉更强势？两者有什么区别？

（3）第七宫天蝎座——合作关系：包括婚姻、正式伴侣、合作、契约双方

关于情感中的占有欲，人们最先想到的一定是天蝎，然而实际上，位于天蝎180度对宫轴上的金牛座同样是占有欲旺盛的种子选手。只是天蝎作为水象星座，喜欢为感情而折腾、虐心，甚至做出戏剧化的举动，所以相比平时低调的金牛显得更引人注目罢了。

金牛的第七宫对应着天蝎座，这就意味着金牛座是以天蝎模式的心态和行为来对待伴侣关系的。天蝎座对背叛深恶痛绝，所以金牛在情感关系中也要求对方绝对地忠诚，他们的占有欲相比天蝎有过之而无不及。如之前提到的那样，金牛座作为土象星座，注重的是物质实体层面，因此他们不仅要心，更得要人。对爱人的占有欲，肉体占有是必需的，金牛才不会搞什么“只要心里有我，我就满足了”这种虚无缥缈的文艺范儿。

作为感性的水象星座，天蝎依然会把追求灵魂伴侣、追求精神上的和谐放在第一位。天蝎的占有欲和贪婪主要体现在喜欢去虏获别人的心作为战利品，而金牛却觉得纯粹是内心并无多大意义，他们要的是实质关系。天蝎对忠诚的底线是“确定你爱着他”，而金牛则是真正的管头管脚，对你与异性的正常往来都会忍不住吃醋。然而，他们自己未必见得有多忠诚，尤其是在肉体上。

作为水象星座的天蝎深谙人心，知道哪些话对关系有利，而哪些话会损害关系，因此即便有时恨到骨髓，也会选择默默忍受，甚至不说出口，仅在心中暗恨。相反，作为土象星座的金牛在体察人心方面就略逊一筹，常会直截了当地抗议或给脸色。这两个在占有欲上不相上下的家伙，金牛座会表现得更直白且不通人情。

（4）第四宫狮子座——家庭与内心需求

金牛的占有欲还体现在家庭关系中。金牛的第四宫对应着狮子座，而第四宫又和我们内心的根源有关。狮子是最重视尊严的一个星座，在此影响下，金牛有着极强的自尊心。或许金牛的自尊心并不会像狮子那样表现明显，作为土象星座的他们又习惯于将想法藏在心里，然而实际上他们非常需要他人的尊重，尤其是在家庭中。

狮子座是个尊贵的王者星座，当狮子处于家宅宫时，相应的“待遇”也得提高等级。所以若经济许可的话，他们会尽量将家居装潢做得舒适、美观，或是选择档次更高的地方居住。

5. 金牛座的健康问题

（主要相关宫位：第一宫、第六宫、第八宫）

Q: 金牛在健康养生方面需要注意什么？

（1）第一宫金牛座——身体也是自我的一部分

金牛座主宰的身体部位是咽喉、颈部、食道、声带，俗话说病从口入，喜欢享受的金牛得留意因为吃喝不节制导致的问题。还得注意防范由此引起的咳嗽、咽喉炎，扁桃体、甲状腺、声带或发声方面的疾病。

（2）第六宫天秤座——生活规律与健康养生

天秤座处于金牛的第六宫，这个宫位和我们平时的生活习惯、养生之道有关。同受金星守护的金牛与天秤都有好享受的倾向，所以得注意劳逸结合，多加锻炼身体。天秤座对应的身体部位有肾脏、肾上腺、副肾、下腰身、腰椎、输尿管。肾病、下腰背痛、腰椎受损、糖尿病、尿蛋白失衡、尿路结石、膀胱炎等是需要提防的问题。

金牛座本身命宫和第六宫天秤座都由金星守护，可见金星状态好坏对金牛的健康影响重大。

（3）第八宫射手座——疾厄与死亡

射手座对应的身体部位是肝脏、臀、腿部。爱享受美食的金牛得注意平时营养摄入的平衡，避免因为不知节制的进食与饮酒导致肝脏等消化器官不胜负荷。肝炎、肝硬化、胆囊疾病、坐骨神经痛、骨刺、其他导致腿脚不便的疾病等是金牛座较常见的健康问题。

四、给金牛座的忠告

1. 不要期望别人与你的价值观一致，当你的金钱相关建议不被接受时，就不要一味执着了。

2. 如果旁人反复指出你的某个不足时，请试着听取别人的意见，你的固执有时显得很自大。

3. 有些事、有些话，你不说，别人可未必能猜得到，甚至也懒得猜。

五、金牛座名人录

◆ **爱新觉罗·玄烨**（1654年5月4日）：清朝第四位皇帝，即康熙帝。

◆ **叶卡捷琳娜二世**（1729年4月21日）：俄国女皇。

◆ **卡尔·马克思**（1818年5月5日）：无产阶级的伟大导师、科学社会主义的创始人。政治家、哲学家、经济学家、革命理论家。主要著作有《资本论》《共产党宣言》等。

◆ **列宁**（1870年4月22日）：著名的马克思主义者、无产阶级革命家、政治家、思想家、理论家，布尔什维克党创建者、苏联的主要缔造者。

◆ **胡志明**（1890年5月19日）：越南劳动党领导人，革命家。

◆ **奥黛丽·赫本**（1929年5月4日）：好莱坞最著名的女星之一，奥斯卡影后，世人敬仰她为“人间天使”。

◆ **萨达姆·侯赛因**（1937年4月28日）：伊拉克第五任总统，发动了海湾战争。

◆ **玛德琳·奥尔布赖特**（1937年5月15日）：前美国国务卿。

◆ **托尼·布莱尔**（1953年5月6日）：前英国首相。

◆ **陈道明**（1955年4月26日）：中国著名实力派影星。

◆ **周润发**（1955年5月18日）：华语世界超级天皇巨星与著名国际巨星，在华语世界有巨大影响力。

◆ **大卫·贝克汉姆**（1975年5月2日）：英格兰著名球星。

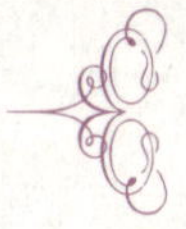

第三节　双子座

成败皆因一张嘴

一、双子座基本资料篇

双子座

◆ 守护星及其含义：水星——沟通交流、语言、思维、多变、分析、初级教育、短途旅行、文笔口才等

◆ 星座阴阳：阳性

◆ 星座元素：风象星座

◆ 星座类型：变动宫

◆ 强势行星：在此地能更好地发挥其本性的行星

守护星：水星

擢升（Exalted）行星：无

◆ 弱势行星：在双子座处于弱势，无法正常发挥其原有特质

失势受损（Detriment）行星：木星

落陷（Fall）行星：无

当以双子座为第一宫（命宫）时，十二个宫位对应的星座如下表所示：

宫位	宫位常用名称	对应星座	宫位本质含义
第一宫	命宫	双子座	“自我”、行为模式
第二宫	财帛宫	巨蟹座	拥有的物质和资源
第三宫	兄弟宫 思维交流宫	狮子座	兄弟姐妹 学习沟通、思维交流等互动模式
第四宫	家宅宫	处女座	家宅状况
第五宫	男女宫 子女宫	天秤座	纯粹的娱乐/快乐
第六宫	工作宫	天蝎座	工作杂务/健康
第七宫	夫妻宫	射手座	一对一带有责任的关系
第八宫	疾厄宫	摩羯座	疾厄、从他人处获得的东西（含有形和无形资产）
第九宫	迁移宫	水瓶座	远距离/有深度的事物
第十宫	事业宫 官禄宫	双鱼座	社会地位 公众形象
第十一宫	社交宫 福德宫	白羊座	群体、社交
第十二宫	玄秘宫	金牛座	隐秘不明之事物、潜意识

注：各宫位衍生含义参见第二章第二节中“十二个宫位的含义”部分。

二、通过行星了解双子座

Q: 为什么双子有事没事都爱说个不停？

1. 守护星——水星

每个星座都会体现出其守护星所代表的特质，双子座能言善辩、多嘴多舌的特质就来自水星。水星是欧洲古代神话中的神祇赫尔墨斯的象征，他是传递消息的信使，因此双子喜欢接受各种消息并乐此不疲地和别人分享，就像是传话筒、复读机。

水星守护着双子和处女座两个星座，双子是阳性风象星座，风有“运动”的特质，所以双子更多地体现出水星传播消息的一面。而处女座是阴性土象星座，是积累、沉淀性的，侧重于水星收取到信息后处理及分析的功能。

水星代表语言，我们生活中常常看到许多双子人，包括太阳和上升双子，甚至本命盘中水星落于双子的，简直是“不说话就会死星人”转世。他们热衷于传播交流，能言善辩，其正面作用是令双子很容易与人结识，所到之处绝不会冷场，但也让双子在快速的互动中常常忘记思考。有时就像学舌的鹦鹉，听到或看到些新鲜事、有趣的话，就马上搬来转述出去。一开始，还让人觉得新鲜，久而久之就会发现双子座人的观点很多时候根本是在自相矛盾。他们更像是一个传声筒，仅充当中间传递的作用，如果不发声，就失去了存在的意义。

水星在占星术中属于中性行星，其吉凶特质易受其他星体染色，也就是“近朱者赤，近墨者黑”，加上双子座本就属于很能适应环境的变动星座，使得他们很容易受到外界的影响。双子本身并没有坚定的立场或信念，做决策或行事都是跟随当下的需要而来。双子出尔反尔的毛病为许多人所诟病，其部分原因正在于此，他们不需要非得遵守什么原则，比其他星座少了很多顾虑。用“见人说人话，见鬼说鬼话”来形容双子十分适合，虽然这会带来很多灵活机动性，给人聪明伶俐的感觉，但接触久了就会给人留下“说话就不能当真”的印象。因此，很容易招致对方嫌恶，而不敢把重要的事托付双子去做。

Q：为什么常说双子有小聪明，但缺大智慧？

2. 弱势行星——木星

木星除了好运、乐观、轻松的含义之外，还有智慧、开拓的视野、远见、深入的研究等含义，这和水星的含义有类似之处，但比水星更多了些深度与广度。

双子座是木星弱势之地，在忽略具体个人星盘配置的前提下，木星能量的特质，正是双子座人易出现的问题。他们善于收集各种资料，并能从中飞快地得出自己想要的结论，但散漫的注意力让他们容易会的多、精的少。双子座人常故作高深地表达自己的想法，实际却停留在事物的表面。

木星还有宽容的含义，由于它在双子座处于弱势，就使得双子的能言善辩虽能很好地给社交能力加分，但这也导致他们容易招惹是非。爱交流的双子在遇到分歧时，极度想在言语上说服对方，会为了赢得争辩而进行无意义的争论。或许双子赢了这场辩论（有时纯粹是对方懒得和他们继续无意义的争执，而自认胜利），但输了更多。双子和处女座类似，都有些欠缺宽容心。双子是在言辞上不知宽容，无理都得辩三分，处女作为土象星座则是在具体的事务上挑剔。

Q: 太阳双子座和上升双子座有什么区别呢？

3. 太阳双子座和上升双子座的区别

（1）太阳双子座

由太阳守护的狮子座处于双子座的第三宫，对于双子座来说，可以看成是第三宫的守护星进入了自己的命宫。由此可见，第三宫所掌管的事务——交流沟通、言语、思维、表达、学习求知等对太阳双子座人来说是头等大事。甚至有些双子会因为伴侣不喜多言、话不投机而影响感情，这种情况在双子与天蝎、摩羯这类比较内敛少语的星座组合在一起时比较多见。

双子脑子转个不停，对各种新事物感兴趣，在过程中还得保持与他人的不间断交流，来分享自己的所见所闻所感。因为想得太多会导致多虑倾向，又因为关注焦点太容易转移而不会长久陷于这种忧虑情绪之中（除非星盘上有其他消极的配置）。双子并不喜欢将自己的负面情绪拿出来与人探讨，因为这种沉重的气氛实在不利于交流愉快。

太阳双子座人最好能从事需要大量“动口”的职业，比如销售、表演、律师、教师、翻译（口译）等，以便这股爱与人交流的强大能量能有固定的渠道发泄。否则，可能不得不到处寻找机会，比如去各种人群聚集的场合，动不动就拖上朋友煲电话粥，一丁点儿小事都能聊上大段时间。

不过，并不是所有太阳双子座人都那么多话，若他们的上升星座属内敛型的星座，如上升金牛、摩羯这类沉稳型的土象星座，这种倾向就能得到控制。反之，如果上升星座也属于不善抑制的阳性星座，此倾向会更会加重，尤其以上升星座是火象的太阳双子更甚。

（2）上升双子座

相比太阳双子座，上升双子座的性格未必有那么喜欢交流，自然多变、多思等双子座特征同样不一定会有，不过具体情况还得视其太阳星座和其行星落点。上升双子座是那种“容易忍不住把自己的想法说出来”的类型，哪怕太阳星座是性格内向的水象和土象星座，本应说话慎重甚至寡言少语，也会因为上升是双子座而至少表面上显得活泼很多。

上升双子同样容易好动、爱说，可与太阳双子座不同，这并不是他们人生的头等大事。而且说话的内容是否有深度、关心哪些话题，更是截然不同。也有些情况是一些本身并不爱谈话的上升双子，从事了必须得经常以说话、写作、表演等各种表达方式来交流的职业，例如教师。

三、占星宫位剖析双子座

1. 双子座基本性格解读篇——爱掌控话题主导权的双子座

（主要相关宫位：第一宫、第三宫、第九宫、第十一宫、第十二宫）

Q: 为什么双子总是出尔反尔？

（1）第一宫双子座——“自我”

当第一宫对应以语言、表达见长的双子座时，就会对传播与发布消息特别感兴趣。他们总是迫不及待地想与人分享自己的想法，以致有时会给人“嘴比脑子快”的感觉。即便明知自己有些想法并未考虑成熟，还是会一不小心就说漏了嘴。

双子机动应变的能力能使他们轻松应对意外状况，然而对此能力的太过自信，以及喜欢针对意外做出调整的倾向，导致他们总是深信船到桥头自然直。例如，在工作进程中有时出现的问题就全局来看完全可以先置之不理，随后到了合适的时机再与相关部分一同改进更有效率。然而，双子这时反而会被这些问题牵制注意力，忽视了对全局进度的把握。

作为风向星座，双子无法忍受一成不变的环境，总是希望能有不同的选择和新鲜事物冒出来。他们的善变、出尔反尔也正是出于这个原因。要让双子确定某件事或某种状态（包括工作、婚恋、约定），都会觉得仿佛是自己受了束缚。双子作为变动宫，习惯根据当时的情况给出最适合的回应，一边满口答应，另一边又情不自禁地看心情、看情况去违反约定。

Q: 为什么双子喜欢在言谈中占上风？

（2）第三宫狮子座——讯息、思维、交流和学习

双子座喜欢交流，可这并不代表他们同样喜欢倾听和接受别人的想法。双子座的交流更像是他是唯一的主角，而别人充当的只是向他传递讯息、接受和附和他论点的配角。这种在言谈中喜欢独占话语权的作风就恰如狮子座一般。

掌管双子座思维、沟通模式的第三宫对应的正是狮子座。狮子需要成为舞台中央的人物，成为独一无二的闪亮存在，它所处的宫位是我们大显身手的舞台，而对于本身就以言辞表达见长的双子座来说，第三宫所代表的事宜，就是他们渴望大展身手的地方。

第三宫代表着学习，很多双子从小就表现出他们的聪明天分。也许注意力总是不集中的他们学习成绩未必是数一数二的，但没人会否认他们的头脑灵活。老师们口中“人很聪明，但不够用功”的学生常常指的就是双子座。

在交谈时，双子座总希望能掌握主导权，即把话题往自己想要的方向带。他们喜欢交谈，但当别人与自己持有不同意见时，会表现得异常好辩，就算并不涉及对错、仅仅是各人看法不同时，双子也会竭尽全力来说服对方。最终，对方可能并不是输给了双子的口才，而是他们在辩论时无穷的精力。

Q: 为什么双子能永葆好奇心？

（3）第九宫水瓶座——哲学/宗教/人生观/远行

当水瓶座处于第九宫时，可以用“对世界充满好奇心”来描述此类人。水瓶座的含义是独特，这就使双子们渴望了解这世界不同的方方面面，包括不同的文化、不同的景观、各种思想，以及不同类型的人群。他们喜欢从各种不同的角度来认识世界。

水瓶座象征着新技术、新知识，双子座人对很多新产品、新技术都很感兴趣。即便人到中老年，双子座人的好学精神比起年轻人依然有过之而无不及，各种时髦玩意都愿意去尝试。许多双子给人的感觉是总像个年轻人，明明已经岁数一把，年轻的心态却让他们能跨越代沟。这种心态也体现在双子座人的神情与外表上，使得他们常有一副远小于实际年龄的面孔。

双子座人不会紧握传统理念不放，从这点来说，并不是循规蹈矩之人。他们能从客观、辩证的角度看待规则，并不盲目接受，而且时常会从新颖的角度提出不同看法。双子的好动、好变与不稳定或许也是因为他们并不会把既定规则视作必须遵守的真理。

Q: 为什么双子总能自来熟地飞快交上一堆朋友？

（4）第十一宫白羊座——社交

掌管双子座社交的第十一宫对应的是白羊座，这是个具有开创意味的星座，它象征着从无到有，这使得双子座人很擅长打开社交圈。

白羊座是个具有主动性的阳性星座，又属于热烈的火象星座，俗话说“伸手不打笑脸人”，双子的交友热情之高让人难以抵挡，甚至有些白羊无视对方反应的单刀直入式特征。他们可以不由分说地闯入你的圈子，仿佛和你认识许久一般和你猛聊，抓着你一起去参加各种活动。这股热情实在令人难以拒绝，于是朋友关系就这么建立起来了。除此之外，双子还像个人才中介，当你想寻觅某种类型的人才时，找双子朋友问问准没错，他们很可能手头就有现成人选可推荐。

受火星掌管的白羊座有攻击、侵犯、争执的含义。双子座的这种主动、热情天性，固然会带来不少便利，但其过于好辩的作风和多变的性格，也会招来不少是非。有时他们只是图一时口舌之快，并无恶意，可听者有意，耿耿于怀。性格上的任何特点都有可能是把双刃剑，而双子座的成败常皆因一张嘴。

Q: 双子真的那么不重视金钱吗？

（5）第十二宫金牛座——潜意识、障碍与困境

双子座注重精神与思想层面的交流，很少像土象星座那样明确表示出对物质基础的依赖。实际上，双子们只是没有将这一面表现出来，又或者他们的大部分精力都用于收集和传播各种消息上，难以沉静下来好好体察自己的内心需求。

金牛座处于双子座的第十二宫，这是个与潜意识相关的宫位。金牛作为相当物质化的星座，代表着对实实在在物质层面事物的占有欲。受此影响，双子相当需要有个安定的物质基础，这样才能把他们的精力和注意力从现实生活中解放出来，从而投入自己喜欢的精神领域中去。对人抱有好感时，双子可能会以滔滔不绝的形式来表达，而并不注重物质上的投入。有些双子的确会为他人做出钱财上的付出，但事后绝对会挂在口上，对别人诉说自己付出了多少，同时和你计算和他所收获的相比是否成正比。

虽然双子在潜意识中对金钱和物质相当依赖，但第十二宫也常常是我们想做却难以做得好的地方。双子们常会参与各种理财计划，但又缺乏真正系统、长远、可靠的规划。他们总会担忧财务状况，可又不知如何着手。

金牛座是个固执的星座，如果说双子的第三宫对应着狮子座令他们在交谈中有好胜倾向，那么第十二宫对应的金牛座又让他们对自己认定的想法抱以极端固执己见的态度。于是，为了坚持自己的想法，双子有时会本能地随口否定别人的论点，甚至说出经不起推敲的谎言。

2. 职场中的双子座——多变复杂的职业更能留住双子座的心

（主要相关宫位：第六宫、第十宫）

Q: 怎样的工作才适合善于交流、思维灵活和缺少定性的双子？

（1）第十宫双鱼座——人生/事业的长远目标、公众声望

掌管双子事业愿景、人生目标的第十宫对应着双鱼座，这是个有利创作、创意、艺术的星座，所以按部就班、有秩序和制度约束的工作并不适合双子。双鱼座的两个守护星，无论是具有延伸性、不喜受束缚的木星，还是本身就具有模糊界限意味的海王星，都有些自由散漫的特质。

双鱼座属于变动宫，其符号是两条背靠背的鱼，具有“双向”的含义。这就让本身就喜变动的双子，对待工作同样难以定下心来。多变、不固定、内容复杂的工作反而比较适合他们，能让他们持续从事下去。双鱼的艺术、创作特质也能让双子们在相关行业如鱼得水。例如表演、艺术创作、设计、文化传媒等，又或者公关、销售这种得面对不同环境、接触各种人群的工作。很难想象他们能在相对有规律的普通行政管理类岗位上待得长久。可以说，越是无序散漫的工作性质，反而越有让双子座发挥的余地。

Q：双子在职场上需要注意什么问题？

第十宫除了掌管事业和人生目标外，还指代上司、上级部门。双子素来自恃头脑灵活，思路敏捷，看问题清晰，这会导致在他们眼里别人的见识皆不如己。尤其是对于自己的上司，双子会将双鱼式的心理投射到其身上，总觉得上司各种决策昏庸，自己才是眼光独到。第十宫也是我们留给公众的印象，其实在别人眼中，双子座本身也有双鱼的不稳定、不可靠的特点。很多时候，双子们得反省一下，别人不敢对自己委以重任，是否是因为自己素来的表现让人觉得太莫测而不敢冒此风险呢？

双鱼还有大爱无疆、仁慈的一面，很多双子座人平时热爱公益，加上好社交、喜欢接触不同团体，他们有时会去参加公益性的组织和活动，比如义卖、义演、捐助困难儿童、向流浪动物机构捐款甚至做义工等。

（2）第六宫天蝎座——日常工作/杂务/人事关系

要看双子座人在平时工作中的态度和表现，得参考其第六宫。双子的第六宫对应着天蝎座，天蝎座是个洞察力很强的星座，配合双子座本身反应迅速、灵活的特性，使得他们一眼就能看出关键所在和发现问题。因此，除非双子座对工作抱有不感兴趣的消极态度，否则会有相当出色的表现。

任何性格特质都是把双刃剑，双子这个特点的麻烦就在于，不管遇到什么情况，都倾向于用交流来应对。如果身边有双子同事的话，就会发现他们实在是太喜欢说了。双子容易发现问题所在，头脑里也常能冒出些新点子，于是他们就会选择第一时间说出来。这当然是件好事，问题是他们的大脑转速太快，在说话前又忽略了应该选择合适的机会与场合。当他们完成了自己的分内工作，甚至替别人操上了闲心，没完没了地意见不断，给人指手画脚的感觉。当自己的工作被要求修改时，同样也是意见多多，爱就别人的整改要求提建议，给人以不但自己不听从安排，还多管闲事的感觉。

所以，最好给双子座分配独立进行、自由空间大又不需要有固定步骤的工作。尤其是在团队作业时，双子的敏锐但主次不清、讨论多而执行少的习惯，可能还会影响整个团队的配合。

第六宫也代表我们对待下属的态度，天蝎处于此宫使得双子老板可能并不好相处。的确，双子座是挺好说话、又没什么架子的上司，对员工也不会存什么将利用价值压榨到最大限度的心思，但他们计较细节和挑毛病能力很容易给人压力。过度地爱交流、同时对自己缺乏约束又无法树立榜样的做派，会让下属觉得双子老板有些眼高手低。

3. 双子座的金钱观——善说不善做

（主要相关宫位：第二宫、第八宫）

Q: 为什么看似能言善辩开朗的双子在理财上却那么保守？

看一个人的价值观和理财方式主要参考其第二宫和第八宫。双子座人容易对新事物抱有好奇心，也会接触和研究。他们喜欢说话，很多时候并未那么认真，只是好玩就随口说说。这会给人造成错觉，觉得他们对金钱同样也抱着漫不经心的态度。实际上，无论是掌管双子资产的第二宫巨蟹座，还是掌管双子与他人之间财务关系的第八宫摩羯座，蟹——摩这一星座轴线，都是以传统、保守、求稳、利己主义而著称的。

（1）第二宫巨蟹座——我的资产与价值观

双子座作为具有互动属性的风象星座，注定了他们不会和土象星座一样务实，一样注重事物的价值与性价比。然而，就如同他们十二宫金牛座带来的潜意识中对物质安全感的渴望那样，巨蟹座所对应宫位的主宰领域，往往是他们获得情绪安全感的来源。

对于双子座来说，掌管个人资产的第二宫正对应着巨蟹座。尽管他们本身并不喜欢为了金钱这个目标去奋斗，但又需要通过拥有一定的资产来获得满足感和安全感。长着超大硬壳的巨蟹具有防卫与保护主义的象征，在与他人的钱财往来上，借助双子座本身的发达头脑，对于钱财的计算非常擅长。他们未必有优秀的理财能力和观念，但却精于细微处的计算，例如区分两个复杂方案各自的付出与收益。

巨蟹的守护星是月亮，月亮本身同样带有多变性质，它是移动速度最快的星体，每个月都在不断进行着阴晴圆缺的变化，甚至每年固定还会发生几次月食，这就使得双子的财务总是处于不稳定状态之中。月亮也掌管情绪，受此影响，双子会忽然心血来潮地做出财务上的决定，或者购买什么大宗物品，这些都会导致财务上的波动。

（2）第八宫摩羯座——他人的资产

双子们很少轻易地与人合作经营，在和他人的钱财往来中，他们会比较慎重。然而，懒得仔细专注研究一件事的双子们所谓的慎重，可能就是干脆回避这些让他们觉得有些麻烦的事。他们随意，但并不豪爽，嘴上会把自己说成多么不计较钱，但也很少能看到他们如狮子般豪爽地请客，或是像天秤那样为了整体气氛和谐、又出于适当的礼节而埋单。他们担心自己要为别人的财务负责，所以会对投资、合伙甚至伴侣间的财政管理都相当慎重。

在理财上，受到摩羯传统性的影响，他们会选择稳健的理财方式，甚至也许仅仅是把钱存入银行，或用于购买不动产，而不是去购买那些五花八门的理财套餐。

4. 恋爱中的双子座——无花心动机却有善变之实

（主要相关宫位：第四宫、第五宫、第七宫、第八宫）

Q: 为什么双子总被形容成花心，而他们自己却觉得是最大的误解？

双子的恋爱名声，总是和花心、善变、不可靠连在一起，导致很多人发现自己喜欢的对象是双子座后，都不免担忧自己日后会不会也成为双子无数个旧爱中的一员。这让双子们感到非常无奈："我们其实是非常专一的，完全是不了解我们才会这么说的。"

其实，双子的花心善变同样是由于他们喜欢追求新鲜感、难以忍受一成不变的事物所致。这严格说来并不能算花心，而是需要伴侣跟上双子对于变动的需求，能有各种不同的话题探讨，并得让双子觉得自己是个可供持续发掘的丰厚宝藏。

然而，很多人做不到这点，尤其对于并非变动宫的星座来说更是困难。不少双子座的伴侣在关系确定下来后会渴望安稳，少些动荡，尤其是女性。如果上述那些需求无法得到满足，身为"不说话不变动就会死星人"的双子座难免会去找其他朋友来宣泄自己的交谈欲。双子座的初衷可能就是这么简单，并不是真怀有想花心、劈腿、出轨的恶意。可是常在河边走，难免就沾湿了鞋，弄假成真使朋友变成了恋人，毕竟双子本身并不是个很有自控力的星座。也有时明明是清白的，但伴侣会因为对关系的紧张、担忧、疑神疑鬼而把关系进一步搞糟。

双子座可以相当地专一，前提是你足够吸引他们的好奇心。这对某些星座来说比较简单，例如同样属于变动宫且爱探索未知的射手、想法多多又爱倾听的双鱼。不过两个双子倒容易因为双方都想把持话语权和太过好辩，导致一山难容二虎。此外，想法独特的水瓶也容易成为双子感兴趣的对象。看起来比较古怪的组合是和天蝎或摩羯这种相对寡言少语型的星座，但也正因为如此，反而惹得双子想揭开这两个星座的神秘面具看个究竟，且一日不弄个明白就不会想离去。反过来说，若是被双子摸清了底细后，不善于随意海聊的天蝎或摩羯，在相处中就会出现双子人觉得对方无法跟上自己的节奏，而另一方又认为双子说话有时太无营养还聒噪不休。

双子只是像孩子一般太有好奇心，喜欢新鲜，从这个意义上来说，若给双子贴上“花心”的标签，虽然不可否认这是花心的动机，但若简单理解成他们有花心的主观意愿，那就有些片面且粗暴了。

Q: 怎样才能和双子恋人维持稳定的感情呢？

（1）第五宫天秤座——追求愉悦的无责任之爱

双子座的第五宫对应天秤座，这是个注重双方合作与互动的星座，喜欢和睦关系，也善于通过和谐手段来解决问题。当掌管恋爱的第五宫对应天秤座时，再次突出了双子的情感关系必须靠两个人的互动才能维持下来，而不是让他们唱独角戏，或者各行其是。

天秤座受象征爱与美的金星管辖，所以喜欢至少是表面的和谐，并注重别人的感受。这也是造成双子座容易看似“到处留情”的原因之一。双子座人爱与人交谈，爱接触不同的朋友与群体，但这未必是爱。可是，当他们面对向自己提出邀约的人时，和天秤一样会有不善拒绝的毛病。双子自认并没怀着别样心思，但对方未必这么想，久而久之没准儿自己的伴侣也会犯嘀咕。

作为注重合作的星座，天秤还具有平衡的特性，这自然就需要双方有些互补性。一方面爱人得满足双子的互动欲与好奇心，但另一方面又要能补足双子并不擅长的领域，比如个人生活琐事的料理等。由此看来，要同时满足双子座两方面的需求并不容易，甚至得花费相当多的精力。

（2）第八宫摩羯座——对性的态度

虽然说双子座有种种类似花心的表现，但他们对于性事却并不算热衷，更多的还是注重精神层面的愉快和互动。掌管双子座性态度的第八宫对应着摩羯，这是个传统且保守的星座。虽然摩羯座本身并不是全无欲望，甚至可能隐藏得挺深，但无论如何，摩羯座所处的宫位，绝不会是态度随便的。

双子座表面上看似乎很吃得开，异性朋友一大堆，甚至在单身期没准儿还有几个暧昧对象。可是，很多双子仿佛完全停留在精神层面就可以获得满足。只要对方能和自己聊天、互动，这方面尽兴了，性关系就只是个附加品。很难相信像个花蝴蝶的双子竟然可以守身如玉，性事上的空白和精神上的“丰盛”形成了鲜明对比。

天秤座出于对伴侣意愿的尊重，能做得出同床共枕一整夜都安然无事——只要伴侣坚持，他们就会如绅士或淑女般和你畅谈到天明。双子座是另一个能做到这一点的星座，而他们，是真的喜欢和你聊天。

Q: 双子倾向选择怎样的结婚对象？

（3）第七宫射手座——婚姻的本质是双方的契约关系

双子象征婚恋、正式伴侣关系的第七宫对应着射手座，造成双子有相当广的择偶范围。射手座是个火象星座，其“火”元素特性是火的燃烧蔓延状态，又加上受象征延伸、扩展性的木星管辖，所以射手座不喜欢受约束，也无法去约束。

双子需要的伴侣是拥有射手座特质的类型，追求开朗热情、独立、有进取心、能和自己一同开辟新环境的志同道合的伴侣。木星代表着远方、学习、宽度，所以双子座对于伴侣其他特质的包容心很强，例如年龄差距大、姐弟恋、师生恋、异地甚至异国恋。他们也喜欢彼此的关系中有互相学习的成分在，即通过交流来学习彼此的特长。

就双子的这些需求来说，他们也许并不适合传统型的稳定婚姻，然而这却是在国内及我们的长辈们所提倡的形式。双子并不善于同外界抗争来坚持自己的立场，在婚姻问题上也许到了男大当婚女大当嫁时就会妥协。然而，缺乏足够的情感基础，会造成双子因为精神需求不满而转向外界寻求安慰。所以，与其简单地指责他们花心，倒不如看清他们需要什么，然后双方都选择能满足自己需求的人。

（4）第四宫处女座——家庭与内心需求

掌管双子家庭的第四宫对应着处女座，注重细节的土象星座特质使它不太适合这个宫位。家庭应该是温暖和富有包容性的，然而在第四宫处女座的影响下，一方面双子座的家人可能是比较严肃、又注重生活环境整洁有序的类型。而另一方面，在外各种无所谓、不在乎的双子座，回到家中，也许是另一副嘴脸。

有时我们常能听到已婚双子对家庭伴侣和环境的抱怨，原因就在于他们对伴侣的要求有些高。处女座是土象星座，这就导致双子们既希望家庭能成为提供自己所缺乏的、对于实质性生活的安排和管理的后盾，又因为处女和双子一样，同属水星守护，因此家庭内部的沟通关系是否良好对双子来说也非常重要。

5. 双子座的健康问题

（主要相关宫位：第一宫、第六宫、第八宫）

Q: 双子需要特别注意哪些健康和养生方面的问题？

（1）第一宫双子座——身体也是自我的一部分

双子座代表的身体部位是呼吸器官、神经系统、肩膀与双手。双子追求新鲜、喜欢刺激，因此出去玩乐时得注意安全，防止因疏忽大意受伤。双子的大脑总是转个不停，这会影响休息与睡眠的质量，导致精神焦虑。

当双子座及其守护星水星受到影响时，支气管炎、气喘、肺及呼吸道疾病，肩及手脚的神经疼痛也会成为双子们的常见病。

（2）第六宫天蝎座——生活规律与健康养生

天蝎是一个有些极端的星座，它所在的第六宫和我们平时的生活作息习惯、养生之道有关。双子座需要注意体力透支的问题。他们可能玩得兴致高时就忘记了健康的作息习惯，甚至平时完全不注重这个方面。也有些双子截然相反，对自己的健康小心翼翼到了不敢越雷池一步的程度。

在生理上，天蝎掌管的部位是生殖与排泄系统，得留神直肠病变、尿道炎、痔疮等疾病的前期信号，防患于未然。双子座本身与神经有关，若精神长期处于亢奋或紧张状态下，也易引起女性生理期、男性性功能的异常。

（3）第八宫摩羯座——疾厄与死亡

摩羯座掌管的部位是我们的骨骼、牙齿、关节、皮肤。所以该宫位的相关状况不佳时，遭遇的疾病也容易出现在这些部位上，例如关节炎、痛风、风湿、骨折、牙病、皮肤病。作为和双手相关的双子座，更得留意骨折、四肢骨骼方面的问题。

四、给双子座的忠告

1. 如果你想表现自己的思想深度，少说几句效果更好。
2. 为“求变”设定目的，不要为变而变，否则等同换汤不换药。
3. 在滔滔不绝地倾倒自己的观点时，别忘了源源不断地充电。

五、双子座名人录

◆ **阿瑟·柯南道尔**（1859年5月22日）：英国著名小说家，堪称侦探悬疑小说的鼻祖。因成功塑造了侦探人物夏洛克·福尔摩斯而成为侦探小说历史上最重要的小说家之一。

◆ **川端康成**（1899年6月14日）：日本新感觉派作家，著名小说家。代表作有《伊豆的舞女》《雪国》《千羽鹤》等。1968年获诺贝尔文学奖。1972年在工作室自杀身亡。

◆ **张学良**（1901年6月3日）：中国国民党爱国将领，曾发动震惊中外的“西安事变”。

◆ **约翰·F. 肯尼迪**（1917年5月29日）：美国第35任总统，被刺身亡。

◆ **玛丽莲·梦露**（1926年6月1日）：正值盛年时殒落的美国著名女影星。

◆ **切·格瓦拉**（1928年6月14日）：极富传奇色彩的拉丁美洲马克思主义革命家。参加了古巴革命，推翻了亲美的巴蒂斯塔独裁政权。

◆ **昂山素季**（1945年6月19日）：缅甸非暴力提倡民主的政治家，缅甸独立运动之父昂山将军的后代，在缅甸度过了将近15年的监禁时光。诺贝尔和平奖获得者。

◆ **郑渊洁**（1965年6月15日）：有“童话大王”之称，中国著名的作家、演讲家、慈善家。他笔下的皮皮鲁、鲁西西、舒克、贝塔和罗克在中国拥有亿万读者，连成年人也被吸引。

◆ **莫文蔚**（1970年6月2日）：香港著名影视歌多栖女星。

◆ **李嘉欣**（1970年6月20日）：香港著名艺人，被称为“最美丽港姐”。

◆ **“小S”徐熙娣**（1978年6月14日）：台湾著名主持人，因主持《康熙来了》这档节目而闻名，风格以恶搞为主，是台湾女主持的代表人物。

◆ **张柏芝**（1980年5月24日）：香港著名女演员、歌手，大中华地区身价及知名度最高的女演员之一。

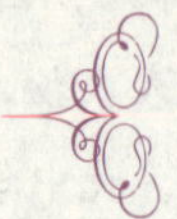

第四节　巨蟹座

过度饱满的情感是把双刃剑

一、巨蟹座基本资料篇

巨蟹座

◆ 守护星及其含义：月亮——情绪反应、潜意识、感情态度、温柔、变动、过往、女性、母亲、妻子、家庭、不动产、胃

◆ 星座阴阳：阴性

◆ 星座元素：水象星座

◆ 星座类型：基本宫

◆ 强势行星：在此地能更好地发挥其本性的行星

守护星：月亮

擢升（Exalted）行星：木星

◆ 弱势行星：在巨蟹座处于弱势，无法正常发挥其原有特质

失势受损（Detriment）行星：土星

落陷（Fall）行星：火星

当以巨蟹座为第一宫（命宫）时，十二个宫位对应的星座如下表所示：

宫位	宫位常用名称	对应星座	宫位本质含义
第一宫	命宫	巨蟹座	“自我”、行为模式
第二宫	财帛宫	狮子座	拥有的物质和资源
第三宫	兄弟宫 思维交流宫	处女座	兄弟姐妹 学习沟通、思维交流等互动模式
第四宫	家宅宫	天秤座	家宅状况
第五宫	男女宫 子女宫	天蝎座	纯粹的娱乐/快乐
第六宫	工作宫	射手座	工作杂务/健康
第七宫	夫妻宫	摩羯座	一对一带有责任的关系
第八宫	疾厄宫	水瓶座	疾厄、从他人处获得的东西（含有形和无形资产）
第九宫	迁移宫	双鱼座	远距离/有深度的事物
第十宫	事业宫 官禄宫	白羊座	社会地位 公众形象
第十一宫	社交宫 福德宫	金牛座	群体、社交
第十二宫	玄秘宫	双子座	隐秘不明之事物、潜意识

注：各宫位衍生含义参见第二章第二节中“十二个宫位的含义”部分。

二、通过行星了解巨蟹座

Q：为什么巨蟹既情绪化又脆弱？情绪会毫无征兆地大起大落又是何故？

1. 守护星——月亮

巨蟹的过度敏感、情绪起伏等很多表现都能从其守护星——月亮上找到原因。在占星术的十大星体中，月亮既非行星，也不是如太阳这般为众星环绕的恒星，仅仅是一颗围绕地球转动的卫星。但作为离地球最近的星体，它在占星术中的重要性几乎可以和太阳平起平坐。太阳代表着有意识的自我意志、意愿，是我们想要呈现在众人眼前的部分；而月亮象征的是我们无意识的情绪反应、情感需求，是藏在私密处不轻易为人所知的部分。

受守护星月亮的影响，可以用“情绪凌驾于自我意识之上”来形容巨蟹座。虽然月亮象征的“本我”可以尝试用太阳代表的“自我”来控制，可对于这个本身由月亮守护的星座来说，却很难做到。巨蟹会将自己的感受、情绪看得非常重要，甚至过度敏感，将一切令自己不快的言行都判断为对自己的攻击，并做出反击。其实很多他们所认为的攻击就像高频声波一样，换作一般人是根本感觉不到、也不会认为是攻击的普通行为。

巨蟹情绪的多变同样归因于月亮状态变化的规律。月有阴晴圆缺，每个月的新月时月光最暗淡，而满月则是最明亮之时。月光的这种极端变化会同步体现在巨蟹的情绪上，造成巨大波动。尤其同时发生日食或月食的话，会更加明显。这个时间规律与女性月事一样，都以“月”为周期，难怪很多人将巨蟹的情绪变化称作“情绪大姨妈”。

月亮又是占星术中移动速度最快的星体，约每28天就会走完黄道十二星座一圈，相比速度次快的太阳、水星这些约一年才绕完一圈的星体来说，快了足足12倍。更何况在月亮飞快的移动过程中，它还会不断地与其他星体发生互动。这些数据都能说明月亮是多么易受外界其他状况的影响。虽然很多人知道巨蟹强烈地需要情绪和情感上的满足，但实际上其守护星状态如此多变，往往让其他星座人根本跟不上巨蟹不断变化着的情感满足需求。最终就导致一方觉得巨蟹难伺候，而巨蟹自身又总觉得被忽视、不受关爱。

月亮本身并不发光，我们平时看到的月光其实是太阳光芒的折射，所以被月亮守护着的巨蟹座会有时时需要得到他人回应的需求。无论是付出还是索取、感谢还是抱怨，他们都希望对方能给出反应。冷暴力般的石沉大海，或是压根不在意他们的举动，是对他们最大的伤害。

当然巨蟹对情绪的敏感也有正面作用，那就是让巨蟹成为一个很有同理心的星座。他们比其他星座人更敏感，能体察到你的喜怒哀乐，哪怕你并未将之表现出来。当他们通过这个优势来向你做出善意的表示时，你会有种被了解、被抚慰的感觉，就仿佛回到了母亲的怀抱——无论在外面遭受到了什么，总能给你提供温暖。

Q: 为什么巨蟹的爱既温暖又沉重？

2. 擢升行星——木星

扩张、多、仁慈是木星的关键词，作为巨蟹座的擢升星，意味着这是巨蟹向往的目标。作为感性的水象星座，巨蟹是很乐意向别人传达好意的，并以关心他人为荣。巨蟹是个非常有"母性"的星座，且没有男女之分，受到木星扩张的影响，不仅对自己人，甚至关系并不算太亲密的人，巨蟹们都会热情地表达出自己的善意。

不过，木星也有其负面含义，就是过于乐观、夸张及纵容。巨蟹本身是个以自我感受和情感需求为中心的星座，在这个方面他们和狮子一样自我和自负，所以常常会出现"好心办坏事"的情况。他们的关心和关怀有时并非是别人需要的，甚至侵犯了他人的私人空间。例如，看别人心情不好就提起他人并不想谈的私事来安慰，主动和别人聊天却一再忽略对方想独处的暗示，聚会正吃饭时觉得别人订的饭馆、点的饭菜不够实惠，就提出更好的建议让人有些下不了台等。过度的爱和关怀同样也会带来压力，结果适得其反。

Q: 为什么巨蟹很容易退缩，还很优柔寡断？

3. 弱势行星——土星、火星

土星和火星在巨蟹座内属于弱势，这就意味着巨蟹座的性格中会缺乏这两颗行星的特质。土星代表着控制、压抑、规则，火星则代表干脆、果断、勇敢、冲动和鲁莽。很多书上都写由火星掌管的白羊座总是无法克制自己的冲动（顺便一提，白羊同样是土星弱势的星座），而熟悉巨蟹的人会发现这个阴柔的星座爆发起来一点儿都不比白羊差。和白羊暴躁的阳刚型爆发不同，巨蟹爆发的模式属于水象星座的阴郁型，最常见的是哭泣、抱怨和反复倾诉。

火星的弱势给巨蟹的行动带来困难，总是无休止地试探与犹豫，不敢明确地表示出自己的态度。当对某个现状不满时，我们常能发现他们抱怨多多，列举出种种令自己难以忍耐之处，却毫无改善的行动。说要跳槽，结果几年过去依然在原处边工作边抱怨；说要离开某个伤透自己心的糟糕情人，却在别人表示支持他这么做时，犹豫着说："但是……"太过敏感的情绪和"行动上的矮子"这两个鲜明反差，导致巨蟹给人爱抱怨的形象。

Q: 太阳巨蟹座和上升巨蟹座有什么区别呢？

4. 太阳巨蟹座和上升巨蟹座的区别

（1）太阳巨蟹座

巨蟹座象征资产、拥有财物的第二宫对应着狮子座，对太阳巨蟹座来说，等于财帛宫的守护星太阳落入了自身的命宫。这说明巨蟹其实是个相当有"商人心态"的星座，而且非常重视物质上的安全感。当然，其表现方式和金牛不同。巨蟹属于重视情绪、情感的水象星座，其"商人"心态并不一定体现在实际的物质往来、付出与收获上，而是更偏向包括心意、情感、赞美等的付出与回应。

很多巨蟹说自己付出不求回报，其实并非如此。他们的确不需要"以物换物"式的等量回报，而是通过无穷无尽的付出，使别人不得不碍于情面给予他们需要的回报，例如认同、友情和爱情。如果完全如石沉大海般毫无回应，巨蟹会心生"肉包子打狗"般的愤恨。很多时候他们忽略了（或是压根不愿从这个角度想），当初的付出完全是自己主动自愿的，而非对方索取，甚至对方可能中途拒绝了好几次。说简单点儿，除非正好遇到两情相悦皆大欢喜的情况，否则很容易流为用情感勒索强买强卖来获得自己所需。

第二宫也象征着物质资产，所以很多太阳巨蟹其实颇具理财头脑和生意天赋，更对危机有着灵敏直觉。虽然他们会否认自己追求物质丰足带来的安全感，常把有情饮水饱挂在嘴上，可相处中会发现他们是物质与情感两手抓，两手都硬。对金钱方面的话题也相当敏感，物质的不稳定一样能令他们陷入焦虑。

（2）上升巨蟹座

很多上升巨蟹都有副亲和无害的居家型长相，即便是气场强势的狮子，若上升点落到了巨蟹座，同样给人宜家宜室的安分感。这副形象容易赢得好人缘，获得他人帮助，但在一些需要表现出气魄的场合与职业中，会让人感觉缺少点儿强势。上升巨蟹和太阳巨蟹一样有着非凡的记忆力，对过往的经历、情感、自己在事件中的感受与细节尤其记忆深刻。

除非太阳、月亮落在敏感的星座内，上升巨蟹的内心会比太阳巨蟹来得坚强，毕竟上升只是我们的行为模式，是长期以来形成的应对外界的态度和逐渐养成的习惯，虽然最终会成为性格的一部分，但毕竟不属于本我的一部分。尤其是当上升巨蟹配上个性格坚韧的太阳星座时，外柔内刚、扮猪吃老虎说的可就是他们了。当代很多富豪都是上升巨蟹，如比尔·盖茨、李嘉诚、莉莉安娜·贝当古（世界最大的化妆品集团欧莱雅公司的创始人欧仁·舒莱尔的独生女，欧洲最富有的女人）。

月亮是巨蟹的守护星，对上升巨蟹来说，本命盘月亮的状况对他们命运的影响极大。

三、占星宫位剖析巨蟹座

1. 巨蟹座基本性格解读篇——情绪我最大

（主要相关宫位：第一宫、第三宫、第九宫、第十一宫、第十二宫）

Q：为什么巨蟹时常会好心被当驴肝肺？难道想对人好也有错吗？

（1）第一宫巨蟹座——“自我”

巨蟹的星座符号是横置的“69”，仿佛两个互相取长补短弥补对方不足的个体。巨蟹爱付出，但其潜意识中希望得到对方的回报或认可，有些类似商人的心态：拿我所有，换我所无。通常他们付出的是自己本就丰富有余的情感与体贴，希望以此来赢得对方的回报，包括旁人的认可与赞扬。若无人领情，他们会很受伤。

这个“69”的符号又像是驴唇不对马嘴、头脚倒置谈不到一起去的两个人。当象征“自我”的第一宫对应巨蟹座时，意味着巨蟹是个将自己的情绪和感受置于首位的星座。巨蟹会和狮子一样自我，只重视自己“想对人好”的主观想法，却忽略了别人的需要，就好比一个一味地以自己的方式去爱孩子的母亲。巨蟹需要时常注意换位思考，倾听与观察对方的需求，然后再决定给予什么，这样才能赢得别人的尊重。否则，只会是个打着“爱”的旗号来满足自己需求、发泄私欲的人。巨蟹成熟与否的区别常常体现于此。

有趣的是，可能因为巨蟹座象征的身体部位是“胃”，很多巨蟹无论男女，不但有着出色的厨艺，更是对此有着发自内心的喜爱。爱吃美食的星座很多，但会坚持自己动手并研究新菜色的却不多。会下厨的不少，但真正是出于爱好而不是生活需求和表演秀的更少。只有巨蟹能普遍做到这些，“爱他，就要抓住他的胃”，这是巨蟹男女最好的写照。

Q: 为什么巨蟹容易有唠叨和挑剔的倾向，且很少赞美人？

（2）第三宫处女座——讯息、思维、交流和学习

处女座是水星掌管的星座之一，水星又代表着语言，所以当处女座位于象征交流、沟通、表达的第三宫时，算是能将其特质发挥得比较充分的地方。所以很多巨蟹有着较强的写作能力，尤其善于抒发自己的情感。在巨蟹水象元素的作用下，其文字常能给人一种“画面感”。

处女和巨蟹座都有“敏感”的特点，区别在于处女的敏感针对实质的细节，而巨蟹则是对人们的情绪和感受非常敏锐。巨蟹的良好记忆力和对琐事的敏感度，若不加以克制，很容易给人“絮叨感”。此外，处女和巨蟹都是易陷入焦虑的星座，还带着“总是担心自己做得不够好”的自卑，使得他们相当容易神经紧张，并通过絮叨来缓解。很可能同样一句话，其他星座根本听不出有任何问题，但巨蟹却会从字里行间理解出弦外之音来。

也许有人会问，处女不是很有逻辑和条理性，那为什么巨蟹完全没这方面的特质？那是因为受到了巨蟹以自己情绪为重的特点染色，导致他们在与人互动交流时，有选择性失聪的倾向。你会发现巨蟹常常无视你提出的理由、论据，而一味强调通过自己的“感觉”得出的结论。

Q: 很多巨蟹容易对宗教、文学、文化有兴趣，这在占星上有什么依据吗？

（3）第九宫双鱼座——哲学/宗教/人生观：寄情宗教、文化来化解困境

第九宫和我们的人生观、对于哲学宗教的态度有关。当第九宫对应同样具有宗教意味的双鱼座时，令巨蟹成为一个很容易接受各种宗教理念的星座。

第九宫也是我们获得成长的地方。受双鱼座的影响，当巨蟹遇到挫折与困境时，很难在最初就选择面对现实、正面迎击那些障碍，而是喜欢用双鱼座象征的事物来逃避和缓解痛苦，例如宗教、哲学、艺术、文学创作等。通过这些手段，巨蟹会获得成长，而后那个已经强大起来的自己才有勇气去面对现实突破阻碍。

长途旅行和高等教育也属第九宫的管辖范围。双鱼座具有逃避和出世的意味，因此有时巨蟹会将旅行与不断的进修作为回避现实的对策。旅行时，带有双鱼座特质的地方会是巨蟹的首选，例如浪漫的水乡、海边、湖畔和宗教圣地。

木星与智慧、文化、宗教、高等教育、哲学性同样关系密切。这些特点在有些巨蟹身上体现为好学，甚至人到中老年都不忘继续学习新知识，有条件的话还会拥有高学历、当讲师，从事文化、传媒相关行业的巨蟹也为数不少。

Q: 为什么巨蟹在朋友圈里常有好口碑？

（4）第十一宫金牛座——社交

金牛的守护星金星是吉星，它象征着物质、资源和富足，而由吉星守护的星座较易让人有舒适、愉悦的感受。巨蟹象征社交的第十一宫对应着金牛座，这意味着人脉与社交关系是巨蟹的资源之一，他们也很乐意广结好人缘。巨蟹对待他人的态度，是类似金牛的特质那般让人从物质到精神都能得到享受，比较常见的就是美食。巨蟹的守护星月亮掌管着胃，金牛座又是个爱实质性享受的星座，比如美酒佳肴和美人珠宝，所以巨蟹会很喜欢与朋友们一起吃吃喝喝，常会在家中搞个温馨聚会，并亲自下厨做上几道好菜。若你是巨蟹社交圈内的常客，那么是一件幸福的事。巨蟹绝对是那种会在你求安慰时对你说“做人呢，最要紧的就是开心”，然后问你饿不饿并给你煮碗面吃的人。

Q: 巨蟹需要注意的性格弱点是什么？

（5）第十二宫双子座——潜意识、障碍与困境

双子座是个充满好奇心、喜欢思考的星座，当处于第十二宫时，也会让人心中隐约有这样的渴求。当这个渴求与巨蟹注重感受、情绪的水象特质相结合时，反而令他们更容易对别人的举动产生好奇心，比如“为什么他这么说”“为什么他们会是这种反应”，进而去探索其所谓的动机。

第十二宫是我们的软肋所在，是我们很难运用好的能量。双子座作为风向星座的客观性被锁在第十二宫中无法正常发挥，巨蟹以感觉、情绪为先的水象星座特质取代了理性。本来正常的好奇心、求知心到了巨蟹这儿成了自钻牛角尖的纠结。因为运用不好风象星座客观理智分析的能量，使得巨蟹与人交流时经常欠缺逻辑性。他们潜意识中竭力想表现自己的客观和理性，但实际上经常是提出论点后毫无正常的论述过程就直接跳跃到他们凭感受得出的主观判断。“你和他讲道理，他和你谈感情；你和他谈感情，他又来和你说道理”，我们常能听到对巨蟹的这类评价。

双子座伶俐的特质落到巨蟹的第十二宫，使他们易因过虑而使情绪经常处于紧绷状态。一旦有什么事件作为导火索触碰到他们已经杯弓蛇影的神经，就会引发情绪的失控。所以，巨蟹应当学会如何让自己的敏感神经放松下来，不要过度猜测和试探别人的用意。

2. 职场中的巨蟹座——情绪状态决定工作成效

（主要相关宫位：第六宫、第十宫）

Q: 巨蟹看似柔弱重感情，但为什么实际很多巨蟹在事业上相当成功？

（1）第十宫白羊座——人生/事业的长远目标、公众声望

巨蟹座的第十宫对应白羊座，这是个具有冲劲的星座。虽然巨蟹们爱说家和万事兴、有情饮水饱，时不时还流露出对工作的厌倦和因为工作需要不得不强颜欢笑的苦恼，可就和巨蟹的“对宫”摩羯一样，他们抱怨归抱怨，真正工作时依然企图心十足，很想大展一番拳脚。

第十宫是我们想呈现给大众的形象，也是我们人生的目标。温和的巨蟹不甘于被认为弱小，竭力想表现出自己能干和敢于拼搏的一面。但白羊座是个缺乏后劲的星座，配合上巨蟹本身情绪的起伏不定，两者综合起来的效应会给人以“硬一阵软一阵”的无长性感。某天，巨蟹们可能忽然心血来潮准备大干一场，甚至制定出若干规则准备执行，但过了几天，又觉得何必那么累，守好自己的一亩三分田即可。尤其是本命星盘中缺乏土象元素的巨蟹更为明显，他们有目标有野心，但缺乏对具体实施步骤的考虑，所以找个执行力强的务实帮手对担任领导职务的巨蟹来说很重要。

Q: 巨蟹在职场中需要注意哪些影响工作表现的短板？

（2）第六宫射手座——日常工作/杂务/人事关系

巨蟹象征日常工作模式和职场态度的第六宫，对应宽宏大量又乐观、随性的射手座，使得巨蟹本质上是希望自己能和同事们愉快相处的。在工作场合中，巨蟹不乏幽默感，能受到各个年龄层同事的欢迎。不过要切记对巨蟹的好意明确表示认可和感激，否则会令他们感觉受伤而招致不满。

第六宫对应射手座会给职场人际交往加分，不过同时也会使巨蟹工作时的状态不够稳定。当他们心情好时，会一鼓作气干完很多活，甚至主动加班加点不计较酬劳。但当心情低落或者仅是无心工作时，又认为别人也该体谅自己。巨蟹不太喜欢一板一眼的工作制度，包括严格执行制度的人。“太没人情味”是巨蟹工作中最爱挂在嘴上的抱怨话之一。他们不能接受对自己懒散状态的建议和批评，认为看在自己在状态好时忘我工作的分上，也应当体谅自己无心工作的时候。可很多时候我们的工作不可能独立存在，还有与之衔接的各个环节。对共事者来说，这种随心所欲起伏的状态会让人难以把握及制订相应的计划。很多人宁可和一个虽然效率缓慢低下但状态稳定的人合作，也不喜欢和一个充满随意性的人共事，因为无法根据常理来推测他的速度，进而确定自己相应该做的准备、该采取的节奏。

3. 巨蟹座的金钱观——金钱和情感一样，都是安全感的来源

（主要相关宫位：第二宫、第八宫）

Q: 为什么巨蟹常有省小钱、花大钱的特质？

（1）第二宫狮子座——我的资产与价值观

当狮子座处于巨蟹掌管资产与价值观的第二宫时，一方面会给巨蟹带来出色的理财和商业天赋，但另一方面，狮子座受其光芒四射熊熊燃烧着的守护星太阳影响，会带有“燃烧”“发散”的性质。所以，别看巨蟹们平时嘴上表现得精打细算，对讨价还价不亦乐乎的样子，实际却经常因为冲动、好面子导致额外支出。

狮子有讲究表面光鲜亮丽的特质，使得平时在钱上精打细算的巨蟹们容易被一些冠以大品牌、新概念、名人效应之类的商品所打动，还会找“因为这是老品牌”“这是大家都说好的”之类的当借口。

狮子是个唯我独尊的王者星座，巨蟹又爱以自己的感受为重，所以在对资产的处置上，大到投资理财，小到购买物件，他们往往有些一意孤行，很难听得进他人的意见。即便有时和别人商量，仿佛在询问建议，其实心里也早有打算。就财务、资产方面的决定，几乎是不可能说服巨蟹的，要么你通过制度、法律等明文规定的条目直接争取到处置权，要么给出建议后他们依然不打算听取的话，就闭上嘴别浪费口水了。

（2）第八宫水瓶座——他人的资产

看似保守的巨蟹在理财方面常做出令人大跌眼镜的行为，而且还会寻找到独辟蹊径的赚钱方式，这些都和第八宫有关。巨蟹的第八宫对应着水瓶座，它和一切古怪的东西有关，比如特殊的想法、创意，新技术、新产品，投资也归第八宫管辖，所以如果巨蟹考虑投资的话，可以尝试上述领域，从而出奇制胜。

需要注意的是，水瓶座的不稳定性会导致收益难以得到保证，加上掌管巨蟹资产的第二宫对应的又是好大喜功的狮子座，因此最好不要盲目投入太多，也不要被一些听上去很美的概念诱惑。毕竟巨蟹是个需要物质与情感双方面安稳的星座，财

务上的巨大损失会严重影响到他们的精神状况。

4. 恋爱中的巨蟹座——温柔背后的霸道占有欲和情感无底洞

（主要相关宫位：第四宫、第五宫、第七宫、第八宫）

Q: 为什么平时和善的巨蟹在感情中控制欲那么强？

当巨蟹爱上一个人，就会完全以对方为重，因伴侣开心自己也会变得快乐起来，因对方情绪低落自己也会跟着悲愁。作为守护家宅的巨蟹座，他们不仅能从情感上给予对方滋养，更能在生活琐事上一一为对方打点。从料理家务到烹饪美味佳肴，巨蟹都得心应手。和巨蟹恋爱，对方能感受到仿佛家庭一般的温暖。

然而，一颗老鼠屎坏了一锅粥，巨蟹的那么多好处却常常毁在自己因强烈的不安全感和占有欲导致的情绪无常上。很多人以为恋爱时控制欲强的是天蝎，但若是说巨蟹也会令人痛苦甚至不堪忍受，就少有人知了。他们就是那种朋友圈里一致称赞，而亲密伴侣却怨言多多的星座，除非是已经足够成熟的巨蟹。

通常由标准吉星（金星和木星）守护的星座，给人的感受会比较轻松、愉快，而由凶星（火星和土星）守护的星座则正好相反，这条规律对于星座与宫位的对应关系同样适用。我们的婚恋状态与第五和第七宫关系密切，前者象征纯粹的爱恋，后者则是互有责任的正式伴侣关系。巨蟹的第五宫对应天蝎座，由火星守护；第七宫则是摩羯座，由土星守护。虽然由母性、养育特质的月亮守护下的巨蟹，本身是个很渴望去爱人及被爱的星座，也想温柔待人，但他们与婚恋相关的宫位恰恰对应着两个由凶星守护的星座，这就使得他们虽然满怀爱意，却很难恰当地用到亲密伴侣身上。

（1）第五宫天蝎座——纯粹的恋爱关系、娱乐

天蝎座在感情上的特质几乎略懂得点儿星座的人都能说得头头是道，比如不安全感导致的占有欲、爱吃醋、行为极端，还有爱则轰轰烈烈，恨则老死不相往来。巨蟹象征纯粹恋爱关系的第五宫对应着天蝎座，他们的恋爱模式同样会沾染上天蝎的这些特质。

巨蟹和天蝎有所不同。天蝎本身是个非常自我且坚定的星座，受其守护星火星和冥王星的影响，他们能控制住自己的不安、敏锐和猜疑，必要时更能狠得下心。可当命宫对应到巨蟹座时，会让他们比天蝎更加敏感和怀有不安全感，在感情上越是在乎对方越容易想东想西。对自己的情绪自控力较差，又使得巨蟹不像天蝎那样可以将各种猜疑压抑在心，不到必要时不会暴露出来。巨蟹越是没安全感，越容易胡乱猜测，进而就需要对方以各种方式来证明对自己的爱，更有甚者会搞些莫名其妙的考验。当对方的反应稍不如自己意时，就会觉得对方不够爱自己，自己付出多而得到少（出于巨蟹的“商人本性”），从而陷入自怜的情绪中无法自拔。

巨蟹的敏感还会导致他们草木皆兵，伴侣和异性的正常玩笑和往来、伴侣很单纯地因为其他事而显得情绪低落，都会让巨蟹产生负面的联想。有些不够成熟的巨蟹甚至会以询问、争执、哭闹、赌气的方式一再试探对方的反应，来确认其想法。可是，不同性格的人表达感情的方式是不同的。或许巨蟹们并不觉得自己的行为有什么过分，仅仅是获得一点儿可怜的安全感，仅仅需要对方坚定地说一句“我爱你”就可以，可对于很多心思并不那么敏感、性格也不是那么感性的人来说，在他们眼里，巨蟹的这些行为若频繁出现，只会被当作无理取闹和难伺候。

第五宫也是子女宫，在对待子女的态度上，巨蟹也要注意自己的这个倾向，多给子女一些空间。

Q: 为什么巨蟹常对并无希望的感情执迷不悟、死不放手？

巨蟹感情上的另一个特征是“执念”，这又是一个常用来形容天蝎的词。受第五宫天蝎“执念”的影响，巨蟹容易对已经名存实亡的关系、毫无希望的暗恋没那么容易放手。他们做不到像天蝎那样愿赌服输，发现事情不可挽回时就狠心转身离去。巨蟹有着十二星座中数一数二的情感记忆力，过往关系中那一丁点儿美好回忆，或当下对方偶尔因为内疚表现出的缓和姿态，都会加重巨蟹的“执念”，让他们继续执迷不悟。亲朋好友的劝说他们虽能明白，可最后常会来一句：“可是……他在某个时候对我还是挺好的，所以我想是不是还有希望？”这真让那些关心巨蟹的人有种无力感。

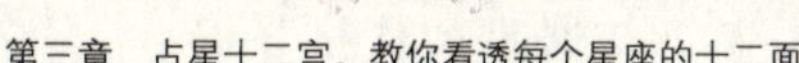

Q: 巨蟹真的对亲密关系很保守吗？

（2）第八宫水瓶座——性生理功能、对性的态度

当第八宫对应到水瓶座时，会给性爱带来古怪影响。巨蟹本身，和他们掌管伴侣关系的第七宫所对应的摩羯座，都是相当传统守旧的。然而，水瓶座的守护星是天王星和土星，二者都有着极强的疏离性，这就给巨蟹投入性爱制造了障碍，使巨蟹在一般状态下无法轻松自如地发挥出水瓶座创新、自由的特点。

巨蟹们既渴望新鲜感、不同寻常的性爱，又因传统观念和严重缺乏安全感，使他们得兼顾稳定、习惯、人选、情景等诸多要素，才能放开胸怀接受对方。这种矛盾会给巨蟹的情感、婚姻生活带来些麻烦。因为既想要稳定、哪怕有些乏味的婚姻，又受到第五宫天蝎极端的激情、第八宫水瓶不走寻常路的渴望影响，时常会向往能在普通生活之外，有些让自己心动的奇遇。

Q: 巨蟹需要怎样的伴侣？为什么在外温柔的巨蟹在家中掌控欲超强？

（3）第七宫摩羯座——合作关系：包括婚姻、正式伴侣、合作、契约双方

摩羯是个传统的星座，当第七宫对应摩羯座时，意味着巨蟹的婚姻观是非常传统的。传统认可的婚姻关系，不一定要很多爱，但一定得是彼此在外部条件上适合、又能得到家人支持的人选，这样组建的家庭才能有稳定的基础。巨蟹对于婚姻还是相当现实的，他们或许会苦恋，但对象往往是条件相当甚至不差的适婚人选。更何况巨蟹座本身也掌管着家宅，所以在这两方面的共同作用下，巨蟹会非常渴望通过维持稳定的夫妻关系来拥有一个完整的家。

摩羯作为严苛、讲究规则的土象星座，并不那么温情，更带着点儿压力。所以，婚后的巨蟹反而更像个尽忠职守的管家，该做的事一一做到位，但少了些恋爱时的温情与浪漫。尤其有了孩子之后，巨蟹的重心更会转移到孩子身上。

第七宫是我们理想中伴侣形象的投射，摩羯座象征强权、专业性、老成、稳重、保守、固执，所以巨蟹较容易喜欢上强势、自我的对象，即便是巨蟹男也不例外。他们需要被对方尊重甚至崇拜，但又并不喜欢成为一棵让别人依靠的大树，而是更需要有个强势点儿的人物成为自己的主心骨。

Q: 为什么多数巨蟹都超级顾家？

（4）第四宫天秤座——家庭与内心需求

当巨蟹的第四宫对应着具有和谐与美感的天秤座，会让巨蟹总是希望家中井井有条、充满温馨和睦的气氛，让家成为能感受到爱与美好的地方。如果家族中有巨蟹座人的话，常会看到他们总是起着调停作用，不辞辛苦地去倾听、安抚冲突中的各方。就仿佛如果家中的宁静被打破，巨蟹心中的平衡感都会倾斜，变得不安和焦虑。

天秤是个讲究合作的星座，同时受巨蟹自身和伴侣宫摩羯座的传统倾向影响，在家庭中，巨蟹讲究各司其职，如一方主外，另一方主内，各人做好自己的分内事，保持既密切又不受干涉的关系。所以在家中千万不要对巨蟹正在干的事指手画脚，哪怕是善意的建议，都会被巨蟹认为你在干扰他们的分内事。

5. 巨蟹座的健康问题

（主要相关宫位：第一宫、第六宫、第八宫）

Q: 巨蟹在健康养生方面需要注意哪些问题？

（1）第一宫巨蟹座——身体也是自我的一部分

巨蟹座代表的身体部位是胃、乳房、子宫、卵巢。需要注意的疾病有胃炎、胃溃疡、胃癌等胃部疾病，还有乳癌、乳腺炎、卵巢病变等。

第一宫和我们的头部相关，巨蟹又掌控情绪，所以若此宫位状况不佳，还得小心神经质、焦虑症、歇斯底里以及抑郁等精神方面的问题。

（2）第六宫射手座——生活规律与健康养生

射手座代表的身体部位是肝脏、臀、腿部。巨蟹对美食的爱好易造成因暴饮暴食、不节制导致肝脏等消化器官负担大，如肝炎、肝硬化、胆囊疾病。此外坐骨神经痛、骨刺也是常见问题。

（3）第八宫水瓶座——疾厄与死亡

水瓶座象征的人体部位是血液、淋巴腺、脚踝、小腿。须留意的常见疾病有血液循环不良、低血压、静脉瘤、甲状腺机能低下、腿脚不便等。

水瓶的守护星有象征缓慢的土星和变动的天王星，因此带来的健康问题可能是潜伏许久后突发的。

四、给巨蟹座的忠告

1. 不要过度敏感草木皆兵，别人没你想得那么多。
2. 从自己内心获得的安全感才更稳定，向别人索取会让双方都受累。
3. 自己主动付出，就不要太在意回报，对方完全有不接受的自由。

五、巨蟹座名人录

◆ **约翰·戴维森·洛克菲勒**（1839年7月8日）：美国资本家，也是20世纪第一个亿万富翁。

◆ **欧内斯特·海明威**（1899年7月21日）：美国小说家。晚年在家中自杀身亡。海明威的代表作有《老人与海》《太阳照样升起》《永别了，武器》《丧钟为谁而鸣》等，被誉为美利坚民族的精神丰碑，并且是“新闻体”小说的创始人。

◆ **乔治·沃克·布什，即小布什**（1946年7月6日）：美国第43任总统。

◆ **马英九**（1950年7月13日）：台湾地区领导人，中国国民党主席。

◆ **戴安娜王妃**（1961年7月1日）：英国查尔斯王子的第一任妻子，威廉王子和哈里王子的亲生母亲。

◆ **张学友**（1961年7月10日）：亚洲地区和整个华人社会具有影响力的实力派

音乐巨星和著名电影演员，香港乐坛“四大天王”之一，在华语地区享有“歌神”的称誉。

◆ **周星驰**（1962年6月22日）：著名电影演员，兼导演、编剧、电影监制以及电影制作人。有香港“喜剧之王”之称，亦是“无厘头”电影始祖，在华人世界具有极大影响力和知名度。

◆ **梁朝伟**（1962年6月27日）：在亚洲地区和整个华人社会具有影响力的著名电影演员，因其出色的演技囊括多个电影奖项。

◆ **汤姆·克鲁斯**（1962年7月3日）：美国超级影星。

◆ **迈克·泰森**（1966年6月30日）：拳击史上最年轻的世界重量级拳王，曾获世界重量级冠军，被认为是世界上最好的重量级拳击手之一。

◆ **芙蓉姐姐**（1977年7月19日）：人气火爆的网络红人。

◆ **里奥内尔·安德雷斯·梅西**（1987年6月24日）：阿根廷足球运动员，被大众称为“新马拉多纳”。

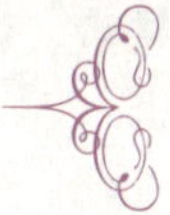

第五节　狮子座

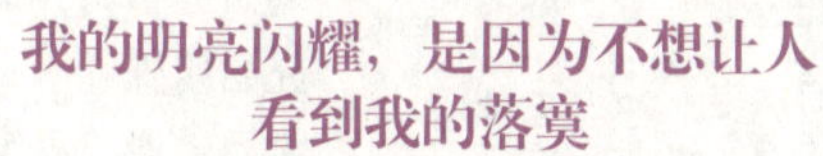

我的明亮闪耀，是因为不想让人看到我的落寞

一、狮子座基本资料篇

狮子座

◆ 守护星及其含义：太阳——领导力、自信、自尊、生命力、老板/政治家等权威人士、男性象征、父亲、丈夫、黄金、心脏、脊髓

◆ 星座阴阳：阳性

◆ 星座元素：火象星座

◆ 星座类型：固定宫

◆ 强势行星：在此地能更好地发挥其本性的行星

守护星：太阳

擢升（Exalted）行星：无

◆ 弱势行星：在狮子座处于弱势，无法正常发挥其原有特质

失势受损（Detriment）行星：土星

落陷（Fall）行星：无

当以狮子座第一宫（命宫）时，十二个宫位对应的星座如下表所示：

宫位	宫位常用名称	对应星座	宫位本质含义
第一宫	命宫	狮子座	“自我”、行为模式
第二宫	财帛宫	处女座	拥有的物质和资源
第三宫	兄弟宫 思维交流宫	天秤座	兄弟姐妹 学习沟通、思维交流等互动模式
第四宫	家宅宫	天蝎座	家宅状况
第五宫	男女宫 子女宫	射手座	纯粹的娱乐/快乐
第六宫	工作宫	摩羯座	工作杂务/健康
第七宫	夫妻宫	水瓶座	一对一带有责任的关系
第八宫	疾厄宫	双鱼座	疾厄、从他人处获得的东西（含有形和无形资产）
第九宫	迁移宫	白羊座	远距离/有深度的事物
第十宫	事业宫 官禄宫	金牛座	社会地位 公众形象
第十一宫	社交宫 福德宫	双子座	群体、社交
第十二宫	玄秘宫	巨蟹座	隐秘不明之事物、潜意识

注：各宫位衍生含义参见第二章第二节中“十二个宫位的含义”部分。

二、通过行星了解狮子座

Q: 为什么狮子座自我又自恋？

1. 守护星——太阳

占星术中的主要星体都存在于太阳系之中，作为太阳系中心的唯一恒星——太阳，又被众星所环绕，因而在占星术中，太阳的重要性是其他星体无法比拟的，其被当作尊贵的象征也就不足为奇了。

在十二星座中，只有狮子座的守护星是太阳，这就使他们难免会带着点儿天生的帝王心态和气质。“唯我独尊”是狮子座的关键词，他们的很多行为，只要以“帝王心态”的角度去看，就很好理解了。比如打心底里很少认为自己有错、很难正面道歉、爱出风头、话题总围绕着自己、害怕失败等。太阳象征着个人意愿，狮子座人会将自己的意志看得高于一切，别人理所当然应该听命于他们。

作为太阳系的中心，太阳是一颗会发光发热的恒星。受守护星太阳的影响，狮子座人出于本能会将自己的光和热散播到四周，即会表现得慷慨大方和豪爽。狮子喜欢别人看到自己光辉灿烂的一面，希望自己成为万众瞩目的焦点，这就导致他们很爱面子，甚至宁可打落牙齿和血吞，也不愿意自己落魄、失意的样子被别人看到。是啊，作为帝王，无论身处怎样的境遇，总渴望能留点儿尊严。

太阳还是男性的象征，很多狮子座的女性也会有完全不输于男性的气概。这个具有尊贵含义的星座中的确诞生了很多天皇巨星级的大人物，比如娱乐界的麦当娜、王菲和郑秀文，政界的奥巴马和克林顿，还有真正的帝王——拿破仑。从他们身上，我们都可以看到兽中之王的影子。

Q: 为什么狮子很少反省自己，总认为自己是正确的？

2. 弱势行星——土星

土星象征传统、规则、戒律、压制，作为帝王象征的狮子会反感这些也就不足为奇了。土星的重压和束缚会让狮子觉得失去光彩，他们习惯于把自我意愿置于规则之上，所以接受不了土星的戒律约束。

狮子们听不得别人的批评，总是会找各种借口来使自己的表现合理化。例如被上司批评时，反认为是上司领导无方；被指出行为不符合常规时，却反说那些规则本身就是错的。恋爱分手通常并不只是一方的问题，但却很少看到狮子会去自我反省。“此处不留爷，自有留爷处”，与其去适应环境，狮子们更喜欢找到适合自己的地方去继续发光发热。

土星还有基于现实、精打细算、稳妥行事的含义。狮子们并不真的如外表那般毫无心机，可是即使心中明白利害关系，也控制不住自己的行为，过度开支就是其中的典型表现。土星在狮子座内落陷，这说明狮子很难用控制和约束来掌管好太阳

所象征的自我意愿。

Q: 太阳狮子和上升狮子有什么区别呢？

3. 太阳狮子座和上升狮子座的区别

（1）太阳狮子座

由太阳守护的狮子是帝王的象征，当太阳处于狮子座时，如同君王来到了自己管辖的领地，其地位至高无上，其旨意的行使也要畅通无阻。

太阳狮子座十分自我，喜欢被关注、被围绕，或许因为不同上升星座的影响，让他们外表看起来未必很强势，但若是你知道对方是太阳狮子座，那最好不要以貌取人轻慢他们。他们心中都藏着一个倔强的灵魂。

太阳象征着生命力与自信，狮子受不了挫折，但稍受鼓舞会立刻恢复自信，“原地打滚满血复活”。就如同太阳那般，狮子的生命力和精力在熊熊燃烧，后劲无穷。

（2）上升狮子座

相比太阳狮子座的内心强韧，上升狮子座可能在外人眼里显得更有王者气度。他们气派十足，言辞间流露出对自己的无比自信——哪怕心中七上八下直打鼓。初识时上升狮子座会给人不好相处、不怒自威的感觉，会造成彼此间的隔阂，但关系深入之后，没准儿你就会发现情况并非如此。

不少上升狮子的表面气度可能是被经历逼出来的，尤其当他们太阳星座的性格并不强势时。上升星座的性格，是我们本身的自我性格与外界磨合之后的结果。会有这种气度，有时是他们没有退路，或因为工作、生活的需要不得不硬撑着表现出自信，好增添他人对自己的信赖感。

上升狮子表面显得很强势，一副只顾自己的样子，其实究竟是否如此还得结合其他重要星体，如太阳和月亮所落的星座。上升狮子是火象星座的一员，但性格并不一定冲动，而是一旦下定决心，就能以无比自信、坚持的姿态来贯彻到底。

三、占星宫位剖析狮子座

1. 狮子座基本性格解读篇——生活就是舞台，而我就是天皇巨星

（主要相关宫位：第一宫、第三宫、第九宫、第十一宫、第十二宫）

Q: 为什么狮子总是一副高人一等的姿态，很少让步或道歉？

（1）第一宫狮子座——“自我”

我们很少会看到一头能好好道歉的狮子，甚至根本记不起他们何时真正道过歉。当象征“自我”的命宫对应狮子座时，无论此人是什么身份、职业，都会有种“真把自己当皇帝”的感觉。他们希望自己是人群中受人瞩目的存在，交谈时话题总是习惯性地引到自己身上；不希望别人来左右自己，却容易对人指手画脚。他们会把对你的好感、追求当作一种“恩赐”，大有“我都喜欢上你、认可你了，你还不快快感恩”的心态。至于与他人发生矛盾时，要他们诚恳地去道歉简直比登天还难。对狮子来说，当没事发生过一般，放下架子主动和你说话，这已经是让他们委屈到骨子里的软姿态了。这时候，如果你还不感激涕零地赶快接受这份歉意，那简直就是不识好歹，这足以让狮子好不容易按捺下的怒气再度升腾。

在旁人眼中会觉得狮子的这种个性很可笑，尤其当狮子座人并没有相应的实力、地位配合时，更像是一头张牙舞爪的纸老虎。可这就是命宫落入狮子座时产生的效应——在人群中充满着自信自大的无冕之王。

Q: 为什么狮子总能受人欢迎，并轻易成为社交圈的中心人物？

狮子常被评价为既自恋又臭屁，可常让人讨厌不起来。这是因为他们总能将周围人带动起来，使气氛变得活跃，让人感觉愉快。这与他们良好的社交和表达能力分不开。

（2）第三宫天秤座——讯息、思维、交流和学习

狮子的第三宫对应天秤座，这对狮子的人际关系相当有帮助。第三宫掌管的主要事宜就是沟通、交流与表达，而天秤座是个优雅、知分寸、懂进退的星座。结合狮子座本身如太阳般的魅力，使他们不经意间就能将自信、乐观传染给周围的人。

天秤座，作为一个由象征爱与美的金星守护的风向星座，需要的是人际互动上的“美感”。这放到交流与沟通之中，就是狮子除了爱听赞美之词和甜言蜜语外，也很容易对人表示出善意。再配合上他们本身夸张、豪放的天性，常会听到狮子们说“爱死这件衣服啦”“喜欢死这个人啦”“美呆啦”“棒极啦”等。用这种口吻说话的狮子就像是夸张版的天秤座。

不过，别以为喜欢戴高帽子的狮子就真那么好哄。第三宫也代表我们的思维模式，风象星座通常都理性，更何况是擅长站在客观中立角度权衡问题的天秤座呢？和狮子有些傻乎乎的外表相反，他们的内心很是冷静，完全能分得出你的赞美是出自真心，还是仅为了讨好的夸张。不过即使是后者，狮子们也不介意。火象星座的人不太会计较小事，他们一样会乐呵呵地全盘接受，只要自己心里清楚是这么回事就行了。

（3）第十一宫双子座——社交

除了良好的表达与交流能力外，狮子座在社交上的能力也让他们如虎添翼，赢得高人气。

一个星座的性格是外向、爱广交朋友，还是内敛、与人有隔阂感，都是由多个宫位协同作用的结果。比如象征自我的第一宫、掌管沟通交流的第三宫、社交的第十一宫，甚至娱乐、玩耍、爱恋的第五宫，一个外向开放的阳性星座，其与人际往来相关的宫位会正好对应到阳性星座，而内敛含蓄的阴性星座情况则恰好相反。所以，也难怪那些阳性星座能轻易和别人打成一片了。

狮子的第十一宫（社交宫）对应有“花蝴蝶”之称的双子座，可想而知他们能让场面有多热闹。双子座和表达、传播、交流能力有关，所以无论是刚结识的新朋友，还是去参加一个满是陌生人的聚会，有狮子座在都不会冷场，他们总能找到话题让场面变得热烈起来。

良好且频繁的人际互动，再加上狮子座天生的尊贵气质和领导风范，使得他们很容易成为人群中的领导者，有着一呼百应的效应。作为黄道十二星座里的帝王、大明星，身边怎么可能缺少粉丝呢？

Q: 为什么狮子难以忍受平淡的生活，总把日子过得很戏剧化？

（4）第九宫白羊座——哲学/宗教/人生观/异国他乡/传媒

狮子象征人生观、远方的第九宫对应的是白羊座，这是黄道中的第一个星座。就如同初生婴儿那般渴望了解世界，狮子会怀着帝王雄心，勇敢地去探索未知和尝试新的可能性。

狮子的人生观就是来这个世上参加华丽大冒险。虽然他们偶尔疲倦时也会想到停下脚步，希望有个安全的栖息地，可如果你真让一头狮子过着安稳舒适却按部就班毫无新意的生活，那样只会让他们失去光彩和斗志。在人生的大舞台上，他们就是不知疲累的“战士”，需要不断的新鲜刺激、再略加一点儿力所能及的困难作为调剂，好既体现狮子们的英勇又不折他们的威风，而这样激情燃烧的人生才有意义。

第九宫也象征着远方，尤其是异国。很多狮子会喜欢上旅行，有条件的话，去海外留学深造也是他们喜欢的学习方式。读万卷书和行万里路相结合，这样能领略到更多的风景。

Q: 为什么狮子会被形容成“最阴暗的阳光”？难道一切乐观外向都是假象？

（5）第十二宫巨蟹座——潜意识、障碍与困境

网络上曾有人形容狮子为“最阴暗的阳光”，这引起了无数狮子的共鸣。的确，从黄道十二宫的排列顺序来看，狮子座象征潜意识的第十二宫对应的是最敏感的巨蟹座。巨蟹由月亮守护，而狮子由太阳守护，这两个星座是至阴与至阳、女性阴柔面与男性阳刚面的体现。

虽然巨蟹座的人敏感，但柔软的东西反而韧劲十足很难轻易折断，所以虽然

巨蟹经常泪流满面，但实际上并不是个软弱的星座，他们是以柔弱的姿态来坚持自己强硬的意愿。狮子座则是一个真正拥有“玻璃心”的星座，只不过碍于自尊和面子并不会轻易表露出来。当然，他们也确实有着强大的“原地打滚满血复活”的能力来帮助他们“劫”后重生——将玻璃心重新拼合，仿佛从不曾碎过一般。

狮子座仿佛天生就适合站在舞台中央，但有着如巨蟹座那般敏感的内核，使得这位台上被聚光灯照耀着的明星其实把台下观众的反应都一一看在眼里。看到观众反应平平、走神时，虽然不可能把失落流露在外，但心中却会敏感地认为自己的表演没有受到肯定，于是就有些情绪低落甚至不快起来。正因为这样，狮子才善于挑起气氛，甚至是个炒作、起哄的高手。在人生这个舞台上，他们凭着自己对周围“观众”反应的敏感，不自觉地累积了很多经验，本能地知道什么样的举动、言语更能煽动起人们对自己的关注。为了不会冷场，即使有些过火也在所不惜。从这个意义上来说，狮子座其实是相当有大局观的，并不是别人认为的那样全然以自我为中心，这也是他们和白羊的不同。真正自我的星座是白羊，他们可以不去理会“观众”的反应，可狮子却不行。而且作为帝王，若全然不在乎民众的感受，自然好景不长。这与作为战士、斗士身份力求扫除前进路上障碍的白羊大不相同。

第十二宫也象征着那些潜在却不知如何表露出来的性格。任何人都有脆弱的一面，狮子也不例外，但他们真的是无法、也不知道如何将这一面展露出来，甚至不能忍受自己的软弱、失败、不足暴露于人前。就连狮子女也是如此。他们总是那么自信满满和光彩照人，仿佛任何困难都打不倒他们，把泪水和恐惧都藏在了不为人知的第十二宫。我们平时看到的巨蟹显得有多软弱敏感，那么狮子座的内心也是这般，只不过他们本身想竭力摆脱这种感觉，因而外表强装坚强。不到迫不得已，不被逼入绝境，狮子的眼泪、哭泣和萎靡不振几乎不可能被人看到。如果真出现这种情况时，狮子也会将之牢记于心，认为那是终身的耻辱。

学会适时适当地表露自己的软弱，寻求他人的帮助和同情，很多问题解决起来反而容易一些，尤其对狮子女来说更是如此。太阳狮子座若是能配上个巨蟹、双鱼、天秤之类柔和些的上升星座，就能比较轻松地发挥这个特质。

2. 职场中的狮子座——我自恋，是因为我确实有能力

（主要相关宫位：第六宫、第十宫）

Q：作为火象星座的一员，为什么爱享受的狮子座在职场上会是个工作狂？

火象星座有热烈、冲动的倾向，很多人认为这个倾向结合狮子座唯我独尊的心态，会使他们更冲动。其实并非如此。狮子座与工作相关的两个宫位，即第六宫和第十宫，对应的是十二个星座中性子最稳的两个星座——金牛和摩羯，再考虑到狮子属于固定宫，就能判断出狮子在职场中其实是稳扎稳打的类型。

（1）第十宫金牛座——人生/事业的长远目标、公众声望

“财富”和“物质享受”是金牛座的关键词，对于作为尊贵象征的狮子座来说，二者简直就同方便面与调料包的关系一样不可或缺。狮子座的人生目标绝不会是做什么两袖清风的精神领袖，阔气的排场、享受各种美食、佩戴华贵衣饰珠宝、居住舒适大屋等，这些才是狮子们为之奋斗的目标。

金牛和摩羯类似，都是稳扎稳打的星座，区别在于奋斗的过程中，金牛并不会苦了自己，享受与努力是并存的。当金牛座处于狮子的第十宫时，使得狮子在人们眼里就像一个更外向、豪爽和引人注目的金牛。与另外两位火象星座同胞——白羊和射手不同，狮子不会急躁，也不乏按部就班的执行能力，他们的成就与财富来自稳定的积累和善于运用天生的感召力来聚集资源和人脉。

作为由金星守护的金牛座，是离不开“爱与美”的。第十宫是呈现给公众的那一面，所以无论狮子本身的品位如何，他们都不会让自己随随便便毫无形象地出现在公众眼前。

（2）第六宫摩羯座——日常工作/杂务/人事关系

狮子并不爱劳苦的工作，但若是有必要，若能使他们离舞台中央更近一步，也完全狠得下这个心。说起工作狂，对星座性格略知一二的都会联想到摩羯座。实际上，狮子一旦投入，其工作劲头比起摩羯丝毫不逊色。但出于自尊，他们更乐意展现出一副举重若轻的样子，把疲惫隐藏在自己的光鲜背后（哪怕是硬撑）。

第六宫掌管的是日常杂务、工作态度和职场状况，当对应踏实、勤恳、负责、严格的摩羯座时，使狮子们不论对自己还是下属，同样都会提出高要求。我们很难想象一个有着如帝王般自尊的人会容许自己马马虎虎地完成任务（除非他因某些缘故而有恃无恐），也许那个一脸轻松、拍着胸脯许下“包在我身上！今天一定完成”承诺的狮子，背后却是彻夜无眠地赶工，只为明天又快又好地呈上自己的“作业”，从而赢得一片赞赏。当然，狮子座本身作为火象星座，有时难免会有些急功近利。

第六宫也掌管着我们与同事、下属间的关系和相处模式。狮子对下属及相关环节的要求不低，他们会觉得自己能做到的事，凭什么你做不到？最好别和狮子上司讨价还价，出于尊严和漂亮完成任务的需求，这只会招来他们的鄙夷。

摩羯也是稳定的象征，狮子有脾气，会急躁，但只要不被冒犯自尊，通常冲动也有限，所以他们是火象星座里最稳健的一个。狮子和摩羯的共同特征是野心，为了实现自己的目标，能忍受长时间在同一个工作环境中做着单调乏味的事。

3. 狮子座的金钱观——我大方，可我不是稀里糊涂的冤大头

（主要相关宫位：第二宫、第八宫）

Q: 狮子花起钱来真是冤大头吗？

（1）第二宫处女座——我的资产与价值观

狮子花起钱来一贯被认为出手大方，连他们自己也承认常克制不住购物欲。面对着两双都喜欢的鞋子，天秤会因为选择障碍而犹豫再三无法做出决定，处女、摩羯和巨蟹会挑剔性价比和实用性，但狮子绝对是大手一挥全都买了。做出宁可负债还打肿脸充胖子这号事的狮子，让人很难理解掌管其资产与价值观的第二宫竟然会是最斤斤计较的处女座。其实，这正体现了象征整体自我的第一宫和分管人生各领域其他宫位的主从关系。

处女座的计较在于认为钱应该花在刀刃上，要购买物有所值的物品。作为土象

星座，处女自然更注重看得见摸得着的实物本身。而狮子则是以欲望为主导的火象星座，他们眼中的“值得”，就是让自己爽快和高兴——赚钱难道不就是为了让自己可以快意人生吗？对于自己的冲动购物和“打肿脸充胖子”的行为，在第二宫处女座的影响下，狮子们自然不可能不知道自己哪些开支是合理的，哪些又是完全无必要的，但他们真的懒得去仔细计算和一一对比。他们一边心里飞快盘算着得失损益，同时又觉得只有“屌丝”才计较这些“小钱”，太丢份了！“钱没了怎么办？再赚呗！”作为火象星座的狮子座就是这么乐观。

狮子自己懒得对小事较真，同样觉得别人也不应同自己计较。别被狮子不拘小节的表面给蒙蔽，他们心里十分明白利害关系。若你和狮子去计较什么“我们在一起，我为你付出多少，你又为我花了多少钱”，这个时候你就可以见识到他们第二宫处女座的强大计算能力了。本来他们出手阔绰就是图个高兴，并非真的对金钱毫无概念。若是遇到小气计较的人，狮子就会对“这钱花得值不值得”打个问号，甚至在心底里与你划清界限——你彻底被他们蔑视了。

Q: 为什么狮子座通常对别人很慷慨，不爱计较“小钱”？

（2）第八宫双鱼座——他人的资产

双鱼的守护星是海王星和木星，海王星象征无边无际、模糊的边界，而木星则有扩展、延伸的含义，因此双鱼对应的宫位常是我们不知“界限”、难以“适度”的人生领域。双鱼座处于狮子座的第八宫，象征广义中的“他人资产”，如借贷、交易，伴侣或合作者、客户的资产。

作为百兽之王的狮子，多少有些“照顾弱小臣民”的心态。因此当牵涉到他人的财务时，受到双鱼座缺乏“界限”感的影响，使他们总觉得自己比别人强大，顺带着连对方的财务状况都一并去负责。一起外出时请客吃饭那是司空见惯的，别人来借钱时总是不好意思拒绝，当实在无钱可借时甚至会有种没尽到“帮扶弱小”责任的内疚感。

在情感关系中，狮子常以“凯子”自嘲。他们爱上别人时，就觉得对方需要自己的帮助。狮子特别喜欢给自己的爱人买东西，而且狮子的高贵让他们常选择大品牌、好口碑、高质量的去购买，可以说是一掷千金毫不含糊。更夸张的是，当伴侣的财务状况惨淡时，狮子还会主动借钱给对方。如果是狮子男，这么做倒可说是个好男友、好丈夫、好男人；可狮子女呢，只会被人觉得太傻。主动抢着去承担更多的责任，反而会导致对方的付出越来越少，有种“什么事你都干了我该干啥”的游离感，狮子女的这种大气慷慨对感情常起到反作用。

第八宫双鱼座对投资同样会起到负面作用，狮子应当警惕太过理想化，或因被煽动而头脑发热的盲目投资。

4. 恋爱中的狮子座——我的专一就是于三千仰慕者中爱上了你

（主要相关宫位：第四宫、第五宫、第七宫、第八宫）

Q: 狮子在恋爱中的底线和相处要诀是什么？

如果你自己养过猫咪，就一定能了解与狮子座相处的要决所在。就性格而言，他们活脱脱就是一只猫科动物。在恋爱关系中无论怎样爱着对方，平时和恋人的黏糊劲儿有多厉害，都始终保持自己的独立性。你得付出善意，猫才会亲近你，而不会像狗一样认主，无论主人怎么对待都不离不弃。

执着的苦恋单恋不是他们爱演的戏码。当被人介入二人世界，爱人犹豫不定时，即使尚能一搏，狮子也会因为高傲的自尊，无法长期恋战。猫会嫉妒，但不会争宠。出于狮子的帝王心态，他们心底里隐隐觉得自己喜欢你已经是你莫大的光荣，竟然还需要和他人相争，这简直是对他们自尊的侮辱。更何况，去争就有失败的可能。在他们对自己获胜并无多大把握时，搞不好会摆出一副“老子不稀罕”的姿态甩头离去。不争，就不会输，就能不伤面子高姿态地离开。只是，背后的眼泪与落寞很少有人看得到。

铃木保奈美（狮子座）在经典日剧《东京爱情故事》中扮演的莉香就是一个非常有狮子特征的角色，她深爱的完治反复摇摆在她与另一个女孩里美之间，于是莉香向完治发出最后通牒，说在火车站等他。当完治经过痛苦的心理抉择终于在约定时间内赶到车站时，却发现莉香已经离开。“不能坚定果断地站在我身边的爱人，哪怕心中再多不舍，我都能果断放弃。”这，就是狮子座在爱情中的原则。他们是王，王应该是独一无二的。

独一无二感，是狮子在感情中的底线。不可否认，也有介入别人感情的狮子，但在过程中，一定是对方让狮子感到了自己的“唯一性”（哪怕其实是假象），比如唯一爱着的、唯一和恋人一起做过什么事的、唯一让对方付出到某个程度的、唯一让对方正式承认的恋人等。具有王者心态的狮子不能容忍自己是“其中之一”，当这“唯一性”消失时，便是狮子考虑离开的时候。

作为猫科动物的狮子，当然也有像猫咪一样娇嗔、黏人、孩子气的时候。在熟悉的亲朋好友、尤其是爱人面前，在感觉很有安全感的时候，你就能看到如猫一样黏着你撒娇的狮子。但你却不能太黏他们，这些“大猫”在想黏人时会很黏人，可有时人主动招呼他们，换来的却是看对方情绪而定的反应了，有时甚至来个爱答不理。

你可以尊重狮子的“帝王心态”，但不能变成个只会阿谀奉承的太监总管或者宫廷小丑，这号人得不到狮子的敬重。即便狮子表面和你相处得很愉快，甚至可能和你谈恋爱，但内心中不会把你当成和自己同等的另一半。铁汉柔情、外柔内刚、独立有担当又对自己温柔的人，才是狮子男女的心头所好。

掌管纯粹爱恋的第五宫射手座和正式伴侣关系的第七宫水瓶座，这两个星座的共同特点就是不喜束缚，需要自由和个人空间，更爱新鲜有趣。所以，作为恋人，不要强硬管束或约束狮子，只要你够有趣，只要他们爱你，狮子就会成为只常爱在你面前撒娇的小猫。

Q: 狮子真的爱搞暧昧吗？

（1）第五宫射手座——追求愉悦的无责任之爱

当大明星狮子座的第五宫对应着奔放的射手座时，注定了狮子座人崇尚的感情模式绝不可能是“细水长流岁月静好式”的。火象星座本身就离不开热情、刺激、动荡，只有这样才能引发他们的征服欲和探寻欲。

狮子在恋爱上是否“爱搞暧昧”和“花心”，一直有两种截然不同的说法。常能看到狮子自认无比专一，而在恋人嘴里却常是个“暧昧犯”的情况。狮子座有种需要众多粉丝仰慕的舞台明星心态，射手座也有多而广的含义，所以狮子们喜欢自己被别人爱慕，也爱习惯性地如舞台上的大明星一样放电来吸引关注。说他们花心，就有些冤枉了，纯属“招揽粉丝”的心态在作祟。狮子座作为固定宫，并不喜欢完全变动的环境或关系，即使追求刺激和新鲜，也得在有一个稳定基础的前提下。

狮子在内心分得清谁是自己真正喜欢的，谁又只属于“粉丝”行列。如果一头狮子一开始就能和你轻松自如地说着肉麻话，甚至讲什么结婚、求爱，尤其在他们情绪低落失意之时，可别急着当真。越是失落，狮子就越需要来自粉丝的肯定。曾听闻有个狮子座人因为心情不好，就随口和自己某个“粉丝”说起婚嫁，被对方当真后结果闹得大家不欢而散，连朋友都做不成。狮子就是这么专一又忍不住“舞台风范”附体后不自觉漏电的一类人。

射手座原型是人头马身，可想而知，狮子在恋爱时需要的是自由与可供奔驰的广阔空间，而不是一直被关起来或被缰绳束缚着。和狮子恋爱时同样得给对方充分的自由，他们并不会越跑越远，疲倦时自然会回到自己的领地。对于具有帝王心态的狮子，更不能强行束缚。不要总是问你去哪儿，和谁一起，什么时候回来，也不要反复提醒他自己有多离不开他，这会像套在狮子头顶的缰绳，令其窒息。作为固定宫，狮子一旦拥有自己想维护的东西，自然会用心去经营和加固。

Q: 为什么狮子座爱把个人私密感情也搞得像在作秀？

（2）第八宫双鱼座——对性的态度

象征自身性格的第一宫狮子座，掌管恋爱态度的第五宫射手座，再加上和亲密行为模式相关的第八宫双鱼座，这三个星座的共同特质都是夸张、戏剧化、想象力和创意丰富。所以也就不奇怪狮子为什么会把一场本应只是两个人之间的“感情戏”搞得如同大型豪华舞台剧了。

双鱼座的浪漫与幻想会给本就追求激情与畅快的狮子座在性事上带来更多的甜蜜。他们不喜欢将性事搞成朝九晚五习惯成自然“打卡”般的义务行为，会幻想很多夸张的情节。双鱼座的浪漫配上狮子座的华丽，会喜欢高级情趣酒店般的环境和氛围。

在两性关系中，狮子座的皇帝心态能借助双鱼的幻想载体来体现。他们会真的觉得自己是女王、皇帝，和你玩起“国王与奴隶的游戏”来。你可别扫兴，陪着他

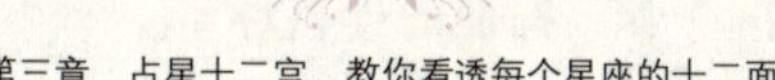

们一起演下去吧。或者干脆由你主动称呼你的狮子伴侣为“我的王”，对方也会欣然接受。这种幻想倾向有时还导致狮子自信过度，认为自己是此中能手，这实在让人有些哭笑不得。

Q: 为什么狮子在感情关系中忽冷忽热?

（3）第七宫水瓶座——婚姻的本质是双方的契约关系

狮子座掌管正式伴侣关系的第七宫对应着水瓶座，这和他们象征爱恋的第五宫射手座一样，都是非常需要自由与独立空间的星座。水瓶座的含义与疏离、自由有关。狮子需要伴侣或爱人，不能忍受“光杆儿司令”或“孤家寡人”的日子，因为没有粉丝的明星哪还算个明星呢？可是，他们又很难接受被各种责任、规矩约束的日子，一成不变的生活会让他们消沉。

不过，别以为他们崇尚的自我、独立、需要个人空间是双向的。大猫们可能因为各种原因不回应你的联络，比如他们根本不接你的电话、不回你的短信，并不是他们生气不想理你，而也许只是这些慵懒的大猫当时电话、手机离自己有那么几步路就懒得去接。可是，如果他们需要你了，你最好随叫随到。狮子们讨厌被干涉，却喜欢反过来让你做这做那。他们不需要你奴颜婢膝式的服从，又不希望你无法掌控。这些正是水瓶座同时由稳定的土星和搞怪的天王星守护所带来的特质。这些要求往往令对方无所适从，影响到双方关系。的确，狮子就像猫儿一样可爱，又难以讨好。

水瓶座“不走寻常路”的特质也会让狮子对一些特殊的关系感兴趣，如姐弟恋、老少恋、婚外恋、异国恋等。天生大明星的狮子很喜欢戏剧化的生活，尤其在感情关系中更是生冷不忌。如果你和狮子恋爱，请务必配合狮子们的奇怪想法和夸张行为一起去演出——千万别扫他们的兴！

Q: 为什么看似暧昧花心的狮子其实相当注重家庭稳定?

（4）第四宫天蝎座——家庭与内心需求

狮子象征家宅的第四宫对应着天蝎座，这是个喜欢掌控、“执念”深重的星座。狮子把自己视作一家之主，所以有承担起大部分责任的倾向，即便狮子女也不例外。有些狮子或许看上去玩世不恭，可他们依然把家庭视作真正的归属和给自己安全感的地方。

不过，由于天蝎座本身由象征争执、暴力的火星和象征控制欲的冥王星守护，这种倾向若是控制不当会发展成在家中独断独行，即把自己的话当圣旨要求家庭成员遵从。狮子们要注意不要为了自己的自尊不顾家庭成员的感受。

5. 狮子座的健康问题

（主要相关宫位：第一宫、第六宫、第八宫）

Q: 狮子需要注意哪些健康问题？

（1）第一宫狮子座——身体也是自我的一部分

王者狮子座，其主要象征的人体部位也是我们身体的中心——心脏，血液循环、脊椎、背部、眼睛这些部位也和狮子座有关。狮子座“爱现”、爱交友、爱四处玩乐和旅行，为了把自己最好的一面展现给外界会在人后相当努力地投入工作。狮子座常会因为不想把病弱一面表现出来而硬撑着，所以千万得注意别把自己的体能透支过多。

心脏方面的相关疾病，如心脏病、心律不齐、心肌梗死、狭心症（缺血性心脏病）是最容易折磨狮子的健康隐患，平时工作之余一定得抽时间经常检查，避免乐极生悲。此外，还得警惕血液循环疾病、脊椎问题、背部疼痛或背部骨骼异常等类似症状。

（2）第六宫摩羯座——生活规律与健康养生

由摩羯座带来的疾病和这个星座的特性一样，缓慢且持久，即长时间逐渐形成，其发作和根治过程也比较缓慢。摩羯掌管的部位是骨骼、牙齿、关节、皮肤，遭遇的疾病也容易出现在这些部位上，例如关节炎、痛风、风湿、骨折、牙病、皮肤病。

第六宫掌管我们平时的生活作息、养生习惯，第六宫对应摩羯座会出现长期过

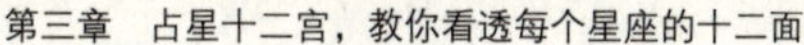

劳影响身体健康的情况。

（3）第八宫双鱼座——疾厄与死亡

双鱼座象征着模糊不清，所以可能很多身体上不适的小信号都会被一一忽略。再结合第六宫摩羯座、第一宫狮子座导致的体能过度透支，很多疾病的起因也许就在于长期忽视。

双鱼座代表的身体部位是腿、脚、淋巴、循环系统，容易患上免疫系统疾病、出现体液或血液循环的异常。小腿、足部的问题也须留意，如脚气病。

药物成瘾症也是可能的原因之一。对身体不适信号的忽视，可能导致你想当然地去服用药物以求应付眼前关头即可，这样容易导致错服药物。最好还是定期去医院检查，对一些易上瘾的药物也少沾染为妙。

四、给狮子座的忠告

1. 失败并不如你想象中的那么严重和丢脸。

2. 你比其他人多些自信，但并不意味着你真的就高人一等。

3. 与人相处时多换位思考，你认为的天经地义，有时伴随的是他人的一再妥协。

五、狮子座名人录

◆ **拿破仑·波拿巴**（1769年8月15日）：法兰西第一帝国皇帝。军事家，统帅。

◆ **爱新觉罗·载湉**（1871年8月14日）：清光绪皇帝，起用康有为、梁启超等进行了“戊戌变法”。

◆ **加布里埃尔·可可·香奈儿**（1883年8月19日）：香奈儿品牌的创始人。

◆ **埃尔温·薛定谔**（1887年8月12日）：奥地利物理学家，波动力学的创始人。

◆ **邓小平**（1904年8月22日）：中国共产党第二代领导核心，中华人民共和国的主要领导人之一。

◆ **菲德尔·卡斯特罗**（1926年8月13日）：前古巴领导人，当今国际共产主义运动中最德高望重的领导人。

◆ **李嘉诚**（1928年7月29日）：亚洲首富。

◆ **比尔·克林顿**（1946年8月19日）：美国第42任总统。

◆ **麦当娜·路易斯·西科恩**（1958年8月16日）：世界级流行天后，超越四分之一世纪的音乐女神。

◆ **贝拉克·奥巴马**（1961年8月4日）：美国第44任总统。

◆ **J. K. 罗琳**（1965年7月31日）：《哈利·波特》系列小说作者。

◆ **王菲**（1969年8月8日）：20世纪90年代初期至今华语乐坛最出色的女歌手之一，被公认为乐坛天后。

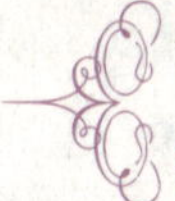

第六节　处女座

细节完美主义与对自己智能的自信

一、处女座基本资料篇

处女座

◆ 守护星及其含义：水星——沟通交流、语言、思维、多变、分析、初级教育、短途旅行、文笔口才

◆ 星座阴阳：阴性

◆ 星座元素：土象星座

◆ 星座类型：变动宫

◆ 强势行星：在此地能更好地发挥其本性的行星

守护星：水星

擢升（Exalted）行星：无

◆ 弱势行星：在处女座处于弱势，无法正常发挥其原有特质

失势受损（Detriment）行星：木星

落陷（Fall）行星：金星

当以处女座为第一宫（命宫）时，十二个宫位对应的星座如下表所示：

宫位	宫位常用名称	对应星座	宫位本质含义
第一宫	命宫	处女座	“自我”、行为模式
第二宫	财帛宫	天秤座	拥有的物质和资源
第三宫	兄弟宫 思维交流宫	天蝎座	兄弟姐妹 学习沟通、思维交流等互动模式
第四宫	家宅宫	射手座	家宅状况
第五宫	男女宫 子女宫	摩羯座	纯粹的娱乐/快乐
第六宫	工作宫	水瓶座	工作杂务/健康
第七宫	夫妻宫	双鱼座	一对一带有责任的关系
第八宫	疾厄宫	白羊座	疾厄、从他人处获得的东西（含有形和无形资产）
第九宫	迁移宫	金牛座	远距离/有深度的事物
第十宫	事业宫 官禄宫	双子座	社会地位 公众形象
第十一宫	社交宫 福德宫	巨蟹座	群体、社交
第十二宫	玄秘宫	狮子座	隐秘不明之事物、潜意识

注：各宫位衍生含义参见第二章第二节中“十二个宫位的含义”部分。

二、通过行星了解处女座

Q: 同样是由水星守护的星座，处女座和双子座为什么性格差别这么大?

1. 守护星——水星

处女和双子两个星座都是由水星守护的，表面看起来两个星座人的性格似乎完

第六节　处女座

细节完美主义与对自己智能的自信

一、处女座基本资料篇

处女座

- 守护星及其含义：水星——沟通交流、语言、思维、多变、分析、初级教育、短途旅行、文笔口才
- 星座阴阳：阴性
- 星座元素：土象星座
- 星座类型：变动宫
- 强势行星：在此地能更好地发挥其本性的行星

  守护星：水星

  擢升（Exalted）行星：无
- 弱势行星：在处女座处于弱势，无法正常发挥其原有特质

  失势受损（Detriment）行星：木星

  落陷（Fall）行星：金星

当以处女座为第一宫（命宫）时，十二个宫位对应的星座如下表所示：

宫位	宫位常用名称	对应星座	宫位本质含义
第一宫	命宫	处女座	“自我”、行为模式
第二宫	财帛宫	天秤座	拥有的物质和资源
第三宫	兄弟宫 思维交流宫	天蝎座	兄弟姐妹 学习沟通、思维交流等互动模式
第四宫	家宅宫	射手座	家宅状况
第五宫	男女宫 子女宫	摩羯座	纯粹的娱乐/快乐
第六宫	工作宫	水瓶座	工作杂务/健康
第七宫	夫妻宫	双鱼座	一对一带有责任的关系
第八宫	疾厄宫	白羊座	疾厄、从他人处获得的东西（含有形和无形资产）
第九宫	迁移宫	金牛座	远距离/有深度的事物
第十宫	事业宫 官禄宫	双子座	社会地位 公众形象
第十一宫	社交宫 福德宫	巨蟹座	群体、社交
第十二宫	玄秘宫	狮子座	隐秘不明之事物、潜意识

注：各宫位衍生含义参见第二章第二节中“十二个宫位的含义”部分。

二、通过行星了解处女座

Q：同样是由水星守护的星座，处女座和双子座为什么性格差别这么大？

1. 守护星——水星

处女和双子两个星座都是由水星守护的，表面看起来两个星座人的性格似乎完

全不同，一个内敛含蓄，一个灵动张扬，实际上这是水星特质落在不同星座所导致的表现方式上的差异。

水星象征着语言、思维、分析、讯息、逻辑等，当落在外向的阳性风向星座双子座时，就如同风一样，必须动起来才能存在。因而，双子座的水星特质一方面会体现在自己不断动脑进行分析思考上，另一方面又必须将能量向外发泄，即与人进行互动交流。可以说，双子是通过水星的手段来表现自身“风”和“阳性”两种特质的。

处女座则是将水星的能量以阴性内敛的形式来表现。当他们收到外界讯息时，会和双子一样立刻开动大脑灵活思考，并产生各种各样的想法。不过，和双子忙不迭地把这些念头传播出去不同，处女座会首先判断真伪，寻找实际可证明的证据，谋定而后动，即将一切梳理有序后再拿出来传播。

Q: 为什么常说处女座是劳碌命？

2. 弱势行星——金星、木星

十二个星座，口碑各不相同。那些以处女座为典型常受人诟病的星座，并不是说他们不善良不美好、心存恶意，而是他们在正常状态下的行事模式往往让人受不了。

金星和木星在传统占星术中被认为是带来好运与富饶的两大吉星，而处女座是这两颗星体的弱势之地，使它们本身的特质较难发挥。通常吉星都带有懒散的特质，而处女座是除了摩羯外另一个被人戏称为“劳碌命”的星座。他们习惯于过分操心，对各种事都看不过眼。当旁人觉得根本不重要、无所谓时，处女们却“皇帝不急太监急”似的干了一堆事、提了各种建议，结果还并不讨好，因为对方本身就觉得根本无足轻重。

木星也象征远见和宏观，不善发挥木星特质的处女们，常因为过度注意眼前细节而缺乏大局观。他们就好比是那种考试时被一道题卡住就盯着思考的学生，却没想到应该先将能解决的问题先解决，达到“完成考卷”这个主要目的后，再关注次要细节。

Q: 太阳处女座和上升处女座有什么区别呢?

3. 太阳处女座和上升处女座的区别

(1)太阳处女座

关于处女座性格的描述，除了挑剔、龟毛外，“纠结”也是很常见的一个词。太阳是狮子座的守护星，对处女座来说，狮子座对应着他们象征着内心、潜意识、隐而不宣之事的第十二宫。当第十二宫的守护星落到自己星座内时，会使他们的能量转向深层内在，习惯将自己的想法放在心中不张扬，也喜欢格物穷理。

双子座习惯事无巨细地说个痛快，而处女座呢，他们脑海里塞着的种种想法不会比双子少，但爱藏在内心反复咀嚼、盘算，这种倾向发展过度易成为庸人自扰、杞人忧天。

(2)上升处女座

上升星座更多的是在行动模式上体现该星座的特质，太阳处女座那纠结、多思虑的性格在上升处女座身上并不明显，除非他们的太阳星座也有这种倾向。上升处女座把处女座的细致更多地落实到了行动上，在工作中再怎么拖延症发作至少也有个谱，总能及时完成工作，而且善于规划，能将事物整理有序，可以说是个值得信赖的好员工。

上升处女给人第一眼的感觉常常是有着斯文、秀气、干净的长相，看上去就像是办事细心的人。不少上升处女会从事行政、服务、咨询类的辅助性质的工作，简单来说就是适合担任“二把手”。不过，这也是个容易招惹是非的上升星座，特别需要注意不要过于自恃自己思考与分析能力出色而对别人评头论足招来非议。

三、占星宫位剖析处女座

1. 处女座基本性格解读篇——强势作风来自对自己分析能力的自信

（主要相关宫位：第一宫、第三宫、第九宫、第十一宫、第十二宫）

Q: 为什么处女座的风评那么差，都说他们爱挑剔？

（1）第一宫处女座——“自我”

网络上各种关于星座负面排名的投票，处女座几乎清一色地稳入三甲、常占榜首，如“绝对不考虑嫁的星座男”“最伤人的前任恋人”“最不想生的星座娃”……更有各种由此而来的搞笑段子，来表现大家是有多么的不喜欢这个星座。

处女座真的挑剔吗？是，但也不是。他们眼睛就像是2000万像素的高分辨率摄像头，每一个细节在他们的目光下都无所遁形，而普通人“摄像头”的标配却只有500万甚至更低的像素。于是问题就来了，别人眼中的美色美景，到他们眼里就成了无数微粒的集合，只能看见微粒是否排列整齐，常忽略了整体的美感。

作为土象星座，处女座那“高清晰”的观察点会落在看得见摸得着的事物上。他们对实物细节的观察能力比别人强，于是随便一眼就能发现某人衣服露出了线头，鞋后跟沾了一丁点儿泥，PPT（一种演示文稿图形程序，是Power Point的简称）里某几行略微没对齐，墙上横幅稍微歪了那么三两度……这就是所谓的洁癖、完美主义、吹毛求疵等特性的由来。

然而，处女座理所当然地认为，配备2000万像素高清摄像头是做人的基本素质，不达标的分明就该自惭形秽地去自行升级装备。土象的处女座没有风向的见风使舵，也不如水象有同理心，更没有火象的温暖热情，所以他们表达不满的方式落到其他人眼里，完全是不够宽容、没事找事，甚至是因为小细节而延误整个进度的表现。于是，矛盾便由此产生。

究竟是一方太挑三拣四，还是另一方太不自觉？究竟孰是孰非，这就完全取决于你站在什么立场上去判断。要是找人办事，那找处女座就太靠谱了（除非他们压根不乐意干）。可要是你有个处女座的老板或同事，那往好处看的话，至少你会在他的鞭策和考验下经验值嗖嗖地快速猛增。

Q: 为什么处女座那么毒舌？

（2）第三宫天蝎座——讯息、思维、交流和学习

一般说起毒舌，都会想到天蝎，然而细究各星座的口碑，就会发现毒舌榜上，处女座也赫然在列。

由思维互动之星水星所守护的处女座，除了本身就具有较强思考与观察能力外，其掌管思维和交流模式的第三宫正对应着天蝎座。天蝎的毒舌直指人心，专用那诛心之论，剥去粉饰还原真相，反倒是坦荡荡的真性情，会让天蝎无从下嘴。处女的“损”，更像是那锉骨小钢刀，细细密密地雕琢着你，不管你原来是什么样，都可以用难以反驳又似是而非的辩才说得你面目全非。这两个有着“毒舌”之名的星座叠加，使处女的毒舌功力想不更上一层楼都难。

更何况处女作为土象星座，更注重有理有据，一开口绝对是论点、论据和结论一个都不少，若跟着他们的思路跑，到最后就会觉得“咋就那么有道理呢”，想反驳都一时找不到点儿。

处女座和天蝎座也常被归入“头脑聪明”之列。这使处女与人交流时总是一副“你怎么就不明白我意思”的样子，忽略了别人可能头脑不如自己敏捷，或对细节并没那么注重，让与他们相处的人备感压力。处女总表现得自己什么都懂、什么都逃不过自己的冷静客观分析与敏锐观察，对他人也难免会露出“怎么你就是做不到呢”这种潜台词，以致给人一种非常不舒服的感受，让很多人都觉得处女态度傲慢、言辞刻薄。

Q: 为什么追求精神内涵的处女座实际上很现实？

（3）第九宫金牛座——哲学/宗教/人生观

关于星座的现实性，首先需要明白的一点是，由于土元素是象征看得见摸得着的物质层面，其关注的焦点也在于此。这使得所有土象星座必然是相当现实的，土象的处女座自然也是如此。

象征处女人生观的第九宫对应着金牛座，这是个物质、传统、稳重的星座，会让处女的思想倾向保守，不会冲动行事。金牛并没有摩羯那种“制定规则”“站在顶层”的野心，所以通常情况下，处女即便是学习宗教、哲学这种较抽象的知识，也是为了很好地运用于实际，将它们与现实生活的点滴融合到一起，而不是一味地说些很不接地气、缺乏生活感的空洞理论。

也正因为“知识，让生活更美好”的因素，使处女座人爱对自己视野所及范围内的不如人意之处提出批评和建议。网络也有不少针砭时弊的处女座“公知”，他们善于发现不足、提出意见，至于具体怎样规划和改造的活儿，则让别人来分担。于是毫不意外地，处女座又成了挑刺惹事的一方。

Q: 受负面评价最多的处女座，为什么又被认为对待朋友非常周到体贴？这难道不矛盾吗？

（4）第十一宫巨蟹座——社交

对处女座的风评往往两极分化。一方面遭到吐槽颇多，到了难以容忍的程度，与之形成对比的，则是不少星座书中认为处女座对亲朋好友极有奉献精神，这一点也得到了不少实证。

让我们来看看处女掌管社交的第十一宫吧，它正对应着巨蟹座，这是众所周知具有强大母性的水象星座。他们乐于关心他人，为别人付出，就连细微之处也无一遗漏。你低落时他们会倾听，你高兴时他们和你分享，你生病时他们还会无微不至地照顾你，难怪有时会有人被处女座好友的这种好意打动而产生误会。

然而，处女座之所以又是个总被“差评”的星座，是因为真正能享受到处女座这种服务的人不多。巨蟹是个自我防御心态最强的星座，它们靠一身硬壳装甲，将自己与外界隔离。所以，要能享受到处女座人上述“贵宾”级的服务，前提就是先让他们真正接纳你成为自己圈子里的人。否则，你看到的只会是一身冰冷的蟹壳，还有警告你不要轻举妄动的大蟹钳。

不过，即便你有幸成为处女的“圈内人”，有时也会觉得处女的好意有些沉重。巨蟹和处女这两个星座都容易为琐碎小事上心，整天担忧这担忧那的，也像个过于操心的慈母，有时难免让人觉得太过啰唆。于是，处女容易变成一个整天以“为了你好”而对你种种行为“挑刺”的朋友。不过，在处女眼里，那可不是挑刺，是真心为了你好而提出的改进建议，你的不适反应常被他们视为良药苦口的效应。这对一些自尊性较强或心理敏感承受力差的星座来说，还真是一种挺难以忍受的待遇。

Q: 为什么看起来谦和的处女座，常一副“总是他最懂”的态度？

（5）第十二宫狮子座——潜意识、障碍与困境

有些星座的自大是挂在表面上的，比如，狮子和射手，以一副“理所当然我才正确”的气势压倒一切不同意见；也有些星座相对藏得深点儿，他们会用游击战术，通过一时半会儿难以驳倒或很像那么回事的论点论据来逐步瓦解你的所有观点，从而树立起“只有我明白”“只有我最懂”“要诀就掌握在我手上”的姿态。处女就是其中的典型代表。

这种表现和处女第十二宫对应的狮子座也不无关系。第十二宫掌管的是我们的潜意识，虽然处女表面上并不像狮子座那般张扬，可实际上他们也是相当有优越感和自恋的，就像是从小教养良好的公主和王子，再怎么谦和也有股自矜在。看似谦虚的处女，其实在“思想”领域上对自己相当自信，甚至有些自大。他们相信自己经过了严密逻辑推理和确凿论据的收集之后得出的观点绝对不会错——至少对方若不能做足功课，是很难挑出错的。

当观点发生分歧时，若你无法说服处女，那么你就会被划到“根本不懂”的圈子里，而后他们会继续保持自己见识上的优越感。这也是相当容易令人不爽的一点。然而，“合理”未必“合情”，作为土象星座，他们会认为只要自己占着理，又何必管其他。可是世事并非只是简单的对与错，分析能力出众的处女也不见得每一次都是正确的，可内心的骄傲不允许他们承认这一点。结果，就会一辩到底，给人“歪理一大堆”的印象。

第十二宫既是我们的潜意识，又是我们总觉得担忧、无法正常发挥的部分。处女常被形容成“有颗玻璃心的公主（王子）病的患者”，这也与他们第十二宫狮子

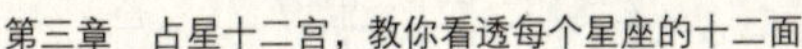

座的特性有关。他们的潜意识中一方面非常渴望得到赞扬，而另一方面又总是担心自己并没有那么好。问题就在于处女的“高清摄像头”太容易发现问题，虽然他们会找理由使自己未达标的行为合理化，但内心仍然担心自己做得不够好。这种自卑与自大的结合，会因为别人的一句话、一些表现而陷入深深的怀疑之中，既疑心是别人对自己有敌意，又疑惑是否自己真的有不足。

2. 职场中的处女座——最佳执行者，最不好糊弄的上司

（主要相关宫位：第六宫、第十宫）

Q: 什么样的职业适合处女座人发挥？

（1）第十宫双子座——人生/事业的长远目标、公众声望

处女座本身的守护星是水星，他们象征人生方向和职业形象的第十宫对应着双子座，该星座的守护星也是水星。当第一宫和第十宫共用一颗守护星时，说明水星的特质对他们而言是加倍的重要，所以研究一个处女座的人生，必须从水星入手。

水星的含义是思考、分析、各种模式的交流沟通。所以，需要动脑或动口的工作自然是再适合处女不过了。比如，秘书、销售、作家、讲师、科研、技术、表演、做安排规划的行政类岗位、做信息处理的分析类岗位等。双子座本身的形象是由“两个人”组成的，所以很多处女（尤其是上升处女），可能同时会干着两份职业，即主业及兼职，或是本身职业分为比较明显的两种业务类型。想想典型的双子座人性格是什么样？是什么都了解一些，又活泼和热衷交流的吧？那么，事业宫对应着双子座的处女适合从事的职业也是这种需要思考及表达能力强的工作。

水星还有个也许会被人忽略的特性。在占星术中，它的运行规律是永远出现在太阳前后不远的范围内。作为太阳系中唯一一颗恒星及被其他行星所保卫的中心，太阳在占星术中自然是尊贵的象征，因此步步紧跟太阳的水星就成了类似“天子近侍”的角色。所以，在工作的具体职务安排上，处女往往是“二把手”或辅助性岗位最适合的人选。他们善于对细节敏感的特质能使任务完善化，而且能注意到别人忽略的地方，要是能和具有大局观的“一把手”配合，那会是非常完美的搭档。

除了人生方向及事业类型外，第十宫还有公众眼中形象及声望的含义。双子座

爱说，因此本性善于注意到细节、第十宫又对应着双子座的处女就成了众人眼中“爱说教”的形象。若仔细留意身边一些处女座人（尤其是太阳处女座）的微博，会发现这个有趣的现象：他们讲授自己人生与生活感悟、职场经验、情感要诀的内容常能占去绝大部分的篇幅，一时之间让人觉得仿佛访问的并不是私人微博，简直就是爱讲励志要诀、成功要素那套的企业微博。这也正是他们第十宫双子座特性的体现。处女喜欢和别人传播自己的种种论点，就像是个训导主任，而这种现象在出生在日出或中午前后的上升处女身上会格外明显。

Q: 为什么说处女座既是最佳员工，又是最不受欢迎的老板和同事？

（2）第六宫水瓶座——日常工作/杂务/人事关系

在前面章节中曾经提到过，处女座人的口碑得看是站在什么立场上评判的，所以同一处女座人得到截然相反的评价并不足为奇。

第六宫和我们在职场中具体做的事务、及对同事和下属的态度有关。处女座的第六宫对应着水瓶座，这是个富有创意、善于接受和掌握新事物的星座，还有“天才”的含义。作为变动宫，处女座在处理日常事务中具有相当大的灵活性和适应性。因为第六宫对应着以奇思妙想著称的水瓶座，又使处女座人常能以别人想不到的方式来解决问题和适应突发变动。他们在工作中也能保持与时俱进，对于先进的设备、仪器，如电脑和其他电子办公设备上手较快。

若你手下有个处女座员工，那你可以省心不少。除了出色的工作能力外，他们的效率也值得一提。拖延症这种事一般你不用担心会发生在处女座身上，他们再拖都有个谱，会赶在截止日之前完成。不然，他们自己心里那关都过不去。另外，他们那“高像素摄像头”甚至能留意到很多你可能没考虑周全的问题。至于处女座员工过度追求细节完善、容易对现状不满、意见多多等问题，至少作为处女座的上司，对此压力并不太大——有些意见你要觉得真不合适，不采纳不就行了吗？

不过若反过来处女座是上司或同事，那可就没那么轻松了。他们的“默认合格标准”远比其他星座来得高，也许只有摩羯能勉强符合标准，但在细节上仍有欠缺，所以想从处女座上司嘴里听到表扬绝非易事。然而，很多星座又是相当需要不断给予肯定才有干劲的，例如，火象和水象星座。只有意见，没有肯定，这让别人的工作情绪怎能高昂得起来？

上司如此倒也罢了，人在屋檐下嘛，若同事是这样，怎能让人服气？大多数人的评判标准都像是手电筒，只照他人不看自己。求完美的处女座毕竟也是人，也有缺点，是不可能真正完美的。水瓶座是个理性且有疏离性的星座，与人往来时总让人感到再熟也有个限度，无法真正亲密起来。当爱提高标准的处女座再用水瓶式的态度和方式去对待职场关系，那么只会给人“不通情达理”“认死理”的糟糕感受了。实际上，处女座人自己也深感冤枉，大多数情况下他们并无恶意。只能说，不同星座的人之间，标准、行事及交流模式实在差异太大。

3. 处女座的金钱观——以精打细算为乐的理财观

（主要相关宫位：第二宫、第八宫）

Q: 为什么大家都说处女座很抠门?

（1）第二宫天秤座——我的资产与价值观

天秤座的象征物是一杆秤，所以这个星座所处之处，便是不断地权衡利弊。当处女象征价值观与资产的第二宫对应天秤座时，就使本来就够细致的处女座人，在对待一切与金钱相关的事上，会有一个周到全面的评估过程。

若你想购物却拿不准买哪件商品性价比最高，那么去咨询处女座人肯定没错。他们绝对会方方面面都考虑到，然后给出最佳选项。他们给自己买东西时也是如此，很少会冲动购物，必然是用心里那杆“秤”加上处女座的高标准衡量过的，在理财决定上也是如此。

不过，这也导致他们的另一个倾向，即觉得别人买的东西、做的财务决策都不如自己，都欠缺考虑。试想你是处女座人的亲朋好友，当向他们展示你的购物成果、潜意识中希望得到夸奖时，却收获“其实去某地买、买某品牌某型号更好”的评价时，能不扫兴吗？甚至有个常批评你消费行为的家人、恋人，你能不委屈吗？于是处女座“只买对，不买贵”的精神就成了“抠”的代名词。

天秤是个有合作含义的星座，落在处女的第二宫时，会让他们容易通过人际关系来得到别人的帮助，如通过与人合作、婚姻来影响自己的财务状态。

Q: 在财务方面，处女需要注意哪些问题？

（2）第八宫白羊座——他人的资产

白羊座由战神火星守护，这是个喜欢开辟、闯荡的星座。当对应到掌管他人资产的第八宫时，说明处女对于金钱还是相当有野心的，并不像外在表现得那样云淡风轻。而上文也提到，象征处女座理财观的第二宫对应着天秤座，使他们能从合作、交易中获利。所以，在与他人关于金钱、财务、资产的谈判协商中，精打细算的处女座人还是相当会为自己的利益积极争取的。然而，白羊座是由象征争斗、攻击的火星守护的，所以得留意在财务上与人发生纠纷与麻烦，尤其是出生在凌晨三四点之间的上升处女座人。

第八宫象征他人的资产，尤其是伴侣与合作伙伴的，所以白羊座的主动性和攻击性也会体现在容易干涉别人的价值观和理财行为上。很多处女座人喜欢去点评别人的这些行为，特别是自家恋人、伴侣，而且还完全没意识到这是多大的一盆冷水。其实，很多人消费时纯粹是为了图个高兴，并不一定非要买到最物超所值的东西。理财上也是如此，人们总是倾向于选择自己最能接受的方式（虽然并不一定是最佳方案）。这就导致处女座又一次吃力不讨好。

所以，处女得牢记，不要总是以“最合理的建议”去干涉别人对自己财务的私人处置决定。

4. 恋爱中的处女座——并不一定专一的被动之王

（主要相关宫位：第四宫、第五宫、第七宫、第八宫）

Q: 为什么处女座在感情方面的口碑很差？

在很多有关恋爱的排行榜和网络调查中，处女座的评价也总是排在末尾，就连他们自己都觉得在爱情上欠缺点儿运气。那些在文学作品中和别人口中伴随爱情而来的浪漫、炽热、激情、快乐，似乎到了自己身上就不是那么回事儿。有些恋爱中的处女座人更是忧心忡忡，比单身时需要操心更多的问题及潜在的可能性，就连开始一段恋情，对处女座人来说也并不那么容易。

其实，从处女座十二个宫位对应的星座来看，我们很容易就能发现问题出在哪儿。他们所有与自身快乐相关的宫位，都对应着容易产生负面思维、审慎、理性、防卫心重、现实主义的星座，比如，自身命宫对应的处女座，第三宫思维宫对应的天蝎座，第十一宫社交宫对应的巨蟹座，以及在最应该享受欢乐的宫位——第五宫娱乐宫里，对应上了最少年老成、世故、压抑、现实的摩羯座。

（1）第五宫摩羯座——追求愉悦的无责任之爱

除了掌管我们的恋爱外，第五宫也和快乐有关，泛指所有能带来欢乐的形式，如恋爱、娱乐活动、子女、创意、游戏等。造成处女座人不容易快乐、在恋爱中也常难以彻底放松体验爱情甘美的原因，就在于这个原本应当轻松愉快充满创意生机勃勃的宫位，对应的星座竟然是吃苦耐劳在先、享受在后的摩羯座！

关于摩羯座，我们能想到的一堆关键词有工作、刻苦、责任、严苛、压力、传统、保守等。这里面哪个词与爱情和娱乐有关呢？或许“责任”这个词勉强能扯上点儿关系，但是第五宫象征的爱是纯粹追寻欢乐的爱恋，而非相濡以沫的婚姻责任关系。更何况在爱恋之初的朦胧阶段，就想起“责任”这个沉重的字眼，实在有些煞风景。因为一旦想到责任，就必须连带思考一连串的问题，比如自己有无能力负责，自己的经济实力、事业潜力能承担得起什么样的家庭生活，和对方适合不适合共同生活，以及双方家庭背景是否近似等。这么一连串地想下来，就足够让本来被爱情熏得飘飘然的心来个硬着陆了。这也难怪为什么在各种星座文章中，处女座永远被认为是最难进入恋爱和最容易出剩男剩女的一个星座。

处女座人也被称为“暗恋之王”，他们极端谨慎地考量对方的种种表现与条件，好确保自己在将心彻底交出去后能不受伤害。有时，多虑的处女座人宁愿停留在不揭晓答案的暗恋状态之下，毕竟这样需要他们衡量和考虑的因素可以少一些。也正是处女座人细腻的内心和理智分析的能力，才造成了和他人间的鸿沟。

第五宫也是子女宫，所以处女座的子女们会感受到父母那“处女加摩羯”特质犹如严师般的爱。

Q: 处女最后都被怎样的人搞定了？

处女座人的差评，有很大一部分来自于曾经和他们恋爱但最后却分手的人。尤其是处女座男士，网络上有很多攻略备查，还有动辄数十乃至上百条注意事项，光看篇幅就知道在感情上想搞定处女座有多难。那么，最后那些老大难究竟是被怎样的“女神”或“男神”搞定了呢？

要搞定处女座，最有效的方法就是——时间。比起追求感觉的水象和火象星座，以及总是想法多多需要别人来推动的风象星座，土象星座们要实际得多。他们并不觉得“凑合过”是多么困难的事，更何况处女的感情宫位第五宫对应着最现实的摩羯座。来得早不如来得巧，年少时我们总有大把时间去纠结身边人是否是自己的“真命天子”，等到了男大当婚女大当嫁的年纪，则会根据形势做出一定的妥协。对于土象星座来说，相亲是很有效率又能接受的方式。

那些曾经让昔日爱人头疼不已的处女座男女，也许最终却被相亲对象不费多大心思就轻易搞定了。

Q: 处女座是不是在两性方面也很保守放不开？

（2）第八宫白羊座——对性的态度

处女座对感情的谨慎多虑和被动，常让人误以为他们对性事一定也会像表面看上去的那么冷感矜持。要这么想，那可就大错特错了，“闷骚”这个词就是为处女座打造的。他们掌管性事的第八宫对应着白羊座，这是个冲动、富有激情的星座，使得处女座对性爱的接受度常常出人意料。尤其是处女座男性，他们一方面需要一个完美的对象，另一方面自身对性的强烈向往又使他们会对所谓的“坏女人”感兴趣。他们日常生活中压抑着的性渴望，要么需要一个完美的女神来让他们放心地打开心扉，毫无保留地交出真正的自己；要么就干脆来一个彻头彻尾的热情熟女，强行释放心中的野兽，好把自己如此狂野的一面合理化——归结为对方的诱惑。

在处女座女性身上，则是分阶段的。其实，她们能够接受相当开放的性事，但在进入这个环节之前，其情感和生理上的双重洁癖会使她们非常介意伴侣的过去以

及和其他女性的亲密往来。她们会有些“处男情节”，即便明知那是不应该也不现实的。然而，一旦当处女座女接受并认可对方后，就能体会到第八宫白羊座的激情，以及处女座本身服务特质所能提供的美妙享受了。

Q: 感情上常遭差评的处女座，又有对伴侣无尽包容与无私付出的说法，这难道不矛盾吗？

（3）第七宫双鱼座——婚姻的本质是双方间的契约关系

对于感情上的如潮差评，处女座人总是抱着以嗤之以鼻的态度。“他们根本不懂我们对伴侣有多么好！他们一定是嫉妒如此出色的我们！”处女座人如此愤慨地表示抗议，不过他们好像忘记了那些前任都是在成为自己的正式法定伴侣之前、还没来得及真正享受处女座人最高级别的服务待遇，就倒在情路上的“牺牲”者。

处女座的第七宫对应着双鱼座，这代表他们对待正式伴侣的态度，即具有包容和奉献精神。即便他们依然会对自己不满意的地方喋喋不休，但他们愿意付出更多的忍让，而且处女座的土象特质能把这种“爱的奉献”落实到生活中的所有细节之中。比如，刮风下雨为你送伞，疲惫回到家为你做饭甚至洗脚，愿意倾听你的烦恼等。完美的人是根本不存在的，只要不把他们并无恶意的习惯性唠叨当回事，你就可以拥有一个体贴入微又务实的好伴侣啦！

不过，即使处女座人沦陷在爱情中，并无尽地包容、付出和任劳任怨，可是作为一个土象星座，其冷静、理智和现实的一面始终存在。他们可以一边为你做这做那，一边在心中毫不留情地拿你同自己的完美标准做比较，质疑自己所做的一切是否值得。然而，他们又不是会轻易放弃的人群。如果处女座人真的爱上了你，或者和你已经有了正式的婚姻关系，他们并不会随意舍弃婚姻，甚至宁愿在糟糕的婚姻中做个“忍者神龟”。

Q: 该如何同处女座家人相处？

（4）第四宫射手座——家庭与内心需求

处女座对家人就像是对待正式伴侣一样，是相当愿意付出的。也许他们眼里揉不得沙子，讨厌杂乱的环境和无规律的生活习惯，会让其他家庭成员压力甚大。但也得看到，抱怨的是他们，看不过去动手改造家居环境的往往也是他们。

处女座的第四宫家宅宫对应着射手座，这是个具有不断拓展自己领地特性的星座，而射手座的守护星木星在古代神化中的象征角色又是众神之王——宙斯。所以，家庭生活中，处女座人需要自己的地位和意见得到重视和肯定，有一种将家宅中的一切纳入自己领地、以自己的方式和标准整顿有序的倾向。作为处女座的家人，对他们的意见硬碰硬、开辩论大会都是要不得的。实在不以为然的话，留点儿表面的尊重都好，反正他们宽容的底线还是挺低的。

射手座也被其守护星木星赋予了学术意味，由水星守护的处女座也是和学习、思考、分析相关，因此处女座人是挺喜欢和家人交流和探讨各种话题的，也喜欢把家居环境装扮成雅致、文艺的风格。

射手座又是个具有迁移性的变动星座，所以处女座人会常常往外跑，喜欢四处旅行，或是因为学习、生活、工作的需要而不得不到处奔波、屡次搬迁。

5. 处女座的健康问题——注意神经和肠胃系统

（主要相关宫位：第一宫、第六宫、第八宫）

Q: 处女需要注意哪些健康问题？

（1）第一宫处女座——身体也是自我的一部分

水星与神经相关，多思多虑过度注重各种细节的处女座，尤其需要注意的就是精神上的平和。处女座这个星座掌管的部位是我们的肠胃，所以得避免因为精神紧张、焦虑而导致的肠胃和消化系统疾病，例如胃炎、腹膜炎、肠胃炎等。

处女座由水星守护，这颗行星常伴太阳左右，很容易因为距离过近而出现被太阳“灼伤”的占星现象。这会导致很多处女座人的身体并不强健，总有些这样那样的小毛病，尤其是肠胃方面的消化不良、吸收不好等问题。在上升处女座身上会特别明显。

（2）第六宫水瓶座——生活规律与健康养生

当第六宫对应水瓶座时，其具有的不稳定性会带来的健康问题，很可能是长期积累未曾留意，结果导致突发性的疾病。水瓶座和处女座一样，也是个思维高度活跃的星座，这两者的结合再度强调了处女座人精神状况的重要性，所以得预防神经衰弱等问题。

水瓶象征的人体部位是血液、淋巴腺、脚踝和小腿，常见的疾病有血液循环不良、低血压、静脉瘤、甲状腺机能低下和腿脚不便等。

（3）第八宫白羊座——疾厄与死亡

白羊座代表的人体部位是头部，结合前面两部分可以看到与头脑相关的部位在健康篇中已经第三次被强调。平时注意适当让自己的大脑放空，使神经得到放松，对于处女座的健康来说是第一位的。

当星盘中第八宫或火星状况不良时，处女座容易发生的疾病也与头部有关，例如脑部疾病，脑血栓、脑溢血、脑肿瘤、脑动脉硬化等都包括在内。此外，头、面部的问题也要留意，例如头痛、颜面神经受损等。白羊座作为由火星守护的火象星座，易发生火性质的伤害，例如烧伤、烫伤。火元素过强时，身体也易引发炎症。

四、给处女座的忠告

1. 适当冒个风险，步子迈大点儿也无妨，以你们超人的谨慎出不了特别大的问题。

2. 不要拿自己都做不到的事来挑剔别人。

3. 有时也需要“自扫门前雪”，你的代劳别人未必需要。

五、处女座名人录

◆ **朱熹**（1130年9月15日）：南宋著名理学家、思想家、哲学家。

◆ **英国女王伊丽莎白一世**（1533年9月7日）：使英格兰成为最强大的国家之一，开创了英国历史上的“黄金时代”。

◆ **约翰·沃尔夫冈·冯·歌德**（1749年8月28日）：德国最伟大的作家之一，世界文学领域一位出类拔萃的光辉人物，代表作有《少年维特的烦恼》《浮士德》。

◆ **乔治·威廉·弗里德里希·黑格尔**（1770年8月27日）：德国哲学家，德国古典唯心主义的集大成者。

◆ **爱新觉罗·旻宁**（1782年9月16日）：清道光皇帝，力行节俭，勤于政务，但作为帝王，他资质不高。

◆ **迈克尔·法拉第**（1791年9月22日）：英国物理学家，电磁学家。有提出电磁感应学说、发现电场与磁场的联系等卓越贡献。

◆ **列夫·尼古拉耶维奇·托尔斯泰**（1828年9月9日）：世界文学史上最杰出的作家之一，被称颂为具有“最清醒的现实主义”的“天才艺术家”。

◆ **费迪南·保时捷**（1875年9月3日）：杰出的汽车设计大师之一，保时捷公司创始人。

◆ **特里莎修女**（1910年8月27日）：慈善工作者，诺贝尔和平奖得主。

◆ **沃伦·巴菲特**（1930年8月30日）：全球著名的投资商，有“股神”之称。

◆ **张国荣**（1956年9月12日）：香港乐坛的天王巨星。

◆ **迈克尔·杰克逊**（1958年8月29日）：流行音乐之王，世界最伟大的流行歌手之一。

◆ **陈百强**（1958年9月7日）：香港第一代偶像歌星，创作型歌手，1993年因逐渐性脑衰竭去世。

◆ **德米特里·阿纳托里耶维奇·梅德韦杰夫**（1965年9月14日）：前任俄罗斯联邦总统。

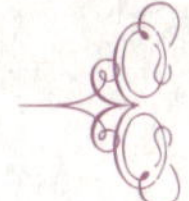

第七节　天秤座

我并不算老好人，只是喜欢以和为贵，哪怕仅是表面的

一、天秤座基本资料篇

天秤座

◆ 守护星及其含义：金星——爱与美、金钱、品位、和谐、懒散、优柔寡断

◆ 星座阴阳：阳性

◆ 星座元素：风象星座

◆ 星座类型：基本宫

◆ 强势行星：在此地能更好地发挥其本性的行星

守护星：金星

擢升（Exalted）行星：土星

◆ 弱势行星：在天秤座处于弱势，无法正常发挥其原有特质

失势受损（Detriment）行星：火星

落陷（Fall）行星：太阳

当以天秤座为第一宫（即命宫）时，十二个宫位对应的星座如下表所示：

宫位	宫位常用名称	对应星座	宫位本质含义
第一宫	命宫	天秤座	“自我”、行为模式
第二宫	财帛宫	天蝎座	拥有的物质和资源
第三宫	兄弟宫 思维交流宫	射手座	兄弟姐妹 学习沟通、思维交流等互动模式
第四宫	家宅宫	摩羯座	家宅状况
第五宫	男女宫 子女宫	水瓶座	纯粹的娱乐/快乐
第六宫	工作宫	双鱼座	工作杂务/健康
第七宫	夫妻宫	白羊座	一对一带有责任的关系
第八宫	疾厄宫	金牛座	疾厄、从他人处获得的东西（含有形和无形资产）
第九宫	迁移宫	双子座	远距离/有深度的事物
第十宫	事业宫 官禄宫	巨蟹座	社会地位 公众形象
第十一宫	社交宫 福德宫	狮子座	群体、社交
第十二宫	玄秘宫	处女座	隐秘不明之事物、潜意识

注：各宫位衍生含义参见第二章第二节中“十二个宫位的含义”部分。

二、通过行星了解天秤座

Q: 同样由金星守护的金牛座和天秤座，两者性格为什么完全不同？

1. 守护星——金星

天秤和金牛，都是被金星守护着的星座。金星象征着爱与美、和睦和谐、金钱、品位，作为占星术中的吉星之一，金星带来的感觉往往是舒适的。天秤属于风向星座，与土象金牛追求的爱与美偏向实物不同，风是带有流动性且无实体的元素，所以结合金星的特质来看，天秤所追求的爱与美，也多半是这种非实质性的整体感觉或气氛。

比如，同样是看待美人，金牛会注重美人皮肤的触感、具体肉身各部位的美好以及双方欢爱时的愉悦；而天秤呢，看到的是对方整体的美感与和谐感，或许天秤眼中的美人没有柔嫩的肌肤和美丽的五官，但整体感觉协调、着装打扮搭配良好，还有谈吐举止无明显突兀败笔（否则会粗暴地破坏整体的和谐）等就是天秤认为的美。

又比如，在聚餐时，金牛追求食物的新鲜美味、品种数量的丰富多样，还有花费的性价比。而对天秤而言，最重要的就是整体气氛。这里所指的气氛并不是带有小提琴伴奏的烛光晚餐，而是让参与的人都感到愉快（哪怕自己并不满意也无妨）。至于环境氛围是否舒适、食料档次品种数量如何等都是其次，只要是能让大家喜欢的，这些就都不是问题。

所以，在风元素与金星的双重作用下，天秤注重的是无形层面的“有爱”“美好”与“和谐”。

Q: 为什么有人说天秤和谐友爱的外表下是冷漠、自大甚至有些自私的心？

2. 擢升行星——土星

若你认为这样追求人际和谐的天秤是个无私奉献、关爱大众之人，那么深入交往后也许会让你大失所望。正如我在第一章基础常识里提到的那样，对那些同时存在守护星和擢升行星的星座来说，擢升行星就像是董事长，守护星就好比总经理，虽然平时所有大小事务都由总经理全权负责，但最终是要服务于董事长，并要遵照董事长所指定的方向行事的。

所以，当你与天秤有了比较密切的接触后，也许你会发现，这个看起来温文尔雅的天秤内心其实相当现实、冷静，再加上风向星座所擅长的客观分析的能力，他们几乎能不受情感与情绪的左右就做出最佳选择。即便是对待感情问题，也能做到“不感情用事，不冒风险，从客观实际出发”。有时，甚至可以用“冷酷”来形容天秤，那种“冷”并不是残酷或伤害，而是就像这个星座的代表物——天平那样，做判断时可以不添加任何感情因素。天平是个器具，而非生物。比较一下所有十二星座的代表物形象，你会发现，其他星座都是包含着生命体在内的，比如羊、牛，双子的双胞胎，蟹、鱼这类水产，甚至连水瓶这个名字听上去同样是器具的星座，其形象却是个手持水瓶的少女。只有天秤座的形象是一杆能精确衡量轻重的工具。

天秤的擢升行星是土星，这是个严苛、冷硬、无情又最现实的行星，所以金星这个为土星董事长服务的总经理，只是将一些现实主义的目标以最温柔、最令人舒适的形式去实现，但改变不了其目的和本质。由土星守护的摩羯座其现实主义的口碑路人皆知，而天秤可以看成是拥有高情商的摩羯，其手段的令人舒适、以对方感受为本，让人不由得会忽视了其本质上非常现实的想法。

Q: 为什么天秤总难坚持立场，又缺乏果断勇猛？

3. 弱势行星——太阳、火星

太阳象征着自我意愿，火星代表行动力，兼有暴力、冲动、欲望等含义。天秤座是太阳和火星本身特质挺难正常发挥的地方，这就加重了天秤温文尔雅的气质。天秤座人很少在众人面前暴怒失去常态，也很难正面表达出坚持己见绝不让步的态度，通常他们会选择尽量回避这些场合。

有趣的是，太阳和火星也是占星术中具有“男性”象征的行星典型，在天秤座内这两颗星竟然同时无法发挥自己应有的特质，这就使得天秤男显得缺少点儿“男人味”。当然，并不是说天秤男就是娘娘腔，仅仅是指缺少男人特有的一些正面和负面的表现，比如果断、坚决、行动力，还有暴力、粗鲁、蛮横。

Q: 太阳天秤座和上升天秤座有什么区别呢？

4. 太阳天秤座和上升天秤座的区别

（1）太阳天秤座

太阳是狮子座的守护星，当以天秤座为第一宫时，狮子座对应的就是天秤座的第十一宫，即社交宫。对太阳天秤来说，社交宫的守护星太阳落入了自己的第一宫——命宫，而这里是发号施令的地方。太阳本身的含义是“自我”的意志，而命

宫同样代表“自我”，那么当“众人的意志”进入到“自我意志”之中时，免不了使此人的“自我”受到他人干扰。再加上金星守护的天秤座有注重氛围和谐有爱的特质，使他们在一言一行中都会考虑他人。无论说话还是行事，太阳天秤都会想：“我这么说，这么做，别人会觉得舒服吗？别人又希望我怎么做？”因为过于考虑别人的感受和想法而导致失去自我，这就是太阳天秤座常常会优柔寡断的根本原因所在。但与此同时，太阳天秤也善于博得他人的好感，因为你的心思他会懂，只要他想的话。

（2）上升天秤座

上升天秤座通常有副看上去十分温和的长相，除非火星落在天秤座内，否则不太会有太激烈和绝对果断的言行。他们相当能自制，遇事能保持表面上的淡定，有时甚至表现出事不关己似的无动于衷。上升天秤座基本都如此，除非个人星盘中有其他导致出现相反性格的配置。

然而，上升天秤的内心动机与太阳天秤所追求的和谐并不一定相同。上升天秤让人觉得客气、礼节周到，但缺少发自于内心的热情，让人不知他们葫芦里卖的什么药。对于出生在日出前后的上升天秤，需要小心人际是非缠身。

三、占星宫位剖析天秤座

1. 天秤座基本性格解读篇——在满足别人期待的同时，渐渐忘记了真正的自我需求

（主要相关宫位：第一宫、第三宫、第九宫、第十一宫、第十二宫）

Q: 天秤真的很软弱可欺，没有原则地服从别人吗？

（1）第一宫天秤座——“自我”

当第一宫对应天秤座时，会让人想将自己最好的一面在最合适的时机以最恰当

的方式表现出来。就如同天秤座的守护星金星那般，他们希望能给人美好的感受，如果做不到这点，那至少尽量做到不让他人觉得有不适感。或许天秤座并不如传说中那般尽出俊男美女，但在金星的影响下，也很少会出现“丑人多作怪”的突兀言行举止。就像杆秤一样，天秤人能根据环境不断调整自己，来和外界保持一种和谐的平衡感。

然而，若你认为天秤人就和个面团似的可以任人揉捏，那可就大错特错了。金星的作用仅仅是将所有行为柔化，包括攻击行为。比起破口大骂、咆哮发泄、拳脚相加来，天秤更爱骂人不带脏字、兜着圈子刻薄人，或使出借刀杀人那样的非直接冲突的方法来。想想那些知名的天秤座文人吧，鲁迅、韩寒、张爱玲、亦舒等，哪个不是笔墨凝练犀利、锐利如匕首投枪的？

还有一点可别忘记，天秤座是土星强势的地界，能更好地发挥土星的特质。所以，那些表面看来善良、人畜无害的天秤，实际就像包着糖衣的石头，外柔内刚、外热内冷。在同外界打着太极拳游刃有余的同时，天秤内心的原则并不曾发生变化。天秤以较为柔和的回避、沉默和敷衍来代替生硬的拒绝，堪称“冷暴力”。天秤座的圣雄甘地就将这一点发挥到了极致，当面对暴力四起时，他并没有以暴制暴，也没有放弃希望，而是多次以“绝食”这个看似毫无力量的行为来表示对抗，坚持自己“非暴力”的主张，并期待民众的自觉醒悟。

当然在现实生活中，天秤的非暴力抵抗行为未必都能达到目的，而此时，他们依然不会采用多么激烈的正面对抗手段，而仅仅是感到深深的失望，甚至彻底回避、拒绝再交流。之后，天秤会试图直接绕过障碍，改为借助其他途径或游戏规则来达到目的。所以，若你发现身边的天秤人对你的要求总是采取逃避的态度，甚至当你询问时都得不到什么回应时，那么很可能，你已经被天秤列入“惹不起躲得起”“和你说也不可能有用”的拒绝往来的黑名单上了。

在没有违背天秤底线的基础上，他们还是会尽量满足别人要求的。和天秤相处最简单、也是最令他们舒服的方式，就是直接告诉他们“你需要他们做些什么”，这样可以让他们不用花心思去考虑自己究竟该怎么做才能令你满意。但切记，若他们对你的要求做出敷衍、回避、推三阻四、屡次忘却的反应，那么此时秤子们就是在说“不”了。

Q: 为什么天秤总想得那么多？

（2）第三宫射手座——讯息、思维、交流和学习：过度的讯息收集

受到守护星木星的影响，射手座带有“多”和“延伸性”的含义，所以当天秤掌管讯息的第三宫对应射手座时，会令他们想尽可能多地采集信息、周全地考虑问题，在分析和整合收集到的信息时也会花费相当多的时间。当把这个习惯用于学习中时，甚至会演变成“资料收集狂”，即恨不得将某个学科或涉及某个知识点的方方面面的书籍或材料都拿来看个遍，然后才敢放心地自行筛选。仿佛如果收集不全，下的判断就会有失公允似的。人们常常会觉得天秤犹豫不决，下决心不够果断和迅速，甚至学习起新知识点来速度也不够快，其部分原因正在于此。

第三宫也和我们的交流沟通有关，射手座的“延伸性”和“广度”自然也给天秤的社交能力大大加分。天秤几乎能同各式各样的人打交道，而且本身也有这种需求。外向型的天秤会表现得更加明显些，他们的朋友遍及各地，三教九流皆有，而部分内向型的天秤则只会体现在思维的广度上。

然而，射手座常常宽阔有余，但集中不足，天秤又太讲究“一碗水端平”。于是，我们常能看到一个知识广博如精通百科全书的天秤，却无法将这些内容去其糟粕，提炼出精华，转变为简洁易懂的成果。天秤的邻居——天蝎则刚好相反，他们总能快速地从一大堆信息里找到核心内容，这一方面是因为天蝎的守护星冥王星带来的洞察力，另一方面或许也是因为天蝎的三宫对应着喜欢“收敛”和“有序化”的摩羯座，而非以扩大领域为喜的射手座。

Q: 为什么天秤擅长客观思维和权衡比较？

（3）第九宫双子座——哲学/宗教/人生观、长途旅行、高等教育

和第三宫相比，第九宫显得更有深度些，与一个人的人生观、哲学思维、高等学术知识有关。当好学的双子座对应天秤的第九宫时，会使天秤对高深的学术领域都有浓厚的兴趣。双子是个以双胞胎为象征符号的星座，和天秤一样，他们也擅长切换视角、站在别人的立场看问题，因而更强调了天秤座人的客观、理性与公正。

不过，双子本身并不是个会深入钻研的星座，和掌管思维、交流和学习的第三宫射手座的特点几乎如出一辙，使得天秤对各种知识好学却不求甚解，知识面常面面俱到，但广而不精。这个特点有利于天秤拓宽知识面，令他们在各种社交场合、与各个层次的人交流时都能搭上话，让人叹服他们的博学多才。然而，当你想更进一步求解时，却发现他们往往仅止于此。

第九宫也代表着长途旅行，在好学双子座的影响下，天秤也喜欢去那些与自己生活背景截然不同的异国他乡旅行，来拓宽自己的见识。

Q: 为什么天秤如此重视别人的评价？

（4）第十一宫狮子座——社交：我希望能成为社交明星，被所有人仰慕

狮子座对应的宫位通常就是我们的舞台所在，而掌管天秤社交的第十一宫恰巧对应的是狮子座，再加上之前分析的天秤在人际交往中的种种先天性格优势，天秤座人的社交天赋简直是先天注定，让其他星座人望尘莫及。

狮子是百兽之王，还是尊贵的象征，当第十一宫对应狮子座时，此人会渴望得到所处群体的认可与尊重。然而，受到第一宫天秤座本身追求和谐、和睦的影响，他绝不会利用权势、力量这种强硬手段来让别人折服甚至操控他人，而是发挥自己那爱与美的金星式魅力来“以德服人”，即用个人魅力收复人心。

只是当这种倾向过度发展时，会导致天秤座人入戏过深、忘乎所以，将他人的好评看得比自己的个人好恶感更重要。这个时候，天秤已不是为自己而活，更像是为了竭力让自己变成公众眼中所认为或希望的样子，而与社交舞台上扮演的角色融为一体，视观众反应来调整自己的表演风格。

Q: 天秤的“选择障碍”和“纠结”如此严重是什么原因？

（5）第十二宫处女座——潜意识、障碍与困境：考虑过多缺乏自信

处女座是个注重细节、追求完美的星座，尤其对他人犯下的细微过错十分敏感。当处女座对应到天秤象征潜意识的第十二宫时，也会让当事人具有这种倾向。然而，宫位并不是单独存在的，分析一个人的潜意识时，同样得结合此人的主观意愿。对于追求他人好评、顾全整体氛围的天秤来说，第十二宫处女座的挑剔和完美主义反而会变成总是担心自己做得不够好，总是会忍不住考虑种种细节问题，担心一不小心哪儿出了问题就会惹人反感等。很多时候，别人也许根本都没注意到或者压根都不在乎的事，可他们在行动前都会一一考虑清楚。

表面上淡定、从不抓狂的天秤，其实内心中因为这些杞人忧天的顾虑，对自己的言行非常缺乏自信，犹疑着迟迟不敢采取行动。很多时候，良机就这么在眼皮底下错失。从这点来看，天秤实在需要多些勇气去下决定，并坚信其实自己在“让别人感觉舒适”这方面已经做得比很多人出色了。

2. 职场中的天秤座——易相处，但绝不是滥好人

（主要相关宫位：第六宫、第十宫）

Q: 为什么说天秤是职场中的“万金油”员工？

（1）第十宫巨蟹座——人生目标

巨蟹座的含义与家庭、家人有关，是个容易令人联想到如家庭般温暖、似母亲那样温柔包容的水象星座。第十宫掌管我们的人生目标、社会地位以及希望呈现给公众的形象，当天秤的第十宫对应着巨蟹座时，很明显，他们的愿景与天秤座人本身“以和为贵”的特质十分相近。收获全世界的“好人卡”是天秤的心愿，而且他们还是公平和有正义感的好人。

巨蟹长着一个超硬的外壳，这说明天秤的自我防备心理其实相当之强。天秤平时表露出来的就像商品华丽的外包装一样，纯属“商业招牌”，并不喜欢随意向大众表露自己真实的喜怒哀乐。当象征事业、名望和人生目标的第十宫对应巨蟹座时，会让天秤座人珍惜自己的名声，做起事来也会十分谨慎。

都说“水属至柔”，但又有诗云“抽刀断水水更流”，也许水不像钢铁那样坚硬，也不像火那般具有辐射和侵略性，但水的渗透力却可以“润物细无声”。天秤的“好”，可能让你说不上来具体是哪一点好，只觉得和对方在一起就是和谐、自在、舒适。就和水一样，没有咖啡的醇香，不如果汁的甜美，也比不上烈酒的给力，却是最老少皆宜的。

不过若认为追求维持“老好人”的形象就是天秤座的人生目标，那未免把他们

想得太简单了。天秤就如水一般能找到最省力的途径，也善于利用形势，包括各人的特点、优势等。他们只是喜欢在追求志向的同时，依然能保持姿态的好看。

Q: 职场上和天秤相处时需要注意些什么？

（2）第六宫双鱼座——日常工作/杂务/人事关系

天秤掌管日常工作、杂务和人事关系的第六宫对应着双鱼座，这是个仁慈包容的星座，所以如果你有个天秤座上司那就有福了。除非他的上升星座是摩羯、处女和天蝎这类要求高且严格的星座，否则多数情况下他都会是个体贴下属的好主管。对待这个类型的主管，要放低身段、心平气和地提出请求，适当地做可怜状也会十分有效。天秤座上司在职场中善于用关怀示好来笼络同事和下属。

不过，你可别得了几分颜色就开起染坊来，更不要以为天秤座上司很好说话，无论怎样都可以容忍你。要这样，你就等着摔跟头吧。天秤毕竟是个理性、逻辑清晰的风向星座，而第一宫才是决定一切的总司令，其他宫位对应的星座就像是虽然能独当一面但依然要听命行事的助手。风向星座本质上是个能客观思考问题的群体，不会像水象星座那样感情至上全凭自己主观的好恶行事，也不会像火象星座一样冲动、操之过急，像土象星座那般过度注重实际而不考虑他人感受，以致在“人和”上总有欠缺。在第六宫双鱼座温和的面具下，天秤冷静的头脑和分析力早就将一切看在眼里、记在心里。一旦他们下定决心整治起对手来，你会发现天秤的记忆力简直一点儿都不比传说中记仇的天蝎逊色，你过去的点滴行为他们都一笔一笔地帮你记在账上呢。有“铁娘子”之称的撒切尔夫人就是个天秤座哦。

3. 天秤座的金钱观——“人和”是最大的优势

（主要相关宫位：第二宫、第八宫）

Q: 为什么喜欢合作赚钱的天秤，在财务管理上又常爱把持大权？

（1）第二宫天蝎座——我的资产与价值观

天秤喜欢通过与他人互动、合作的关系赚钱不假，但你可别去干涉他们理财。

天秤的第二宫对应着天蝎座，其掌控欲之强、执念之深路人皆知，自然绝不喜欢别人插手自己对财务的处置。更何况，天蝎座那让人广为称颂的直觉，等于给天秤在金钱方面的判断多加了一道保险。风象星座自身所擅长的客观分析的能力，加上天秤特有的善于权衡利弊的优势，已经让他们很少出错，如果再结合点儿准确度颇高的直觉，那简直如虎添翼，所以天秤自信能比别人管理得更好。

天蝎是个喜欢孤注一掷的星座，虽然一般情况下，天秤不会意气用事，可一旦经过深思熟虑确定值得一试时，他们是很敢于砸钱、也极有魄力的。对于那些质疑、甚至阻挠自己决定的人，平时想法容易被旁人意见左右的天秤却能意外地坚持。例如，创立阿里巴巴和淘宝网的天秤座马云，因“支付宝股权转移事件”引起争议遭受质疑时，他公开回应：“这个决定不完美，但正确。”当2011年因为淘宝商城新规引起中小商家大规模反抗时，他也展现了自己的坚决态度与铁腕手段。由此可见，在其他事上缺乏自信的天秤，反而对于钱财方面相当强势，有种举重若轻的范儿。

Q: 为什么天秤很容易从事金融财务或合作、商业的工作？甚至很注重伴侣间的财务责任？

（2）第八宫金牛座——他人的资产

金牛座在金钱方面十分有天赋。天秤座象征“与他人相关资产”的第八宫恰好落在金牛座内，也就是说天秤的理财天赋通常表现在涉及他人钱财的方面，即善于利用他人的资源来赚钱。

除此之外，还有一点可以说明天秤座与“财务合作”关系之密切。金牛和天秤都受金星守护，所以天秤座人与别人的金钱往来关系对他们的运势影响很大，可以说是一荣俱荣、一损皆损。

如果我们平时留意的话，可以发现很多天秤的收入来自于合作关系或与他人互动性质的收入。例如，从事买卖交易之类的商人或业务员，国内最大的网络交易平台“淘宝网”的创始人马云就是天秤座的。也有些是伴侣之间承担起对方的财务，如合开“夫妻店”、天秤座自己或其伴侣是全职太太等。此外，公关社交互动，经纪人、各种公关活动的组织者，甚至还包括娱乐圈人士这类通过人脉谋财的行业里，常能看到天秤座人的身影。还有些是作为中间人、仲裁者的角色出现的，如法官、律师等。若是打算自己创业或经商，天秤很可能会找合伙人一起干，而非一个人吃独食。总之，脱离群众、埋头待在办公室默默苦干技术活儿的这类岗位上，天秤座人相对会少一些，更何况是受与金钱和人际相关的行星金星守护的天秤座。

4. 恋爱中的天秤座——暧昧花心只是配合过度

（主要相关宫位：第四宫、第五宫、第七宫、第八宫）

Q: 天秤真的爱搞暧昧吗？

不同星座人表达善意的方式各不相同，因而也导致了待人“温度”的不同。有些星座的常规温度就有80度，如火象星座；也有些费尽力气也只能到个不温不火的温度，让人完全感受不到。

天秤这个爱收“好人卡”的星座，和任何人相处都习惯性地做些让人心里舒服的事。当别人因为自己高兴时，天秤也会相当得意。的确，金星的责任就是给人带去美好与欢乐，当它的能量与金牛座的土象元素结合时，会注重通过实际存在的物质来取悦于人，比如美食、美酒和金钱。当具有思考和互动性质的风象元素参与时，就变成从人际关系、互动方式以及整体氛围中感受这种非物质形态的东西带来的愉悦。

如此善于讨好人的天秤，他们最普通的行为没准儿都比很多人的伴侣做得出色，让人不禁怀疑这个比自己伴侣更殷勤、更好示好的家伙，是不是对自己有那么点儿意思。于是，不少人就陷入了“他爱我，他不爱我”的疑惑中，心也不知不觉被对方吸引。然而，对天秤而言，这些让人误会的举动仅仅是和“吃了没”一样级别的善意而已。

即便发现对方有了“美丽的误会”，天秤还是会将错就错。这一半是出于“被爱”和“受人欢迎”的需要，另一半是不忍明确拒绝对方，因为这对天秤而言实在是太过粗鲁的行为。对方的难受与尴尬落在天秤眼里，会让他们像犯了错一样有内疚感。天秤既不忍心摆明姿态，又习惯性地殷勤体贴，又怎会不惹出那么多暧昧来

呢？更严重的是，天秤的不忍心还会导致在实在没有不可接受的理由的情况下，对方一主动，他们又无法拒绝，就半推半就地生米煮成熟饭了。然而，天秤事后会因为不够喜欢，而始终维持爱理不理的应付状态。

Q: 为什么天秤座时冷时热？他们喜欢怎样的人？

（1）第五宫水瓶座——纯粹的恋爱关系、娱乐

水瓶座的含义是独立、特殊、反叛、疏离、自由、天才，所以当天秤座掌管爱情、子女和娱乐的第五宫对应水瓶座时，就表明他们容易喜欢上具有这些特质的人，同时希望自己在感情中也能保有这些特点。

或许有人会问，不是一直都说天秤座人在恋情中相当讲究“陪伴感”吗？而且很多天秤也确实很爱黏着恋人，那为什么还说他们喜欢疏离自由的感情呢？我们得注意，天秤和水瓶都属于倾向追求心智和思维契合度高的风象星座，所以天秤所需的陪伴感，主要是一种无形的感受。比如，他们喜欢看到恋人在自己眼前，其实际需求是“你就在我身边，我感到很有安全感”，哪怕两个人在一起完全就是各行其是互不干扰。所以，当对方在自己视线之外，而且还无法掌握对方行踪时，天秤就开始不安起来，甚至不断询问对方的动向。

不过，“陪伴”和“黏人”“纠缠”是不同的，从字面上理解就可以知晓。“陪伴”讲究的是“在一起，但彼此互不干涉”，类似于两条平行线。有时别人口中的天秤“黏人”，其实是在反复确认对方是否依然和自己平行，没有消失。而“黏人”呢，则是合二为一，是彼此都影响到了对方。这个问题常见于水象星座，他们容易把关心变成压力，时刻去询问对方的状态，例如，“吃了吗？喝了吗？冷了还是热了？开心还是失落？”更有甚者，还擅自行动，打着“为你好”的旗号去做一些企图改变天秤当前状态的事情，如端茶递水送毛衣讲笑话。偶尔这么做，天秤会感动于你的心思。但太频繁的话，就如同用力捕捉风的人一般，永远都两手空空。

特殊、反叛、自由、天才也是水瓶座的关键词，所以天秤对恋人类型和恋情形式的接受度其实相当高。他们喜欢出色的对象，因为水瓶座和庸俗的普通人从来都挂不上钩。可是，这并不能说明天秤就能接受这样的人作为自己的正式恋人甚至配

偶，毕竟第五宫掌管的只是纯粹之爱，并不涉及承诺、正式的名分、婚姻契约以及家庭责任。天秤座的守护星金星，并不像火星那样在意异军突起，也不似太阳那样渴望成为众人关注的焦点，更何况天秤是土星强势擢升之地，会带来正视现实的习惯，所以作为基本宫星座，天秤习惯于服从世俗规则。天秤或许会喜欢和欣赏各种特别的对象，但在正式选择伴侣时，却会认真考虑对方是否会损害自己“人和”的美好形象、是否违背了社会主流的价值观等。天秤也许会仰慕浪子荡女、新新人类或其他特殊人物，但很少会将之正式公开，除非他们在形式上已经符合主流标准。

Q: 为什么天秤在亲密关系中常常缺乏激情？

（2）第八宫金牛座——性生理功能、对性的态度

性欲、性冲动在占星学上的代表星体是火星，火星阳刚威猛，更代表着暴力、侵犯。在“实战”中，一场够劲的性事也是带有这些火星特征的，所以火星在占星术中也是男性的象征。而金星呢，则是女性的象征之一，就如同女子在性事上的表现一样，即便如饥似渴，但相对于男性来说，依然显得柔和、被动和矜持得多。正可谓“男人来自火星，女人来自金星”，由此我们可以大致了解火星和金星特质的根本区别。

第一宫天秤座和第八宫金牛座的守护星都是金星，这使得天秤对性及亲密关系的态度和表现被冠以金星的模式。将“性”变得很美好——这是金星性质的美，在风雅、温柔、体贴的同时又带着点儿挑逗。美国著名的脱衣舞娘蒂塔·万提斯（Dita Von Teese）就是个天秤座女子，她将脱衣舞这个原本似乎不太上台面的表演诠释得“淫而不荡、媚而不俗”，一举一动都是如此充满诱惑与挑逗，却一丁点儿都不给人以恶俗感。看了她的表演，你就能理解在金星演绎下的性事大致是个什么样子了。

然而，不是所有人都能将金星的魅力发挥得如此炉火纯青。很多人评论天秤男女有些性冷淡，至少是显得对性事不太热衷，甚至“临床表现”也不够奔放，这也正是因为他们太关注姿态的美妙，想让性事呈现出金星之美，却又没有上述那位脱衣舞娘专业水准的缘故。人们在享受鱼水之欢时，难免表现得有些“动物态”，

姿态也实在算不上优雅美观。在与人亲密接触时，天秤在潜意识中总想把自己最美好的一面呈现出来，这对于天秤女来说问题不大，女性的矜持、羞涩是能够理解，也广为男性所接受的。反过来，当其他星座的女性在和天秤男亲密接触时，却发现对方在情动时比你还要阴柔、充满绅士风度，就差没开口闭口地对你说“你好”“请”“谢谢”了，这就难免感觉有些怪异了。不能说天秤男对这事不来劲、不喜欢或不娴熟，只能说金星本身的阴柔及富有女性美的特质和带有火星意味的激情性事实在有些不搭调。

还有个原因也造成了天秤在性事上显得太过“彬彬有礼”，那就是他们总是替别人着想、总是注重对方的感受及反应。据说每个女人内心都希望被自己爱的男人按在墙上强吻，又或者每个男人都喜欢心爱的女人猛扑到自己怀里。可是天秤却不会这么干，他们会想：“我这么做，对方会不会不喜欢？会不会感觉太唐突了？”于是，当天秤男好不容易鼓起了勇气，也可能仅仅是小心翼翼地问一句“我可以牵你手吗”或者“我可以吻你吗”，这真让广大姑娘们气结啊。换成是性格稍微不那么奔放爽朗的姑娘，哪怕心里再愿意，第一次就大大方方地回答“好咧”的可能性也很低。若是扭扭捏捏地推脱一下，天秤男又会陷入“她是不是真不愿意”这种纠结矛盾心情之中，好半天都不敢再发起“进攻”。

所以，最后只能无奈地奉劝天秤一句：“干火星的事时，咱就别那么金星了。”

Q: 怎样攻陷天秤座？

（3）第七宫白羊座——合作关系：包括婚姻、正式伴侣、合作、契约双方

除非个人星盘中存在其他容易让人主动的特殊配置，否则天秤在感情中不管分与合都相当被动。金星的自恋、自爱和追求优雅姿态导致了他们强大得有些过度的自尊心，因而很难承受追求失败之痛。为了避免“被当面拒绝”这种尴尬场面的出现，使得即便是天秤座男性，都不敢主动迈出勇敢的、关键性的一步，说出那美妙的“三字魔咒”。

天秤的第七宫对应着白羊座，这说明他们在男女关系中如白羊般的主动潜力还是有的，但毕竟行动的“总司令”是天秤座本身，所以想让天秤主动进攻或表现积极点的话，你必须得让他们觉得自己一旦行动得到回应的可能性极大。

第七宫白羊座也是天秤对自己正式伴侣的需求投射。我们平时常会看到天秤的恋人往往属于较主动、强势、甚至是霸道的类型，因为对方表现出明确的态度，对于思虑过多的天秤来说好比是导航的明灯。热情的火象星座（白羊、狮子和射手），确定了目标就不易改变的固定宫（金牛、狮子、天蝎和水瓶），还有喜欢交谈的双子座，这些星座天生都适合当“主攻手”。比如，狮子座的王菲前后两任丈夫——窦唯和李亚鹏都是天秤座，天秤男刘德华的妻子朱丽倩是白羊座，梅艳芳公开承认过的男友之一赵文卓也是白羊座，郑伊健在有双鱼座女友的情况下照样被白羊座的梁咏琪果断拿下……或许天秤人那种太爱搞平衡的倾向很难对别人的付出完全漠视，更何况基本宫星座本身也是讲究世俗规则的，正所谓“来而不往非礼也”。

Q: 为什么天秤对家人反而还不如对外人来得殷勤?

（4）第四宫摩羯座——家庭与内心需求

基本宫星座习惯于至少在表面上遵循世俗主流观念。有的天秤表面上如花蝴蝶般广受欢迎，有的则凭周到的体贴令人想入非非，但受爱神眷顾的他们，家庭观却是极为保守的。这是因为天秤座的第四宫对应着摩羯座——这个象征传统、守旧、规则和稳定务实的星座。

天秤渴望第五宫水瓶座独特的爱情，追求第七宫白羊座独立果断的伴侣，与此同时又希望能有稳定的家庭和家庭成员间各司其职。这一点在天秤男身上格外明显，出于求稳及男大当婚的想法，他们会选择传统柔顺的女性为伴侣，但受第五宫水瓶座“不走寻常路”的影响又总是被那些特别的女性所吸引。或许这也是导致天秤男常会出现家中红旗不倒、外头彩旗飘飘的长期“一拖二”局面的原因之一吧。这一点放在天秤女身上则会好一些，毕竟传统观念对于男人在家庭中扮演的角色要求不同于女性。

对“自己人”，天秤会卸下在外的“求好评”面具，展示出真实的自己——不少是懒散、无所谓的样子。他们觉得在家里各司其职，大家扮演好自己的角色、承担起自己的责任就可以。至于额外的客套、殷勤，自家人不用在意那么多。

5. 天秤座的健康问题

（主要相关宫位：第一宫、第六宫、第八宫）

Q: 天秤需要注意哪些健康问题？

（1）第一宫天秤座——身体也是自我的一部分

天秤座对应的身体部位有肾脏、肾上腺、副肾、下腰身、腰椎和输尿管。因而肾病、下腰背痛、腰椎受损、糖尿病、尿蛋白失衡、尿路结石、膀胱炎等是需要注意的疾病。

（2）第六宫双鱼座——生活规律与健康养生

双鱼座掌管的身体部位是腿、脚、淋巴和循环系统。需要注意免疫系统疾病、体液和血液循环的异常，还有发生在小腿、足部上的问题，如脚气病。

双鱼座又是个与精神、灵性相关的星座，所以对日常生活规律的不重视或过度讲究、养成的不良习惯等都是健康杀手。

药物成瘾症也是可能性之一。服药时，务必按医嘱进行，免得错服药物。对一些易上瘾的药物食品等也少沾染为妙。

（3）第八宫金牛座——疾厄与死亡

当与疾病相关的第八宫对应金牛时，易遭遇的疾病会与金牛座所主宰的身体部位有关，包括咽喉、颈部、食道和声带，所以咳嗽、咽喉炎、扁桃体、甲状腺、声带或发声方面的问题（如口吃）等都是可能出现的具体病症。

四、给天秤座的忠告

1. 为了所谓和气而不坚持自己的立场，那就免不了牺牲自己的意愿。
2. 仅仅表面的和谐并不能带来真正亲密的关系。

3. 把对外人的殷勤多用点儿在自己人身上。

五、天秤座名人录

◆ **爱新觉罗·弘历**（1711年9月25日）：清乾隆皇帝。

◆ **阿尔弗雷德·伯恩哈德·诺贝尔**（1833年10月21日）：瑞典化学家、工程师、发明家、军工装备制造商和炸药的发明者，还是诺贝尔奖金的创立者。

◆ **莫汉达斯·卡拉姆昌德·甘地**（1869年10月2日）：印度民族运动领袖，在印度被尊为"圣雄"，是印度最伟大的政治领袖之一。

◆ **鲁迅**（1881年9月25日）：中国著名文学家、思想家、评论家、革命家。

◆ **梅兰芳**（1894年10月22日）：中国著名京剧大师。

◆ **张爱玲**（1920年9月30日）：中国著名女作家。

◆ **玛格丽特·希尔达·撒切尔，即撒切尔夫人**（1925年10月13日）：英国保守党第一位女领袖，也是英国历史上第一位女首相。

◆ **卢恰诺·帕瓦罗蒂**（1935年10月12日）：世界著名的意大利男高音歌唱家。

◆ **约翰·温斯顿·列侬**（1940年10月9日）：英国著名摇滚乐队"甲壳虫"（Beatles，一译"披头士"）的成员，摇滚乐史上最伟大的音乐家之一，甲壳虫乐队的灵魂人物。

◆ **弗拉基米尔·弗拉基米罗维奇·普京**（1952年10月7日）：2000至2008年任俄罗斯联邦总统，是一位"铁腕总统"。

◆ **刘德华**（1961年9月27日）：香港著名艺人。华人娱乐圈影、视、歌多栖发展的代表之一。

◆ **梅艳芳**（1963年10月10日）：香港乐坛大姐大。

第八节　天蝎座

我的一切阴暗低调是为了能成功地闪亮登场

一、天蝎座基本资料篇

天蝎座

◆ 守护星及其含义：

冥王星（现代守护星）——蜕变、死亡、重生、执着

火星（古典守护星）——暴力、爆发、果断、情欲

◆ 星座阴阳：阴性

◆ 星座元素：水象星座

◆ 星座类型：固定宫

◆ 强势行星：在此地能更好地发挥其本性的行星

守护星：火星

擢升（Exalted）行星：无

◆ 弱势行星：在天蝎座处于弱势，无法正常发挥其原有特质

失势受损（Detriment）行星：金星

落陷（Fall）行星：月亮

当以天蝎座为第一宫（命宫）时，十二个宫位对应的星座如下表所示：

宫位	宫位常用名称	对应星座	宫位本质含义
第一宫	命宫	天蝎座	“自我”、行为模式
第二宫	财帛宫	射手座	拥有的物质和资源
第三宫	兄弟宫 思维交流宫	摩羯座	兄弟姐妹 学习沟通、思维交流等互动模式
第四宫	家宅宫	水瓶座	家宅状况
第五宫	男女宫 子女宫	双鱼座	纯粹的娱乐/快乐
第六宫	工作宫	白羊座	工作杂务/健康
第七宫	夫妻宫	金牛座	一对一带有责任的关系
第八宫	疾厄宫	双子座	疾厄、从他人处获得的东西（含有形和无形资产）
第九宫	迁移宫	巨蟹座	远距离/有深度的事物
第十宫	事业宫 官禄宫	狮子座	社会地位 公众形象
第十一宫	社交宫 福德宫	处女座	群体、社交
第十二宫	玄秘宫	天秤座	隐秘不明之事物、潜意识

注：各宫位衍生含义参见第二章第二节中“十二个宫位的含义”部分。

二、通过行星了解天蝎座

Q: 天蝎座究竟属于主动型还是被动型？急性子还是稳重型？

1. 守护星——火星和冥王星

天蝎是个象征神秘的星座，很多人会觉得看不透天蝎。爱上天蝎的人最感困惑的就是自己该如何进退，可是即便向其他天蝎座人征求意见，有时得到的竟然是截然相反的回答。有的天蝎会建议你耐心等待即可，如果天蝎喜欢你会主动发起进攻的，即使天蝎女也不例外；也有天蝎会提议你得主动让天蝎知道你的心意，这样才能打消他的顾虑。

和天蝎协同合作的人也会产生类似的困惑。一方面，天蝎需要随时了解你的进度和动向；另一方面却不让你知晓他自己的想法和行动打算，让你无所适从。与天蝎合作的人常感觉天蝎什么都没做，即使催促也收效甚微，而只会敷衍和应付。然而，有时天蝎会突然雷厉风行地做出一连串的决定和行动，快得让你都适应不过来。

以上这些类似的举动都可以归结为天蝎座特有的习惯行动模式。

与其他星座不同，天蝎有两颗守护星——火星和冥王星。火星象征行动、暴发和冲突，也是白羊座的守护星，而且受守护星的影响，白羊座勇敢而且冲动。同样被火星守护的天蝎座，也决不可能是缺乏行动力和一味被动的星座。那么，为什么天蝎会显得比白羊阴郁和有城府得多，甚至很少轻易采取行动呢？白羊是火象阳性星座，其火星的各种特质会以阳性的“直接、正面”和“火”的形式呈现出来，比如果断、勇敢、冲动和鲁莽。天蝎座则是水象阴性星座，其水元素和阴性的特质削弱了火星星座本身的焦躁和爆裂感，所以虽然同样受火星守护，但天蝎的表达方式却显得迂回、间接和隐晦，不会像白羊那样容易爆发出来。

天蝎的另一个守护星冥王星会带来“想要绝对掌控的欲望”和“对自己渴求事物的执念”。同时受这两颗星体的影响，天蝎的行动要么建立在他觉得能掌控局势的前提之下，要么会因为自己的渴求无法满足时被逼得破罐子破摔。如果是前者，天蝎会是一副稳重而且看起来胸有成竹的样子。如果是后者，天蝎会让人觉得固执到无理取闹的地步。这也是为什么天蝎座人总是给人截然相反的感觉的原因所在。暴躁的火星与阴郁内敛的冥王星这两种特质相结合，使天蝎在不同状态下表现出冷热相差甚远的样子。

所以，如果你觉得天蝎显得很被动的话，通常有两种原因：他确实对要做的事毫无兴趣，纯粹在敷衍和得过且过；或者，他想等到自己的先期安排就绪，一些都有把握时再出手，以便一举成功。当他觉得万无一失决定行动之时，你就能看到主动型的天蝎了。

Q: 怎么才能知道天蝎是否对某件事、某个人感兴趣呢？

正如之前提到的那样，天蝎的被动可能是真的毫无兴趣，也可能是在做行动前的准备工作。那么如何区分这两种情况呢？

在真正动用火星的能量行动之前，天蝎首先会以冥王星“探索”“挖掘”真相的功能来搜集足够多的信息。所以，若你感觉天蝎似乎总在试探些什么的话，那就是他在为行动的成功做铺垫。例如用一些不太起眼的小状况、假设的情景、仿佛无意间的话语来试探你或者相关人士的反应，从而在不被人觉察的前提下收集到所需的信息，而所有这些试探的努力都是为天蝎的目的和欲望服务的。这个过程也许会持续很久，久到别人都不以为意时反而是天蝎认为最适合行动的时机。天蝎就像个刺客，行动要力求一举得手。

不过要提醒各位注意的是，天蝎的持久铺垫和“埋伏行为”与目的的高尚或低劣无关。好比在感情中，一只蝎子持续地试探你并不意味着他爱你有多深，而仅能说明他对你感兴趣。至于其目的是想和你恋爱还是仅想发展些暧昧关系或纯肉体关系，这一切都是有可能的。

Q: 天蝎是不是不知道如何去爱人？为什么天蝎的爱总是与“虐”连在一起？

2. 弱势行星——金星和月亮

与爱、关怀、照顾相关的行星是金星和月亮。金星代表着爱与美、物质享受与和谐的人际关系，月亮则代表情感的滋养方式，这两颗都是象征女性的星体，也都和婚恋、家庭、爱与被爱的方式有关。然而，天蝎座是金星和月亮的弱势之地，也就是说在天蝎座内这两颗含义非常相似的星体竟然都无法正常发挥其原有特质，使得天蝎容易在爱情中出现问题。天蝎座的情况刚好与天秤座相反，天秤座是两颗象征男性的星体——太阳和火星的弱势之地，因而天秤座人的爱常常柔和有余而魄力不足。相比之下，由火星守护的天蝎座，其表达爱的方式就显得有些粗暴了。不过由于天蝎属于水象星座，其所谓的粗暴不会是物理层面的暴力，而只是精神上的伤害。

天蝎渴望拥有爱，但又担心失去，于是在强烈的占有欲与嫉妒心的折磨下，他们会通过一次次不露声色的“虐心”行为来求证。当看到对方因为自己而痛苦、对方的情绪起伏都在自己的操纵之下时，天蝎就能确认自己的重要性。不过，聪明的天蝎座不只会“虐”，也会适当地给予“甜头”。这也是为什么很多与天蝎恋爱过的人都会对这段情感印象深刻的原因。

Q: 太阳天蝎座和上升天蝎座有什么区别呢？

3. 太阳天蝎座和上升天蝎座的区别

（1）太阳天蝎座

虽然天蝎总是与神秘、阴暗挂钩，但我们在生活中会发现，很多太阳天蝎并非如此，甚至往往还很张扬。

就星座与宫位的关系来说，以天蝎座为第一宫命宫时，那么狮子座正好落在天蝎座的第十宫。太阳是狮子座的守护星，对于太阳天蝎来说，就是第十宫的守护星落在了自己的命宫里。第十宫是事业宫，通常象征着社会地位与成就以及在众人眼中的形象，当第十宫的主星落在命宫时，说明太阳天蝎并不甘于做一个小角色，会希望自己的社会地位与公众形象如太阳一般让众人仰望，并能取得一定的成就走到台前。太阳天蝎总是有股表现欲，内心里甚至觉得自己相当的与众不同，别人的见识也皆不如己。

所以，天蝎作为水象星座，即便是天蝎女，都会带着些男子气概，不甘居于人后，更难接受去做成功男人背后的女人，过着安分且默默无闻的日子，每日就是操持家务。即使因为自身具体星盘或环境因素使得她必须去扮演这个人生角色，也希望自己能大权在握，或者掌握一定的实权。总之，一个第十宫主星入命宫的星座人，是非常需要有自己展现的舞台的，也乐于被别人特殊看待。

（2）上升天蝎座

上升天蝎座看起来会有些让人琢磨不透，甚至比太阳天蝎更神秘，眼神也更犀利、仿佛能洞悉一切。上升天蝎具有强大的行动力，但在未做好准备之前绝不会随意行事。出生在正午的上升天蝎有着强烈的创业欲与表现欲，而在其他时间出生的上升天蝎则会尽量保持低调内敛。不过，无论他们表面的表现如何，通常你看到的都不会是全部真相。

太阳位于处女的上升天蝎，比较爱社交，也容易从事人际往来密集或团队合作性质强的工作。太阳位于狮子座上升天蝎，则会有强烈的企图心，并容易获得一定成就或名望。

三、占星宫位剖析天蝎座

1. 天蝎座基本性格解读篇——自我保护意识强烈，从不会不经思考行事

（主要相关宫位：第一宫、第三宫、第九宫、第十一宫、第十二宫）

Q: 为什么天蝎总爱装神秘，还不够坦诚？

（1）第一宫天蝎座——“自我”

天蝎的现代守护星——冥王星，其性质有些像“阴冷的火星”，现代占星学者们认为相比火星它更适合用来描述千百年来已经进化了的天蝎人性格。冥王星是距离太阳最远的一颗星体，因为几乎照射不到太阳的光芒，所以冰冷且幽暗。冥王星还是目前太阳系星体中最多未知的一颗行星，就连其体积大小当初也是几番修正后才确定下来的，天蝎众所周知的“神秘感”或许就来源于此。由于冥王星距离太阳太过遥远、一直隐藏在黑暗之中，所以又被人同传说中的“冥府”联系在一起。“死亡”是另一个被频繁提及用来形容天蝎座的词语，其他与“幽暗”“深远”含义相近的词也包含在内，例如隐藏、埋藏、神秘、深沉、秘密、隔绝、潜藏、毁灭、重生等。

当第一宫（命宫）对应天蝎座时，此人的意志和言行模式会既有冥王星极端性、绝对化的色彩，又有火星的行动力和爆发力。如同遥远幽暗难以观测的冥王星一般，他们倾向于以秘密的方式行事，不喜欢被人看到自己的底牌，甚至用情感操

控的方式来误导别人的思考方向。与此同时，天蝎自己却会凭借敏感的直觉，强大的观察、探索与分析能力，获得大量的情报。此时的天蝎座人会有一种俯视全局、“一切尽在掌握”的安全感，而且一旦行动，便是直接以一系列的动作来达到速战速决的目的，或者至少取得阶段性的成果。只有这样，才能让旁人措手不及，取得减少阻碍和出奇制胜的效果。

也许因为冥王星距离太阳太过遥远，所以这个水象星座就如同绝对零度以下的冰一样，柔软的内心已经被封印和层层保护起来。天蝎人没有火象星座的冲动，又不似巨蟹和双鱼这两个水象同类被自己起伏的情绪牵着鼻子走，他们的大脑能始终保持冷静，盘算与计划着一切。虽然和风象星座相比，天蝎那颗水做的心或许少了些客观，但凭借强大的直觉与极端的自我保护与隐藏实力的本能，足以使天蝎总能神不知鬼不觉地就找到有利的方向。因此，天蝎人从不会做一些毫无意义的简单发泄举动，他们的大脑始终都很冷静。

Q: 为什么天蝎翻脸如翻书？

天蝎做事很少拖泥带水，也不会整天碎碎念地到处抱怨。有时，他们的突然举动会令旁人大吃一惊，例如一贯虽然有些别扭不断，但并没发生什么大事件的关系，某天蝎子却突然说要分手了；一直和你并没什么争执冲突的蝎子，忽然对你发起了猛烈攻击，让你纳闷究竟何时结下了仇。有些文章将天蝎的这种行为贴切地形容为“翻脸如翻书”，也常看到星座论坛上总会有人来询问天蝎到底怎么了。

通常其他天蝎人给出的答案是：他已经忍了很久，也筹划很久了。

在占星术中，天蝎座的守护星冥王星是十大星体中移动速度最为缓慢的，绕行黄道十二星座一圈历时约246年，远远长于第二慢的海王星（约164年），而且冥王星在每个星座的停留时间从13年至30年不等。或许是受此影响，天蝎人在行动前往往也会有个漫长的蓄力、忍耐和谋划期，然后会一鼓作气地全部爆发出来，表现出惊人的力量。而在此之前，可能毫无征兆，至少不会有十分明显的迹象。这也是天蝎人令人无法忽视的原因，他们仿佛是身边藏着的某个不定何时就会爆发出惊天动地威力的炸弹。天蝎的“翻脸如翻书”与其说是变得快，倒不如说是之前平静地忍耐了太久，直到触及底线才一并发作。作为固定宫，天蝎造成的影响容易是永久性的，所以一旦爆发，就再不留挽回的余地。

那么，如何才能预知天蝎已经在默默忍受了呢？天蝎起初通常会进行一些尝试，比如提出意见、进行反驳、反抗等，当然这些举动可能都比较隐晦，一些粗枝大叶的人未必留意得到。当天蝎人认定无法改变现状，又尚没到翻脸程度时，就进入“忍受期”。因为认定了“说了也没用”，这段时期他甚至会相当配合，一直到忍无可忍的那一天。

Q: 为什么天蝎总爱干些蠢事？

也许有人会觉得既然天蝎不会轻易被自己的情绪所左右，也不会因火星的冲动而鲁莽行事，那么为什么很多时候天蝎会做一些极不合理也不划算的蠢事呢？比如为爱痴狂、因为好恶就拒绝非常有利可图的机会等。这些行为并不能说明天蝎做事不经大脑，恰恰就连“蠢事”也是他们仔细考虑及权衡之后才做的。

冥王星带来的“执念”会让天蝎人“明知山有虎，偏向虎山行”，很多旁人看似疯狂、愚蠢的行为动机便是来源于此。他们不是不假思索就行动，而是明知会带来种种恶果，但其欲望与执念太过强烈，以至于能做的，只限于在行动前冷静分析各种可能会出现的结果，以便确定负面因素能否控制在自己可接受的范围内。再加上天蝎座固定宫的特性，一旦下定决心，就很难中途放弃。

总之，别以为天蝎不善于思考，也不用为他们一些看似愚蠢、不划算的举动惋惜，甚至好心地去劝告，这只会惹来他们的不耐烦。出于固定宫的自恋情结，天蝎人对自己的想法非常有自信。至于客观上来看是否高明，他们并不在乎，为满足欲望付出点儿代价，又算得了什么呢？

Q: 为什么天蝎有时如此现实，有时又会去做出极不现实的冒险行为？

（2）第三宫摩羯座——讯息、思维、交流和学习

天蝎座的第三宫对应着摩羯座，第三宫掌管思维和交流沟通模式。摩羯座被认为是十二星座中最实际、最务实，也最善忍耐克制的一个星座。所以，别因为天蝎

属于水象星座，就觉得他们会唯感情和情绪至上，天蝎人的思维其实是相当实际客观的，能认清眼下的形势。摩羯座象征着权威性、传统制度、人与人之间的等级，当摩羯座处于第三宫时，也会让人的思维有这个倾向。水象星座重感受重情义不假，但并不代表完全不考虑现实，在星座论坛上常能看到有人吐槽："天蝎重情?明明现实得一塌糊涂好不好！"这就是对星座性格片面理解时才会产生的错觉。

受第三宫摩羯座的影响，天蝎会推崇那些强大的、至少是某方面有突出才能的人物，而且容易被他们吸引，至于对方的立场、目的与行为的善恶在天蝎看来都不太重要。例如，天蝎可能会崇拜和打心眼儿里欣赏一些残忍的杀人狂、大犯罪家、暴君等，只是因为他们足够强大。

然而，正如前文所述，天蝎人的命宫如同"司令部"一样会给他们对待其他人生领域的态度染上特有的自我色彩。思维的理智、冷静和现实通常都能正常发挥着作用，但被天蝎人特有的强烈执念影响时，反而会演变成"哪怕将现实看得再明白，都得往虎山行"的势头。在旁人看来天蝎人太执迷不悟，可天蝎人没准儿自己还非常享受这种"极致"的撞南墙感觉。有些星座人爱通过自我欺骗来美化自己的动机，好让自己的行为从心理上好接受一点儿，但是天蝎不会。天蝎太明白自己要的是什么、现状又如何，就连相关人物的动机也尽在掌握。然而，即便始终保持清醒的意识来面对有些残酷的真相会增添痛苦，但天蝎内心中就是不屑粉饰自己的动机和目的，这就是冥王星带来的洞察力与追求真相的执着。所以，不必担心天蝎想得太过天真和美好，第三宫对应摩羯座的天蝎座人和摩羯座人一样会少年老成，与天真无缘。

Q: 天蝎比较讨厌什么样的人或行为?

第三宫除了影响我们的思维外，还和我们平时的言谈、各种创作等所有涉及人与人之间沟通的事宜有关。第三宫摩羯座带来的严谨、逻辑性和克制倾向，会让天蝎座人在做这些事时始终抱有谨慎的态度，容易较真；会有的放矢，而不是完全随兴而为；对出尔反尔深恶痛绝。对于天蝎座人而言，哪怕是随意的闲聊、写博客和发微博这种个人化的行为，也不可能像双子和射手那样踩到香蕉皮般说到哪儿是哪儿，认为"好玩最要紧，当真你就输了"。天蝎通常会有诸如表达思想、说服他人、表明立场态度、许下承诺等目的在内，而且会是思考之后的行为。与此对应，天蝎人也讨厌别人在第三宫主宰的事宜上太过儿戏，比如一会儿一个说法让人无所适从，或者完全不动脑子不自己花工夫，而只知道张嘴问人。简单说来，就是说话没谱、愚笨、理解力差又懒得动脑的人是天蝎最无法忍受的。

Q: 为什么天蝎那么固执、自以为是和难以说服？

（3）第九宫巨蟹座——哲学/宗教/人生观/远行

固定星座通常都比较固执，但其原因各不相同。天蝎的固执来自于他们的猜疑与不信任，出于自保心理，他们只信任自己经过调查得出的结论。

巨蟹座是个有强大防卫心理的星座，当天蝎座掌管人生观的第九宫对应巨蟹座时，会增加天蝎的执着和一意孤行。当他们有了自己的信念之后，就难以接受其他建议，甚至会过度敏感地将别人的意见视作别有用心。不过这种心理倾向也让天蝎有股爱自己钻研的学习精神。

第三宫和第九宫与我们的学习态度都有关系。如果身边有天蝎人，可能已经留意到天蝎对什么事物产生兴趣时，有不少会去认真钻研，并且喜欢“自给自足”，而不是一不找资料、二不百度谷歌，只一味张着嘴问人。天蝎的谨慎和对他人的不信任，导致他们担心别人给出的结论未必正确或者有对方主观添加的诠释成分在内，所以还不如自己找资料，通过独立分析得出的结论靠谱。天蝎人对神秘之物天生就有强烈的好奇心，再结合第三宫摩羯座学习的认真劲儿和天蝎座的执着，难怪很多天蝎座人都会对星座、占星、命理以及其他此类的神秘学术都略懂一二了，哪怕并不作为专业研究，也比普通人了解得更透彻。

Q: 成为天蝎真正认可的朋友很难吗？

（4）第十一宫处女座——社交

第十一宫掌管人际和社团关系，结合代表自我的第一宫以及与思维、交流和沟通模式相关的第三宫，大致可以描绘出当事人在与他人相处时的态度、技巧和心理。不管是坊间留下的书面资料还是口口相传的心得体会，基本上都认为天蝎在交友上比较被动，要和他们成为真正的朋友、被他们接纳也不容易。

天蝎的第十一宫对应的是处女座，提到这个星座的挑剔、洁癖、龟毛、谨慎，那可是比天蝎更有口皆碑的事实。用处女座的态度去交友，怎么可能会是个容易相处和结交的人呢？更何况天蝎的第三宫对应着摩羯座，这是个素来以要求严格闻名的星座。天蝎座自身的命宫会带来强烈的自我保护意识，思维沟通宫的摩羯座则设定高标准，社交宫的处女座又导致会以此标准对他人进行种种挑剔和层层考验，而且这三个星座都属于不易敞开心扉的阴性星座，所以最后成为让天蝎真正认可的朋友，那简直是得过五关斩六将后存活下来的稀有物种。

Q: 为什么天蝎座人很容易受感情的伤？

（5）第十二宫天秤座——潜意识、障碍与困境

第十二宫是我们的潜意识，也是我们会下意识地去逃避和不愿正视的地方，更与障碍、困境等让我们无能为力的状态相关。

天蝎的第十二宫对应着天秤座，这是个被象征爱的金星守护且注重交际的风向星座。然而，当它落入幽暗的第十二宫时，反而会导致天蝎座人对于这种需求要么缺乏自我觉察，要么习惯性地进行逃避。偏偏水象星座本质上是“感情的奴隶”，所以无论他们自身有多么坚强、理智和现实，对于感情的需求是与生俱来的天性。于是，我们会看到一个矛盾的天蝎座人：一方面情感上的需求难以满足；另一方面却死不承认自己有多么需要被爱，甚至下意识地逃避爱。在自我保护心理的作祟下，还莫明其妙地害怕自己一旦真正坠入情网，就会失去对局面的掌控能力和冷静分析的能力。天蝎座人想要去爱，想要得到爱，但内心中其实又和天秤座人一样十分害怕伤害到别人。可是，即使真的伤害了别人，心中内疚不已，天蝎座人表面上还是会表现出一副“我不在乎”的嘴脸。

天蝎座人的恋爱观可用“追求灵魂伴侣”来形容。或许正是因为天蝎的第十二宫对应着天秤座，才使得他们对于人际上的“爱”总有点儿说不清道不明的需求。天蝎座人在恋爱时讲求“感觉”，可是连他们自己都说不清要怎样才能达到令他们心动的感觉，所以只好笼统形容为“灵魂感”。

第十二宫还象征隐藏的敌人和潜在的困境。让人有些悲哀的是，天蝎座人感性、渴望爱，而且内心总潜藏着不被爱的寂寞感，可是偏偏感情就是他们的软肋。

他们爱着的亲人和朋友都可能成为伤害他们的源头，无论对方是有意识地主动去伤害，还是无意识播下的伤害种子，都会让天蝎座人内心很受伤。

第十二宫也是让自己感到棘手的地方。金星和火星的性质几乎相反。天蝎本身就受具有破坏力和暴力意味的火星主宰，而“爱”与“愉悦”、“舒适感”是金星管辖的范围。天蝎人想要爱，想给别人“金星”般的感觉，但偏偏行动时却是以“火星”的暴力模式进行。所以，难怪很多人会说天蝎喜欢伤害别人，天蝎善于从情感上折磨别人，天蝎的爱总是伴随着对他人和自己的伤害等。就连与天蝎关系亲密的人，也常常细数与天蝎来往时的种种不愉快经历。

2. 职场中的天蝎座——隐形野心家

（主要相关宫位：第六宫、第十宫）

Q: 为什么有些天蝎座做起事来会眼高手低？

（1）第十宫狮子座——人生目标

若你认为天蝎喜欢躲在幕后、不爱出风头、行事低调，那么你只说对了一半。实际上，天蝎对堂堂正正站在聚光灯下接受众人仰视的渴望极为强烈，甚至不亚于狮子。天蝎同样重视自己的社会地位，也想受到众人接受及欣赏。这并不奇怪，因为象征天蝎对待人生发展目标、社会名誉地位和事业的第十宫对应的可是有着王者派头、天王巨星风范的狮子座。

狮子座对应的宫位通常是我们想成为舞台主角接受观众赞赏欢呼的领域。在圆形星盘中，没有比第十宫的位置顶部最高处更适合接受众人仰视了，更何况对应的还是天生大明星的狮子座。天蝎人重视自我表现，渴望赢得别人的尊重，还有着强烈的向上爬的企图心。

不过，这种心态也让天蝎对于一些感觉卑微、不够体面的工作十分排斥，或是在工作中会讲究所谓的“姿态”。天蝎越是渴望达到，越会摆出一副无所谓的样子。天蝎强烈的自我保护心态，以及第三宫摩羯座带来的谨慎、高要求倾向，会让他们对自己“闪亮登场”的表现同样持苛刻态度。天蝎看不上名不副实的虚名，要的是各个方面的完美亮相：从登场时机、扮相、言辞、表现，甚至一同登场的共事者，每个方面都要尽量做到无懈可击。在这种情况下，若是本身有实力倒也罢了，就怕是实力不够的天蝎，小事看不上不屑干，大事又做不了或竞争不过对手。于是，你就会看到一个怨天尤人的蝎子自觉是一匹未遇到伯乐的倒霉千里马。这一点在天蝎男身上更为明显，毕竟他们对名望地位的渴求通常比女性要强烈。

Q：为什么天蝎那么容易招惹是非？

不遭人嫉是庸才，狮子座如太阳般的光芒容易遭到嫉恨，尤其是天蝎本身的性格中有与狮子座同样强大的自我，但却缺乏其阳光、开朗、善用乐观感染他人的特质。天蝎对他人的挑剔性和高标准，以及强烈的自我保护倾向，有时甚至会发展过度出现“被迫害妄想症”。天蝎在平时的言辞中还追求犀利与一针见血，自认为很来劲儿，却很少考虑他人是否真的承受得了这种直接，于是很容易让人觉得天蝎自私自大。天蝎所谓追求完美的亮相往往最终会变成在一片口水中走红，当然天蝎人的强悍内心也承受得起这种非议。

Q：在职场上，天蝎是什么样的员工？有哪些特点？

（2）第六宫白羊座——日常工作/杂务/人事关系

如果说第十宫狮子座是天蝎人呈现在公众眼前的形象，那么天蝎第六宫对应的白羊座，更多体现的是他们平时在做工作与处理杂务时的特点。白羊是黄道十二星座中的第一个星座，又是阳性火象星座，所以做起事来积极、果断，有着很强的推进力。由于水象对火星的焦躁能量能起到平衡作用，再加上固定宫有对已有之物的“固守”习惯，这让天蝎座人在职场中属于“攻守皆宜型”，能将动力一直持续下去，很少半途而废。

和土象星座注重实际不同，水象的天蝎需要兴趣喜好作为动力源头才能心甘情愿地投入。然而，水象太过注重感觉有时甚至会罔顾现实，再结合狮子和白羊两种成分导致的强烈事业心和被尊重需求，带来的负面效应是让天蝎自视甚高，总觉得自己迟早会干出一番大事业，因为情感上的好恶就拒绝去做自己并不乐意做的事。天蝎总觉得自己是等待被伯乐发掘的千里马，哪怕并无世俗标准中要求的各项出色能力，如文凭证书、过往履历等，也一厢情愿地认为自己就是有与众不同的非凡之处。

白羊座的火星暴力特质，加上天蝎座天赋的洞察力，能让他们快速发现工作的要点与核心所在，可与人相处时又会让他们稍不克制就会直截了当摆明自己的观点。如果团队合作中有天蝎的参与，那么不妨听听他们的意见，其强大的观察力与直觉，能让任务的进展事半功倍。也别介意天蝎的毒舌和刀子嘴，正如前面所述，第十二宫对应天秤座的人潜意识中并没什么坏心眼，只是忍不住说出的实话不是所有人都能接受而已，尤其对喜欢表面粉饰和将自己的真正动机合理化的基本宫来说更是如此。

当天蝎在职场中的角色是作为老板或主管的形象出现时，第十宫狮子座会令他们很有大局观念。第六宫作为象征下属、员工的宫位，使得天蝎对自己的手下要求非常严格。只是阴性和水象的内敛，和第三宫摩羯言辞上的忍耐性，再结合全局观，让天蝎老板平时不会轻易将自己的看法说出口。所以，别以为天蝎老板不提就是没事，甚至以为做做表面功夫敷衍或者奉承拍马能博得他们的好感，天蝎老板可是心知肚明着呢。一旦某一天找到合适的行动时机，绝对会让你迅雷不及掩耳。

3. 天蝎座的金钱观——为自己的欲望不惜一掷千金

（主要相关宫位：第二宫、第八宫）

坊间有很多各类星座排行榜，如果要做个星座富豪榜或财运指数排名，天蝎绝对不会遗漏在外。当把“天蝎”与“金钱”二字联系在一起时，很多人首先就会想到世界级的大富豪比尔·盖茨。其他知名的天蝎富豪还有百度的李彦宏、腾讯的马化腾、搜狐的张朝阳以及雅虎的杨致远，他们几乎占据了现今国内大半门户网站的天下。有“小超人”美名的香港第二大富商——即李嘉诚之子李泽楷，也是无法忽略的天蝎富豪。

从占星角度来说，天蝎掌管自身资产的第二宫对应的是射手座，它是由幸运的木星这颗重量级大吉星守护的星座，会带来天赐好运。无论是投资、经商、消费，还是理财、贷款、赋税，这些都与掌管“他人钱财”的第八宫相关，天蝎人的第八宫对应的恰好又是聪明伶俐的双子座，所以天蝎具有投资经商方面的天赋也就不足为奇了。

Q: 怎样理解天蝎的金钱观？为什么他们时常会表现出截然不同的态度？

（1）第二宫射手座——我的资产与价值观

天蝎通常并不像土象星座那样会给人现实、重物质的感觉，甚至表面上会对拜金行为有些排斥。天蝎也不会因为金钱抹杀自己的喜好，屈服于“钱威”之下。然而，不少和天蝎往来密切的人却认为那仅是天蝎又一种自命不凡的表现，骨子里他们照样是爱钱的大俗人一个。

由冥王星所守护的天蝎座，很多事都不能仅仅停留在表面去理解。如果你以为感觉至上的水象星座就会视金钱如粪土，那可就大错特错了。要是还认为所谓追求精神伴侣、具有灵性，甚至孤芳自赏的天蝎压根看不上那些“阿堵物”（钱），那这误会也太大了。由木星守护、原型为手持弓箭半人半马猎手形象的射手座会给它所对应的宫位带来扩展和延伸的特性。当天蝎掌管占有的物质、自身价值观、金钱收入的第二宫对应着射手座时，首先会让天蝎人在金钱上有着如猎手对猎物那般的渴求与狠劲，被木星扩展的特性强化后，又使得天蝎人还挺看不上小打小闹的，要赚就得赚大钱。这也是天蝎人眼高手低的又一处表现。

不过，因此就说天蝎拜金，那也不对，毕竟天蝎作为水象星座注重的不是物质实体。射手座的“深远性”让天蝎的价值观并不会仅仅停留在实际存在着的物质财产上，所以与其说天蝎爱的是钱，倒不如说他们喜欢的是钱背后的意义：有了钱不但能拥有更多的自由度，还能使自己摆脱为了生计不得不受他人掌控的被动局面，甚至能借此影响和操纵他人的人生。金钱对天蝎来说是强大的象征，醇酒美女等生理享受太过初级，不是天蝎这号有深度的人干的事，用金钱和权势带来的力量使他人成为自己的“提线木偶”，由此带来的心理上的快感才让天蝎更有成就感。

Q: 天蝎在财务方面的优势及需要留意的问题有哪些？

（2）第八宫双子座——他人的资产

在星盘的十二个宫位中，与财务直接相关的有第二宫和第八宫。天蝎象征“收人”的第二宫对应着射手座，射手座及其守护星木星与异国他乡、远方、迁移旅行、宗教哲学、法律、高等教育等相关，会让天蝎在与上述领域相关的行业或职位上获得金钱收益。

第八宫是与天蝎渊源极深的宫位，因为天蝎座本身对应的原始宫位就是第八宫。双子座是个好奇又好学的星座，当第八宫与之对应时，就会令天蝎对于“他人的财物”产生浓厚的兴趣。只要天蝎人乐意，双子座的聪明灵动能帮助他们在投资、买卖等涉及“他人财物”的事宜中上手极快、判断力出众、手腕灵活，并且乐意尝试多种方式。

在处理财务问题时，天蝎需要注意自己缺乏责任感的草率倾向，以及因为欲望和执念带来的“赌性”。

无论是交易还是消费，其本质是双方囊中财物的往来，也就是占星术中第二宫和第八宫之间的能量流动。双子座是个缺乏严肃态度的星座，加上天蝎自身第二宫财帛宫对应着射手座，同样会为了图爽快而不计后果。于是，我们常会看到身边的天蝎座仿佛缺乏理财头脑似的会进行一些相当冒险的交易尝试和看似冲动的过度消费。就连代为处理他人的资金时，比如拿着亲朋好友的钱去投资，同样会有这样的问题，而不会因为涉及他人的资产安全就多些责任感。

当天蝎天性中的极端与孤注一掷不能很好地控制时，其对金钱的强大欲望将使天蝎“赌性大发”。赌博和投机与第五宫相关，而天蝎的第五宫对应着双鱼座。固然双鱼和射手都由木星守护，多少会有好运降临，使得天蝎还挺容易从风险投资或投机行为中赚到钱。可是双鱼座的负面作用是模糊感、上瘾症，容易沉迷于冒着财务风险去投资，甚至染上赌瘾。

好在，双子座带来的良好判断力，加上天蝎座固有的强大直觉天赋以及第二宫射手座本身的好运特质，总能使天蝎在财政方面总体偏好运。比如，亏了一大笔钱后，就恰好有人出现给予帮助；工作失意失去收入来源时，刚好有人提供新的机会。总之，即便出了问题或处于运势低迷期，天蝎也常能有惊无险地熬过去。

4. 恋爱中的天蝎座——与众不同的“专情”定义

（主要相关宫位：第四宫、第五宫、第七宫、第八宫）

Q: 为什么平时理智精明的天蝎座总是难过爱情关?

在许多人口中，天蝎已然是个被神魔化的星座。他们简直是完美的战士、最可怕的敌人。传说中的天蝎有着腹黑深沉的城府、强大的意志、长久的持续力、聪明冷静的头脑以及必要时能大义灭亲的冷酷无情，更可怕的是还有天生的强大直觉能帮助他们趋吉避凶，简直是如神魔般超越常人的存在。不过，天蝎的弱点同样如希腊神话中“阿喀琉斯的脚后跟”一样是个妇孺皆知的秘密，而这个弱点便是爱情。这个局部的细微弱点能直接导致全局的崩溃。

（1）第五宫双鱼座——纯粹的恋爱关系、娱乐

最可怕的毒药往往不是传说中一旦入口神仙都难起死回生的剧毒鹤顶红，而是即便明知沾染上它的恶果，却依然沉迷于它所带来的美妙幻觉和强烈兴奋感中难以自拔，这种毒药就是让人一旦上瘾就难以戒掉的吗啡、大麻和海洛因等毒品。在占星术中，双鱼座的象征物中包含毒品，由此双鱼座带来的负面效应可见一斑。双鱼座或其守护星之一的海王星所影响的宫位，其负面效应也许并不如暴烈的火星那样具有物理上的破坏性，也不像土星那样带来巨大的压力、令人感到抑郁和处处受限。它更像是“色字头上的一把刀”，为了令人迷醉的红颜而甘心饮下那杯祸水百死不悔。在双鱼座或海王星影响下的宫位，或许是我们最柔软也最脆弱的罩门。

双鱼座处于天蝎座的第五宫，而爱情是第五宫象征的诸多事物中的一个。英雄难过美人关，于是天蝎的感情软肋也便成了“阿喀琉斯的脚后跟”。很多时候，天蝎一旦爱上就会全身心地投入，为爱做尽傻事。对于旁人的劝告，天蝎会选择不予理会，屡撞感情南墙也不回头。所以，我们常会看到被错误的感情毁掉的天蝎，他们身上所有的不正是像沾染上毒瘾（爱情的毒瘾）却无法戒除的症状吗?

可是，天蝎本身的冷静头脑、犀利的洞察力和分析能力，即便在“毒瘾”发作时也未曾失去。他们深知自己在做什么，后果又会如何，对于那些想欺骗或玩弄自己感情之人的动机、谎言也都看得很透彻。而且，在平时的相处中，对方哪些是真诚的举动，何时又在故意回避，天蝎都是心知肚明的。只是天蝎会被自己的执念摆布、被“爱情的毒品”折磨，进而选择包容、忍耐和刻意无视，可是与此同时心中的恨意也会逐渐累积。一旦到了彻底失望而决定放弃的时候，那份累积的恨意就会强势反扑。

Q: 天蝎真的如传说中那般爱情至上且始终专一吗？

对于天蝎的感情观，存在许多误会。很多满怀希望和传说中的“星座大情圣”恋爱的人，发现现实完全不似自己想象的那般美好时，那种巨大的落差带来的失望感会让痛苦加倍。

你若以为天蝎会专一不变，那可就把天蝎想象得过于美好了。要知道，双鱼座处于天蝎的第五宫，而第五宫代表的爱情仅仅是情爱、性爱上的快乐和愉悦，是个和娱乐、兴趣爱好类似的东西，它本身并不涉及彼此间的责任，更与契约无关（婚姻本身是种契约关系）。所以，无论天蝎在感情中如何奉献，他们眼里的完美爱情本身并不涉及婚嫁等责任，而是希望彼此水乳交融、全身心都无界限无保留地融合到一起。当然，因为乐于为对方奉献，外加天蝎对感情的执念和强大占有欲，他们还是会考虑婚嫁的，但其出发点不是责任，而是更好地拥有对方。

所以可以看出，天蝎对爱情的投入，并非是对一个人或一段关系负责，而是对他们心中的“爱情”负责，即谁给予他们这种感觉，他们就会为谁而狂热。这时，如果恰巧天蝎已经有了恋人，即使还劈腿、出轨，打心底里也不会觉得是自己变心了。因为他的心并没变，始终对“爱情”保持着专一。这也是为什么常在星座论坛中看到有人发问：“天蝎不是传说中对爱情很专一的星座吗？为什么还会出轨？为什么在被我发现天蝎肉体出轨后，他（她）不仅丝毫不愧疚，还能理直气壮地说只爱我一个？”实际上，只要天蝎内心依然对爱忠实，只要内心中只爱着一个人或者谁都不爱，那么肉体出轨也好，听从自己的心意换了爱人也好，在天蝎眼里依然无改自己所认为的“深情”本质。

此外，双鱼是变动星座，不喜欢一成不变；双鱼还是“双体星座”（形象是两条鱼），在占星术中有着“多个”的含义。而且众所周知，双鱼是个让人在浪漫深情之余又常给人似有似无的暧昧感，这就导致了本质专一的天蝎座人在感情中同样会出现上述特点，即被人诟病的“爱搞暧昧”的毛病。当天蝎真正爱上一个人时，就不可能去分心喜欢别人，但还是会习惯性“漏电”。

看到这里，也许天蝎的形象在很多人眼里已经从“痴情种”变成了“滥情人”。其实，大可不必如此矫枉过正。毕竟，天蝎本身属于不喜欢变化的固定宫，与喜欢新鲜感的双子和需要不断进行征服的射手相比，其花心的动机是不同的，而且哪怕是出于“更好更牢固地拥有对方”这个执念，也会让他们在暧昧、出轨机会面前先考虑这么做的后果。更何况，天蝎本身是个非常精明和冷静的星座，仅仅会在第五宫主宰的事宜上容易犯下糊涂而已。

简单说来，天蝎座人比别人多的是执念和强大欲望，使得他们为了达到目的会百折不挠，感情上也是如此。天蝎也和常人一样，具有各种弱点，也会因为某些理由而变心、不负责、出轨、劈腿、发展多角关系等。不要把天蝎的“专一”太过完美化，失望和事到临头时的诧异就会少一些。

Q: 天蝎究竟需要什么样的伴侣？为什么有时传说中重情的天蝎择偶观会如此现实且挑剔？

（2）第七宫金牛座——合作关系：包括婚姻、正式伴侣、合作、契约双方

天蝎的感情还有一点令许多人不解。传说中天蝎是那么的深情，哪怕门不当户不对的感情都会接受，甚至宁可为此与周围人对抗，可是为什么实际生活中接触的天蝎，在择偶时却常常要求颇高，还表现得十分物质呢？

这时要看的就是天蝎的第七宫。第七宫的本质是双方的契约关系，当将之套用到婚恋关系中时，可以看出感情并不是契约关系中的必要元素。天蝎的第七宫对应着金牛座，虽然第五宫双鱼座有时会让他们被爱情冲昏头，可一旦并不涉及爱情，或者主要考虑的是婚姻和双方的责任关系这类第七宫主宰的事务时，那么天蝎的思路就会被金牛座的特质所牵引。

金牛座是个十分讲求物质的星座，所以如果天蝎考虑和对方谈婚论嫁，或者至少希望和对方成为正式的、互有承诺的、将来会考虑结婚的情侣时，就会变得极度现实。天蝎本身还有爱挑剔和爱订高标准的特点，要凭自己的客观条件打动天蝎，让他们接受即便谈不上多少感觉的你，那么没有拿得出手的能力、经济实力或者光明的发展前景，一切都是空谈。有很多人说天蝎男似乎爱找经济条件比自己好的女性，其原因也在于此。天蝎本身就喜欢具有强大力量的人物，不论男女都如此，所以天蝎男并不介意女方比自己出色。

金牛的物质性当然并不只体现在找一个比自己有钱有实力的对象上。当天蝎爱上对方，希望与之步入婚姻的殿堂时，他们除了付出精神上的爱意外，更会考虑如何让对方获得更多的世俗利益，也就是俗称的“帮夫运”或“帮妻运”。若此时第五宫的双鱼座起着负面作用，使天蝎沉迷于爱情中，那么就会发生人财两失的状况，或是为了维持关系过多地付出金钱。

Q: 为什么天蝎在感情中的占有欲如此强烈?

黄道十二星座原本的顺序中以白羊为首，金牛座对应的是第二宫，其主要含义为“我拥有”。所以，各个星座自身星盘的宫位顺序里哪个宫位对应到金牛座，那么在此领域就会十分注重“拥有感”，也可称之为占有欲。当天蝎掌管婚恋的第七宫对应到金牛座时，就会对自己的另一半有强烈的占有欲，重视其忠诚度，也容易嫉妒，天蝎的好妒之名便由此而来。

“拥有感”带来的副产品还有“多多益善”，所以天蝎难免会有“只准州官放火，不准百姓点灯”的嫌疑。天蝎一方面自己占有欲颇强，看见伴侣与别人稍有亲密往来就醋意大发，而另一方面却对自己惹来的情债不以为意。

Q: 天蝎座是个在性事上很有天分的星座吗?

(3)第八宫双子座——性生理功能、对性的态度

谈到天蝎，“性”绝对是个不能回避的事。天蝎有着黄道十二星座中最有性魅力的、最热衷性事的、性欲最强的、性技巧最令人难忘的等一堆头衔。的确，天蝎座本身象征的人体部位就是生殖系统，自然对性事感兴趣也不奇怪。

天蝎的第八宫对应着双子座，双子与交流、沟通、传播相关。于是我们常能看到一个对性事津津乐道的天蝎人，哪怕是女性，都不太忌讳在大庭广众之下表达自己对性事的看法，并借此交流经验和讨论感受。

双子的好奇和好学让天蝎人对各种性爱形式的接受度都比较高，从各种技巧、体位甚至与不同的人尝试，天蝎人的内心并不怎么反感，当然真正去实行那就得考虑种种现实情况了。此外，在与人交流性事经验感受或观看一些相关的文学影视作品时，他们也会不自觉地留意其中的技巧，并将之运用到实际中。

可以说，天蝎在性事上的美誉，一部分是出于天赋，而其余的则是后天的努力。天蝎抱着一种求知态度，而不是一味回避和反感，所以技能的不断提高也是必然的，出于水象星座的体贴，更是能恰到好处地将性爱过程中的心理战术转化为技巧的一部分，带给对方美好的感受。

Q: 该怎样与天蝎座的亲人们相处?

（4）第四宫水瓶座——家庭与内心需求

天蝎掌管家宅的第四宫对应的是水瓶座，这是个有疏离性又比较特别的星座。因而，天蝎对于家庭或家人会有种疏离感，或许表面上并不明显，但内心中并不是那么渴求家庭带来的归属感，而是需要足够的个人空间来保有自己的一些秘密。他们渴望亲情、友情、爱情等各种情感，却又常常宁愿把自己的心孤独地隔离开。

如果你有个天蝎座的孩子，那么尽量让他拥有不被打扰的个人空间，小到日记本，大到自己的房间都如此。务必不要偷偷翻阅孩子的日记和信件，也不要反复询问他们与朋友的往来情况，更不得将他们对你说的话在亲朋好友间传播。作为家长，要尊重天蝎座孩子的想法和决定。当你赢得天蝎座孩子的信任时，他们自然会乐于同你一起分享一些秘密。家长们平时还需注意自己的言行，天蝎座孩子会相当早熟，对一切都可能看在眼里记在心里，而且会不动声色。他们对于成长过程中发生的事，尤其是教训或恐惧，会牢记一生。

5. 天蝎座的健康问题

（主要相关宫位：第一宫、第六宫、第八宫）

Q: 天蝎需要注意哪些健康方面的问题？

（1）第一宫天蝎座——身体也是自我的一部分

天蝎座掌管的部位是生殖与排泄系统，因而需要留意如直肠病变、尿道炎、痔疮等疾病。另外，精神长期处于亢奋或紧张状态也易引起女性生理期、男性性功能的异常，以及不孕、卵巢囊肿等。除了生理问题外，还须注意心理状况。天蝎代表的是原欲，他们内心的控制欲与渴求都极为强烈，当目的无法达到时，便会产生巨大落差，进而带来情绪困扰。

（2）第六宫白羊座——生活规律与健康养生

当第六宫对应火象白羊座时，容易发生火属性的体质问题，比如容易发烧、发炎等。白羊掌管的身体部位是头部，所以也得留意头痛或其他头部伤害。白羊的守护星火星与暴力、物理伤害有关，所以平时天蝎也得留意人身安全。

第六宫所指代的健康，侧重于我们的日常生活规律和养生习惯。然而，火象的白羊座易冲动、缺乏延续性和耐心，导致很多天蝎生活习惯不够规律，得留意体力透支的问题。即便偶尔想养成好的习惯，或者做一些养生、健身计划，常会虎头蛇尾不了了之。

（3）第八宫双子座——疾厄与死亡

当与疾病相关的第八宫对应双子座时，如果状况不佳，遭遇到的疾病会与双子座所主宰的身体部位相关。双子掌管神经系统、肺、呼吸系统、双手及肩膀，所以可能出现的具体病症有哮喘、肺炎/肺结核、支气管炎等肺部及呼吸道问题，神经系统引起的神经衰弱、手脚神经痛或不灵便等。

四、给天蝎座的忠告

1. “难得糊涂”能让你过得更自在。

2. 尊重对方的个人空间，不要没完没了地侦察。

3. 多点儿信任能让感情走得更远。

五、天蝎座名人录

◆ **爱新觉罗·多尔衮**（1612年11月17日）：努尔哈赤第十四子，皇太极之弟。清朝初期杰出的政治家和军事家，完成大清一统基业的关键人物。

◆ **西奥多·罗斯福，即老罗斯福**（1858年10月27日）：美国第26任总统。

◆ **孙中山**（1866年11月12日）：中国近代民主主义革命的先行者，中华民国和中国国民党创始人，三民主义的倡导者。

◆ **帕布洛·毕加索**（1881年10月25日）：西班牙画家，现代艺术的创始人，西方现代派绘画的主要代表。

◆ **蒋介石**（1887年10月31日）：国民党当政时期的党政军主要领导人。

◆ **费雯·丽**（1913年11月5日）：英国籍好莱坞著名女演员，因成功饰演《乱世佳人》中的斯佳丽问鼎奥斯卡最佳女主角奖。

◆ **手冢治虫**（1928年11月3日）：日本著名漫画家，代表作有《铁臂阿童木》《怪医黑杰克》等。

◆ **希拉里·克林顿**（1947年10月26日）：美国第67任国务卿，美国第42任总统克林顿的夫人。

◆ **刘晓庆**（1950年10月30日）：中国知名演员。

◆ **林青霞**（1954年11月3日）：台湾著名女演员，是20世纪70年代后期台湾最著名的文艺片巨星之一。

◆ **张朝阳**（1964年10月31日）：搜狐公司董事局主席兼首席执行官。

◆ **马化腾**（1971年10月29日）：腾讯QQ主要创办人之一。

第九节　射手座

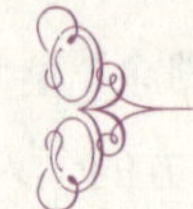

需要不断被赞美和仰视的射手座

一、射手座基本资料篇

射手座

◆ 守护星及其含义：木星——扩张、财富、幸运、仁慈、乐观、高等教育、移动性、远距离旅行、宗教哲学

◆ 星座阴阳：阳性

◆ 星座元素：火象星座

◆ 星座类型：变动宫

◆ 强势行星：在此地能更好地发挥其本性的行星

守护星：木星

擢升（Exalted）行星：无

◆ 弱势行星：在射手座处于弱势，无法正常发挥其原有特质

失势受损（Detriment）行星：水星

落陷（Fall）行星：无

当以射手座为第一宫（命宫）时，十二个宫位对应的星座如下表所示：

宫位	宫位常用名称	对应星座	宫位本质含义
第一宫	命宫	射手座	“自我”、行为模式
第二宫	财帛宫	摩羯座	拥有的物质和资源
第三宫	兄弟宫 思维交流宫	水瓶座	兄弟姐妹 学习沟通、思维交流等互动模式
第四宫	家宅宫	双鱼座	家宅状况
第五宫	男女宫 子女宫	白羊座	纯粹的娱乐/快乐
第六宫	工作宫	金牛座	工作杂务/健康
第七宫	夫妻宫	双子座	一对一带有责任的关系
第八宫	疾厄宫	巨蟹座	疾厄、从他人处获得的东西（含有形和无形资产）
第九宫	迁移宫	狮子座	远距离/有深度的事物
第十宫	事业宫 官禄宫	处女座	社会地位 公众形象
第十一宫	社交宫 福德宫	天秤座	群体、社交
第十二宫	玄秘宫	天蝎座	隐秘不明之事物、潜意识

注：各宫位衍生含义参见第二章第二节中“十二个宫位的含义”部分。

二、通过行星了解射手座

Q：为什么射手总能活得那么乐观没心没肺，还照样混得不错？

1. 守护星——木星

木星是太阳系中体积最庞大的星体，却又有与体积完全不成正比的低质量。在占星术中，木星的本质含义是扩张、多和轻松，并守护着射手与双鱼两个星座。射手是火象星座，在木星扩张性质的作用下，如同蔓延后的山火，一发不可收拾。作为火象星座，通常会将这股能量运用到行动中去，所以射手座人大多都爱四处跑动，不喜行为受到约束。木星的轻松特性还使射手座人容易着眼于生活中比较阳光的一面，对形势也总抱着乐观态度。

在当今西方的占星术中，木星被认为是颗吉星。作为被大吉星“罩着”的星座，射手总是打心底里相信好事发生在自己身上是天经地义的。没准儿就是因为吸引力法则的缘故，射手还真的常常能心想事成，所以也被认为是个相对好运的星座。射手随性而为，讨厌要自己忍耐或考虑烦琐的细节，看似莽撞不经意，甚至有不输于白羊的冲动，但最后的收获却并不比那些步步为营的星座人差到哪儿去，有时还阴差阳错地跑在了别人前头。这常让人想起“傻人有傻福”这句俗话。

不过，射手们也并不是除了好运之外就真的一无是处。木星也是颗爱学习、喜思考、富有远见的行星。他们不经意间浮现出的想法往往有着超前性，而且会活到老学到老。射手所谓的学习并不是仅指在学校的正规学习，而是包含了生活中的方方面面，比如，通过处事、合作、参与活动中总结的经验等，这些都会被射手们吸收、融合，成为自己成长的养分。

然而，扩张性的好运木星同样具有强大的副作用——那就是“过度”。自信过度会成为自大，乐观过度会成为不切实际的幻想，远见过度又导致对眼下存在问题的视而不见，而是一味只注重营造自己的空中楼阁。任何事过了度都会产生严重的副作用。

Q: 为什么射手们总觉得真理在自己一边？

2. 弱势行星——水星

射手座是水星的弱势之地，这意味着射手本身不利发挥水星的特质。水星是思考之星，还是为众神传播消息的信使。它乐于收集尽可能多的资讯，了解方方面面的细节，关注的是周遭小范围的事物。它充满了好奇心，而且视角客观，喜欢与人交流分享，就像个初进学校的小学生。

然而，这些水星特质由于水星在射手座失势受损，无法得到正常发挥，而是会被射手的木星色彩所染色。射手的确也怀有好奇之心，但他们注重的是广度，或者说是一个大致的方向（通常还是他们自己主观认定的方向），而非方方面面的细

节。他们喜欢轻松，所以很少会费劲去了解各种相关资料，仅仅触及表面就认为已经把握了要点。虽然射手的远见和直觉天赋常能让他们选对方向，但懒得花心思去探究一下详细的信息。

水星掌管交流，这种交流是把自己和对方摆在同等级层面上的交流。水星守护的双子座和处女座在交谈过程中，也常找各种借口来使自己的言谈举止合理化，甚至固执地认为只有自己最懂和最明白。不过，这种心态更像是一个学习成绩优异、平时看了很多参考书的优等生，其良好的自我感觉来自于"我比你们多知道点儿信息"。射手座则全然不同，他们把自己摆在比对方高一等级的位置上，仿佛自己是老师，对方是学生，打心底里认定"只有我是对的"，而这可以是毫无缘由的，并且需要对方尊重自己的观点（哪怕的确是错误的，也不能当面指出）。对于对方锲而不舍的反驳，射手会恼怒地拂袖而去，甚至直接宣布"对方错，自己对，无须理由"。射手喜欢如同老师一般对人说教，展示自己的学问和阅历，并把自己视为真理的代表，可是却忘记了人无完人，再高明的人都未必事事皆准。

Q: 上升射手座和太阳射手座一样乐观吗？

3. 太阳射手座和上升射手座的区别

（1）太阳射手座

射手的第九宫对应着狮子座，太阳正是狮子座的守护星。第九宫所掌管的人生领域和射手座本身的星座特质非常接近，射手座代表远距离、移动性、深远性的事物，所以既然第九宫的守护星太阳落入了自己的命宫内，也就难怪太阳射手座人会那么坐不住，喜欢四处跑，热爱户外运动和旅行了。

第九宫掌管着哲学、远见、人生观和传媒等，而第九宫的守护星太阳则代表着个人的意志，所以太阳射手座人总觉得真理是站在自己这一边的。射手们的心很大很广，装得进天下，却容易忽略眼皮子底下的事物。对于太阳射手座来说，未来是可供自己开拓的未知领域才有意思，就如同太阳的光芒一般，不断地将尚处于未知黑暗中的领域照亮，这样他们的人生才有意义。射手不喜欢未来就如同写了程序一般，今天能预知明天会发生什么，明天又能断言后天的事，这是土星守护下的摩羯才有的生活模式。太阳射手座的远见，是乐于发现未来存在着更多的可能性。

有时关注未来从另一角度来看，是回避和逃避眼下的问题。遇到阻碍时，射手会恍若未觉般继续大谈未来前景，全然忘记了未来是靠无数个当下铺垫而成的。但不管怎么说，这恰恰是太阳射手座人的乐观来源之一。或许并不是每一个太阳射手都是乐天派，但至少他们回避麻烦（包括阻碍、束缚等种种会引起他们不适的事）的本领都是数一数二的。

（2）上升射手座

很多人认为上升射手座和太阳射手座一样，都有乐观开朗的性格，以及木星守护下沾染上的好运。实际上，这只说对了一部分。上升星座的特点主要体现在行为模式而非动机上。上升星座相当于具体的执行部门，会将决策以上升星座的风格来执行。

射手座受到守护星木星的影响，本质上讨厌束缚，喜欢自由自在没有阻碍。当体现到行为模式上时，就会变成肆无忌惮地将自己本身的性格（比如太阳星座性格）爆发出来。打个比方说，同样是太阳巨蟹或双鱼这类情绪问题的大户，当他们的上升星座是习惯压抑、忍耐、不露声色的摩羯座时，可能你看到的会是一个面无表情的扑克脸，让人很难揣测他们的情绪状态。若上升星座是射手座，那么你就能看到一个感时要飙泪、恨别爱虐心、快乐时甚至会灌上大瓶好酒的“情绪化选手”。“毫无保留”或“无法控制”地表露自己，这才是上升射手的特质。

太阳射手爱追求未来更多的可能性，而上升射手则体现在行动的“闯劲”上。上升星座是我们为了适应外界需求而多年来逐渐累积养成的行为模式，所以被幸运之星木星守护的上升射手没准儿并不如我们预想中的那般从小就顺风顺水。通常人总有点儿惰性，那么生长于安逸温室中的幸运之花有多少需要闯荡的理由呢？相当一部分上升射手之所以具有那样的行为模式是因为他们不得不去闯、去冲破束缚，也只有这样才能闯出属于自己的一片天。

上升射手在木星守护下的好运，往往和我们一般概念上一帆风顺一路金砖大道铺路不同，而是“爱拼才会赢，敢闯才有未来”。

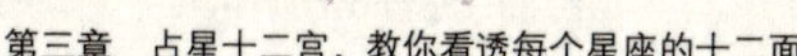

三、占星宫位剖析射手座

1. 射手座基本性格解读篇——出乎意料的固执

（主要相关宫位：第一宫、第三宫、第九宫、第十一宫、第十二宫）

Q：射手真的像表面看的那么缺心眼吗？

（1）第一宫射手座——“自我”

射手的很多行为，都可以从喜轻松、贪“多”、好扩张来理解，他们并不像我们想象的那样缺心眼和少计谋，很多事他们不做，纯粹是出于木星好逸恶劳的天性。射手也乐意被看作一个总是傻乐还缺心眼的人，其他火象星座也是如此。

但人生在世，又有几个是真傻？射手和其他火象星座愿意表现出这样，不过是觉得一来这是能让自己感到最舒适的状态，二来被人认为傻又有什么不好呢？这样别人对自己的要求不会高，偶尔一发挥出色，还给人意外惊喜。相反，那些总表现得精明能干的，射手们才觉得傻。省点儿力多好啊，那么锋芒外露有何益处？被人提防和被高标准要求不说，犯了错误也相对难得到宽容。

Q：为什么射手有时即便说了不合适的刺耳话，也并不招人反感？

（2）第三宫水瓶座——讯息、思维、交流和学习

射手第三宫对应的水瓶座同样是个不喜欢受规矩束缚的星座，这会使射手直言不讳的性格体现在他们的言谈上，即不管三七二十一想到什么说什么，管他要顾虑别人的感受还是人际应酬上的分寸，想说就说，没什么不可以，因而时常会导致别人下不来台。不过，由于射手本身是由带有轻松感的木星守护，第三宫水瓶座又是一颗善于突发奇想的星座，经常从射手嘴里说出的话，哪怕是批评，都带着点儿出人意料的幽默感。射手还是编段子的能手，张口就来，就连被他们数落和嘲弄的人，也忍不住被他们逗得哭笑不得，没法较真儿地去生气。

水瓶座是个象征天才的星座，第三宫和我们的初级教育有关，因此射手可能很小就表现出聪明的天赋，但这天赋未必能用在正经八百的考试学习中。射手坐不住，定不下心来学习，尤其是国内的应试教育。射手的聪明才智需要在更广阔自由的空间才能得到充分发挥。

Q: 射手那莫名的自信和乐观从哪儿来？

（3）第九宫狮子座——哲学/宗教/人生观

第九宫象征我们的人生观，当对应光芒四射的狮子座时，射手们总表现得对未来充满希望，也相信自己的未来会愈发闪亮，即便这种自信可能是毫无根据的。

狮子座是有着帝王心态的星座，其守护星是太阳系的中心，其他星体都围绕着太阳转。所以，与第九宫领域相关的话题中，射手们总认为自己的见解是放之四海而皆准的真理，其他人都得听从自己。当射手侃侃而谈种种海外或旅行途中的见闻时，哪怕把地名、建筑名或当地品牌名说错了，你也别指望指出后他们会纠正过来。他们反而会理直气壮地说自己确定就是那个样子，这种气势强到会让你都不免怀疑自己的记忆是否出错。在对宗教、哲学等形而上学的话题进行讨论时，同样也是这个情况，哪怕错得再明显，在他们口中也会成为真理。这种时候就别浪费力气较真了，要么你就当是听个有趣的段子、故事，要么当这关乎正经事时，就索性能绕开就绕开吧。直接在相关重要资料里自行纠正就可以，都别指望射手会当面承认自己的错误。

Q: 为什么射手无论到哪儿都能轻易交上朋友？

（4）第十一宫天秤座——社交

射手座具有能飞快地与人熟络起来的天赋，在社交圈中相当吃得开，总是不难找到人对自己帮上一把。射手掌管社交的第十一宫恰好对应天秤座，这是个在人际关系中长袖善舞八面玲珑的星座。射手能在初识时就“不把自己当外人”，不由分说地打破界限，闯入你的圈子里。

射手座平时大大咧咧，可也并不像很多人想象的那般大脑一片空白只知玩乐，虽然他们很乐意别人这么想，这样就不会对自己太过计较。受天秤的客观与善衡量每件事物各方面优缺点的影响，射手座十分清楚自己往来的朋友中，每个人的特点，包括特长、短处、优缺点，甚至为人处世的习惯，难怪有时他们拿朋友打趣开玩笑时，其逼真度并不比以犀利和一针见血著称的天蝎逊色多少。

正因为射手能十分客观地看到每个朋友的特性，所以在需要的时候，总能知道该找谁帮忙。他们不会因为面子、架子和对方感受就束缚了自己的手脚，畏缩不前，而是会直截了当倚熟卖熟地寻求帮助，让人很难拒绝。不过他们本身却不是很靠得住的朋友，遇见责任和麻烦事时容易退缩。他们表现得很有义气，是团队中的开心果，但当你有正经要事指望射手们时，他们又总整出些意外的幺蛾子。

Q: 射手真的天真烂漫没有心机吗？

（5）第十二宫天蝎座——潜意识、障碍与困境

射手，乃至其他火象星座，常被认为是没有心机的一群人，但根据黄道十二星座的顺序，象征他们潜意识的第十二宫对应的都是敏感的水象星座。这就说明了包括射手座在内的三个火象星座，并非像人们认为的那么简单，他们只是不喜欢压抑自己，喜欢以直截了当的形式来表达而已。即便明知那样可能会引来麻烦，也不愿意让自己想要发泄的情绪受一点儿压制。

射手座也是如此，爱表现出一副满不在乎天塌下来当被盖的神情，其实心里是有谱的。天蝎座的含义是秘密、禁忌、执念，当对应到具有“隐藏”含义的第十二宫时，意味着射手座人喜欢把自己的这些侧面，即自己内心隐秘的想法、脆弱、敏感等都深藏于心，并不爱随意表露。对于令自己痛苦的事，也会下意识地采取回避态度。射手只是讨厌去想累心又麻烦的事，所以别以为他们真的对周遭的人和事一无所知，也别妄想去占射手座什么便宜。很多时候，天蝎座人的报复也许只是心里想想，在时机未成熟时不会随意动手，可射手座人才不会压抑自己的报复心，想欺负射手座的只会被他们的当面回击弄得灰头土脸。

2. 职场中的射手座——聪明好学但不够安定的职场一分子

（主要相关宫位：第六宫、第十宫）

Q: 为什么射手座比较难从事安定的工作，还很随心所欲？

(1) 第十宫处女座——人生/事业的长远目标、公众声望

掌管射手事业与人生目标的第十宫对应的是处女座，这个有着“龟毛之王”挑剔恶名的星座看起来和不拘小节的射手座完全是两种不同的性格。但是，了解一个星座，不能只是单一地给他们贴标签，而要观察他们在各个领域及形势下的不同表现。

射手并不是只有如孩童般任性肆意的一面，当他们找到自己感兴趣的事时，就能立刻将自己的热忱投入，大脑也会飞快运转起来，甚至能忍受高强度的工作，发挥出色的效率。处女座本身还是个象征服务、义务、志愿行为的星座，所以射手座人对于自己中意的事并不那么计较回报，参与就是乐趣。但要记得千万不能让射手们感到无趣，毕竟处女座也属于是变动宫，若觉得眼下做的事毫无意义，或者已经失去乐趣时，射手们就会毅然放弃。

射手在工作中相当爱滔滔不绝地大谈自己的理想，甚至对别人的工作指手画脚，尤其当作为上司看不惯属下的表现时，就会“人生导师”人格附体，去教导别人该怎么做。

处女座是水星掌管的星座，象征交流、思考和分析。当对应到第十宫这个象征公众形象的宫位时，也表明射手座人很乐于树立自己无所不知的万事通形象。射手喜欢畅谈自己的旅途见闻与所会技能，甚至有些唠叨。在教育、学术、咨询和需要发挥口才和创作才能的行业里，射手人也相当多，这是因为射手的守护星木星和处女座守护星水星，都与智能、表达有关。

Q: 为什么射手座做事喜欢一意孤行，即使做错了事，也受不得批评？

(2) 第六宫金牛座——日常工作/杂务/人事关系

作为固定宫星座，金牛座是个有干劲，同时也很固执倔强的星座。自己未必有

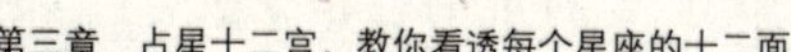

多努力的射手座人，却见不得员工、下属工作时萎靡、消极、低落的状态。射手喜欢充满干劲的人，也许表面上并不会表现出来，但若你想偷懒，又遇到射手座老板的话，他们可是会在薪酬上给你好看的。

金牛座具有无比强大的自尊，这使得射手座人在工作中非常不喜欢被人批评，也不需要别人来提建议，他们自信自己才是最高瞻远瞩的。也不要在射手面前提起他们过去所犯的错，哪怕对方是上司。射手座人是绝对不会承认的，一旦被惹恼只会大大发泄一通后索性辞职不干。

要让射手座人在公司中待得愉快，除了已经反复重申的尽量不要束缚、不要直接批评和指责外，就物质层面来说，最好能创造一个美丽舒适又有点儿艺术格调的办公环境。此外，如果能提供点儿美食供休息时品尝就更好了。所有这些都源于射手座第六宫是由爱与美的金星所守护的金牛座。

3. 射手座的金钱观——意外抠门的射手座

（主要相关宫位：第二宫、第八宫）

Q：豪爽的火象星座射手座是不是很大方慷慨？

（1）第二宫摩羯座——我的资产与价值观

爽快的射手座人很少会和你斤斤计较钱财上的事，像AA制这种把一分一毫都要算个清楚的事情实在是太麻烦又显小家子气，射手们可不屑去干。不过，你也别以为他们就是大方的“散财童子”。恰恰相反，射手极不愿意自己被牵扯到麻烦的金钱往来中去——实在无法避免，宁可单向地或来或往。

掌管射手钱财的第二宫对应的是摩羯座，这是个谨慎保守的星座。时常被简单地形容为“负责的摩羯”，其背后真正的心理常常是：我正因为知道责任重大，才不会轻易让自己陷入要负责的境地之中。射手对于钱财的处置也是如此，不论AA制的计算还是合伙中的钱财往来，他们都不会像个商人似的一笔笔拿计算器出来反复核对。射手实在懒得去做麻烦的事，哪怕干脆选择不合作。比如，他们绝不会反对由你来支付全部账单，除非是为了维持在爱慕对象或其他重要人物面前的形象。所以，也很难看到射手会有狮子那种总爱打肿脸充胖子抢着埋单的行为。

也许射手们嘴上会很大方，但你放心，他们在涉及金钱的事上行动起来还是很保守的。

射手座本身的特性是喜欢变换、追求新颖和爱冒险，但他们很少会把这套用在财务管理上。他们选择的理财方式有时老土得令人吃惊，或许这也是受到掌管第二宫注重传统又保守的摩羯座影响。那些五花八门令人眼花缭乱的理财方式，对射手来说有些太难理解，也不乐意费神去理解，所以倒不如采用一些可以一劳永逸的保守方式。即便那可能不是回报率最高的，却是最省事的。而且，那些细微的回报区别需要那么在意吗？射手们乐观地相信只要自己乐意，有的是途径可以赚到钱。如果需要管理的资金较多的话，射手们也很乐意索性都扔给专业人士管理。

Q: 为什么不少射手座相当在意伴侣的经济状况，甚至包括射手男在内？

（2）第八宫巨蟹座——他人的资产

和射手第二宫对应的摩羯座类似，巨蟹座也是个自我保护心态强烈的星座。第八宫是个与他人钱财相关的宫位，这会体现在我们投资、投机、与人合作（包括中介、经纪）、伴侣的资产等事宜的应对态度上。

别被射手的高谈阔论所迷惑，当他们处理钱财时，绝对不会莽撞。若你仔细观察，会发现他们甚至有些抠门。射手可能嘴上唾沫横飞地表现出对理财很有心得，转身却将自己的钱存了个定期。在聚餐尾声，射手也绝不会是第一个掏出钱包想埋单的人。当然，这无可厚非，只是会让人觉得与他们的表面形象有些落差而已。射手在投资上会采取最稳妥的方式，确保本金不受损失。

射手也喜欢有个经济稳定的伴侣，因为他们自己已经够动荡了，若大后方还没个稳定、理性的人坐镇，他们又怎能安心飞得高、跑得远呢？他们就像是个风筝，希望风筝线的另一头握在牢靠的手上。

4. 恋爱中的射手座——花心只因永远需要追逐和探索

（主要相关宫位：第四宫、第五宫、第七宫、第八宫）

Q: 射手真的花心又容易见异思迁吗？

射手座和其180度对宫的双子座一样，有花心和爱劈腿的恶名，其原因和双子座类似。虽然事实上射手座的确比其他星座更容易发生“花心、劈腿、暧昧”的情况，但若简单地用这些词来形容射手座，就有些片面和不公平了。星座可以帮助我们来探索表象后存在的可能性真相。

本质上，射手并不会在恋爱之初就抱有什么“我只是随便玩弄对方”的恶劣动机。他们喜欢不断地征服，通过征服来体验新鲜感，而一成不变和刻板的规律生活只会让他们窒息。射手潜意识中渴望生活有些起伏，甚至戏剧化的变化，讨厌约束的他们也不会特意克制自己的行为，尤其在自认没做什么亏心事时。正是这样的心态，即便起初并没主观恶意的动机，渐渐地也让射手座置身于情感暧昧的高危形势之下。而且，真的到了那个时候，事态的发展就未必是射手能控制的了。更何况，射手也并没有控制的习惯，顺势“从了”的可能性倒很大。

Q: 射手容易爱上怎样的人？

（1）第五宫白羊座——纯粹的恋爱关系、娱乐

掌管射手恋爱的第五宫对应着白羊座，这个由战神火星所守护的星座有着强烈的征服欲。射手的征服欲一部分体现在他们喜欢主动追求而非被追求上，因为不断追求才能满足自己的征服欲。射手对感情相当主动，即便是射手女都会大胆地去追求所爱，很多“内向闷骚型”的星座男（比如巨蟹、天蝎和摩羯），就容易被射手女搞定。

在确立关系之后，如果对方对射手死心塌地，反而会让射手觉得自己大好的精力无处使。所以，作为射手的情侣，最好既能保持独立性，又让射手觉得不能完全掌控。白羊座的守护星火星也是颗主宰情欲的行星，于是射手对于发生性关系看得

也没那么严重，不是有了关系就等于双方是情侣了，有时纯粹出于寻欢作乐的目的。

如果你和有花心之称的射手谈恋爱，就务必让自己时常保持新鲜感，别让射手觉得和你在一起后，每一天过得都很雷同。让他们猜不透你，觉得始终没有真正地把你套牢，这样的关系才能更持久。

不过，有时射手主动表白并不一定说明他们有多认真，或是对你们的未来有了长远规划。第五宫本质上是掌管“令人喜悦之事”的宫位，其中包括恋爱、娱乐和各种消遣爱好。所以，有时射手在主动对异性表示好感时，可能仅仅是觉得大家在一起很高兴、很谈得来，于是就行动了。当被追求时，射手也会抱有这样的心态。他们并不爱去拒绝人，这种心理和天秤座为他人感受着想的动机不同。射手是很乐意大家能开开心心在一起的，所以并不会去断然回绝，即便没考虑过发展恋情，也不会妨碍他们与对方不避嫌地继续在一起玩乐。

（2）第八宫巨蟹座——性生理功能、对性的态度

虽然巨蟹座是有些传统且保守的星座，但当它对应到射手掌管性事的第八宫时，并不是让射手对性事变得慎重，因为受第一宫射手座的奔放影响，这反而体现在对性事的需求上。巨蟹所在的宫位通常是我们本能需求和安全感的来源。射手和双子座都因为渴求变化而招来花心之名，但对双子来说，彼此间的良好交流比什么都重要，甚至可以用精神交流来替代生理上的交合。然而，射手座并非如此，他们的追逐都需要以占有肉体为目标，似乎只有这样，才算把对方真正掌握住。从这点来看，射手是个很难忍受长久寂寞的星座。

Q: 为什么射手相对容易劈腿?

（3）第七宫双子座——合作关系：包括婚姻、正式伴侣、合作、契约双方

射手的守护星木星，本身就有“多”和“丰富”的含义，第七宫又对应着原型是“双生子”的双子座，这同样是个具有双重性和多变意味的星座。第七宫的本质含义是具有契约、合作关系的双方，其中包括互有承诺甚至有法律契约保障的正式伴侣。然而，当射手的第七宫对应属于风象的变动星座双子座时，两个讨厌束缚和规则的星座相结合，会令他们对关系和责任采取轻视的态度。他们可以随意地进入一段关系，随口许下诺言，而后又改变想法，丝毫不当回事似的结束之前的关系。

双子座是由水星掌管、具有社交性的风象星座，这就意味着射手在选择伴侣时很注重对方和自己能否谈得来。相处时能有共同的话题、拥有共同的人生观，对射手而言相当重要，这也是保持和射手的情感常新的重要因素。然而，双子座性质的言辞往往并不具备多少稳定与可靠性，双子座本身也不是个慎重的星座，这就使射手在表白和许诺时可能仅凭当下的想法，例如，说“永远爱你，爱你一生一世”时，也许这是出于他们当下的情绪冲动或受环境氛围的渲染使然。

双子座的原型是两个人，在情感关系中，射手需要的并不是合二为一、亲密无间的关系，而是双方始终都保持独立的空间，彼此都不去约束对方，与此同时又能保证良好的沟通。很多射手会有些排斥婚姻，因为婚姻本身是有法律契约来约束的，他们的排斥心态并不是因为“有了约束，自己就不能随意出轨”那么恶劣，而是只要有约束存在，哪怕和自己的行为并无冲突，哪怕对方根本不干涉自己，都会觉得自己仿佛被看不见的绳索绑住一样。

Q：射手的家庭对他们性格的形成有怎样的影响？

（4）第四宫双鱼座——家庭与内心需求

当双鱼座对应射手的第四宫时，会带来两种可能性：包容或者混乱。一个人性格的形成并不是毫无缘由的，射手放纵、敢豁得出去的性格，也许形成于溺爱、包容的家庭氛围中。双鱼座是个不知限度的星座，和射手反感界限的存在不一样，双鱼座是出于自己情感、情绪上的需求而模糊了界限。可能家人打小便宠爱着射手座孩子，尽可能地满足他们的需求，从不加以约束。即便他们有时闯下了祸，也会加以庇护，以致大事化小小事化无。这就使得射手很难打心底里对违反规则会存在多大惧怕或恐慌，他们总能肆意放纵自己的想象与对世界的好奇心，而且不会前怕狼后怕虎，想冲就尽管向前冲。

双鱼座的负面意义是混乱，这个星座也常和“无序”“成瘾行为”联系在一起。射手并不都是含着金钥匙出生、顺风顺水地一路成长的，有的射手也许出生在一个混乱的家庭，例如，父母关系破裂、各自改嫁另娶、家庭背景情况特殊等，使得他们得不到正常孩子应有的种种照顾和爱护，和父母的关系也比较疏远。于是，这部分射手不得不凭借自己的力量向前冲，为自己打开一片局面，而不是继续困在原有家庭的混乱状况之中。树挪死，人挪活，这部分射手除了向前冲，别无退路。

当双鱼座的“不知限度”和“混乱”影响到射手自己成年后组织的家庭时，同样会出现两极分化。一方面，射手需要被纵容，被宠爱、溺爱，希望自己有时难以自控的行为能得到对方无底线的包容。而另一方面，他们又不善约束行为，一不留神就会给家庭制造混乱。

5. 射手座的健康问题

（主要相关宫位：第一宫、第六宫、第八宫）

Q: 射手应该注意哪些健康问题？

（1）第一宫射手座——身体也是自我的一部分

射手座代表的身体部位是肝脏、臀和腿部。对于好动、喜欢四处跑、把生活过得就像冒险一样的射手来说，首先最需要留心的就是物理伤害，尤其是腿部，外出游玩时要特别注意人身安全。平时不加节制的饮食习惯和饮酒不知控制也会导致肝脏等消化器官不胜负荷。

射手要多注意平时身体发出的不适信号，避免因疏忽造成日后病入膏肓才发现。肝炎、肝硬化、胆囊疾病，以及坐骨神经痛、骨刺、其他导致腿脚不适的疾病等，都是射手座较常见的健康问题。

（2）第六宫金牛座——生活规律与健康养生

第六宫和我们的生活习惯、养生方式有关，金牛座主宰的身体部位是咽喉、颈部、食道和声带，射手平时对自己的生活规律并不怎么在意，易有抽烟、酗酒问题。所以，得注意防范由此引起的咳嗽、咽喉炎，以及扁桃体、甲状腺、声带或发声方面的问题（如口吃）等。

（3）第八宫巨蟹座——疾厄与死亡

巨蟹座代表的身体部位是胃、乳房、子宫和卵巢。爱找寻刺激、享受生活的射

手需要注意一下饮食问题。射手不懂得约束自己，有时身体不适需要忌口时，也会抵挡不住美食的诱惑。若射手的第八宫同时受到不良影响时，就容易导致胃炎、胃溃疡、胃癌等胃部疾病。其他妇科类的如乳癌、乳腺炎、卵巢病变也得注意，要定期进行检查。

四、给射手座的忠告

1. 在树立宏大理想的同时，也请关注下如何具体实施，至少找个擅长执行的人来辅助你。

2. 小心你的不计较小节、宽宏大量被别有用心之人利用。

3. 不是每个人都和你一样过后就忘，为了自己痛快而张口就来时，多想想别人的感受。

五、射手座名人录

◆ **路德维希·凡·贝多芬**（1770年12月16日）：德国作曲家、钢琴家、指挥家。维也纳古典乐派代表人物之一，被尊称为“乐圣”。

◆ **慈禧太后**（1835年11月29日）：咸丰皇帝的妃子，同治皇帝的生母，以皇太后身份垂帘听政，为1861至1908年间大清帝国的实际统治者，乃清朝的“无冕女皇”。

◆ **马克·吐温**（1835年11月30日）：美国作家，19世纪后期美国现实主义文学的杰出代表。

◆ **温斯顿·伦纳德·斯潘塞·丘吉尔**（1874年11月30日）：政治家、画家、演说家、作家、记者，1953年诺贝尔文学奖得主。曾两度任英国首相，被认为是20世纪最重要的政治领袖之一，带领英国获得第二次世界大战的胜利。

◆ **约瑟夫·维萨里昂诺维奇·斯大林**（1879年12月21日）：苏联领导人。

◆ **胡适**（1891年12月17日）：现代著名学者、诗人、历史家、文学家、哲学

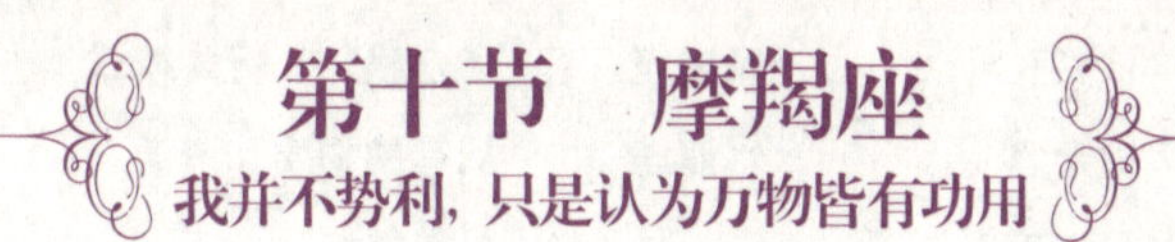

第十节　摩羯座

我并不势利，只是认为万物皆有功用

一、摩羯座基本资料篇

摩羯座

◆ 守护星及其含义：土星——传统制度、刻苦努力、权威性、老旧事物、迟缓、阻碍不顺、磨炼、务实、压抑

◆ 星座阴阳：阴性

◆ 星座元素：土象星座

◆ 星座类型：基本宫

◆ 强势行星：在此地能更好地发挥其本性的行星

守护星：土星

擢升（Exalted）行星：火星

◆ 弱势行星：在摩羯座处于弱势，无法正常发挥其原有特质

失势受损（Detriment）行星：月亮

落陷（Fall）行星：木星

当以摩羯座为第一宫（命宫）时，十二个宫位对应的星座如下表所示：

宫位	宫位常用名称	对应星座	宫位本质含义
第一宫	命宫	摩羯座	“自我”、行为模式
第二宫	财帛宫	水瓶座	拥有的物质和资源
第三宫	兄弟宫 思维交流宫	双鱼座	兄弟姐妹 学习沟通、思维交流等互动模式
第四宫	家宅宫	白羊座	家宅状况
第五宫	男女宫 子女宫	金牛座	纯粹的娱乐/快乐
第六宫	工作宫	双子座	工作杂务/健康
第七宫	夫妻宫	巨蟹座	一对一带有责任的关系
第八宫	疾厄宫	狮子座	疾厄、从他人处获得的东西（含有形和无形资产）
第九宫	迁移宫	处女座	远距离/有深度的事物
第十宫	事业宫 官禄宫	天秤座	社会地位 公众形象
第十一宫	社交宫 福德宫	天蝎座	群体、社交
第十二宫	玄秘宫	射手座	隐秘不明之事物、潜意识

注：各宫位衍生含义参见第二章第二节中“十二个宫位的含义”部分。

二、通过行星了解摩羯座

Q：为什么摩羯都活得那么沉重？

1. 守护星——土星

俗话说“物似主人形”，一个星座的特点通常和它的守护星是相似的。在未发现“三王星”（天王/海王/冥王星）之前，土星是太阳系中距离太阳最为遥远、移

动速度也最慢的一颗行星，平均每29.46年才能绕太阳公转一周，比速度倒数第二的木星要慢将近18年之久。所以，难怪摩羯座会和它的守护星土星那样，显得行动迟缓，与人保持距离，又不那么容易亲近。

在占星术中，土星和火星被视作凶星，因为它们带来的感受往往是令人不适的，而不像木星、金星那样常令人愉悦。伴随土星而来的总是压抑、迟缓和阻碍感，不过这并不能说明土星就不会带来好事，只是即便在迈向好结局的途中，土星那些令人不适的特质也会始终相随。土星给予你的礼物就是“生于忧患”“好事多磨”，所以土星本身也有“磨炼”的含义。

被如此沉重的星体守护着的摩羯座，仿佛是一位不苟言笑的“严父”，很难让自己彻底放松下来。他们少年老成，当其他星座还是个沉浸在憧憬和幻想中的烂漫少年时，摩羯们便了解了何为现实。如果说天蝎的距离感来自于他们打小对人心百态的认知，那么摩羯的不近人情则是出于受这物质世界无情现实的影响，或是外界的高标准严要求早早扼杀了他们的天真。

土星是老旧之物的象征，包括古老的物品、传统的规则及惯例、师尊、长辈、权威人士等，所以摩羯喜欢接触这类人或物。过往回忆对他们而言就像是个难以丢弃的古董，还有尊师重教、尊老爱幼、循规蹈矩、遵守规则等，这些都是打出生以来就通过环境印刻在他们身上的痕迹。

土星教给了摩羯何为“现实”，它的严酷让摩羯深深体会到何为“人在屋檐下”，他们的反抗只会被如泰山压顶般的土星压制，除了顺从并去接受土星给予的任务似乎别无他法——除非某一天，摩羯拥有了强大的力量，足够支持他们去肆意妄为。

Q: 为什么平时稳重、坚忍的摩羯，有时也会做出非常不合常规的强势举动？

2. 擢升行星——火星

摩羯善于忍耐和识时务，但并不代表他们真的完全屈服于现实。他们只是太了解自己的斤两，在力量不够强大之前，姑且先按兵不动，不做无谓的冒险，避免不必要的损耗。

火星在摩羯座内擢升，一个星座如果存在擢升星体的话，那么那颗星体的模式才真正是该星座向往成为的样子，而守护星的处世方针仅是在达到目的之前采取的应付姿态。所以，摩羯的一切“土星”式行为——例如忍耐、压抑、遵守制度和传统规范、尊敬师长及权威人士等，都是为了有朝一日能如“火星”那般，凭借强大的力量来贯彻自己的意志。而在那之前，不妨先做出土星的装低伏小、循规蹈矩的姿态，并宁可走得慢些，也要一步一个脚印地为自己积蓄力量，直至有实力发出自己声音的那一天。

这也是为什么很多摩羯在年轻时安分守己，反而到了中老年会晚节不保，干出诸如出轨、外遇、仗势欺人、以权谋私的事情来。因为在那时，踏实的摩羯们多少取得了一定的人生成就，例如，混上个一官半职、有了相当数量的银行存款、已成家立业稳定下来等，他们会觉得自己有资本也有资格冒点儿风险，仿佛是为了弥补自己不曾放肆的少年时代。这一点在摩羯男身上格外明显，毕竟这个男权社会对于他们更有利一些。而摩羯座的女性可能很多因为制度与传统习俗的束缚（摩羯本身也代表着传统惯例）、在事业和地位竞争上的相对不平等状况等，会表现得不那么突出，或者倾向于去家庭中寻找自己可以行使旨意的天地。

此外，当摩羯们确定自己做的事不会带来麻烦时，也会表现出勇往直前、强势推进的作风。例如，平时闷骚、传统的摩羯，对恋人也有激情、浪漫和任性的一面。

Q: 为什么摩羯比其他星座少些柔情和同理心？

3. 弱势行星——月亮、木星

月亮是我们的情绪、情感，也是温柔与体贴。而木星是仁慈、是幸运，又带着点儿懒散。摩羯座是这两颗星体无法正常发挥其特质之地，这也从侧面说明摩羯少了点儿月亮的同理心和木星的仁慈宽容，多了点儿就事论事讲究规矩的古板。他们也不相信那无法捉摸和难以掌控的所谓幸运，与其等待不知是否会到来的好运，还不如平时就稳扎稳打。这样即便没有额外的幸运来帮助自己披荆斩棘，起码凭自己的力量也可以渡过难关。像木星那样懒散无计划，这对摩羯来说是非常没有安全感的行为。“靠自己”是他们最后的坚实立足之地。

很难发挥月亮和木星正常特质的摩羯并不怎么善于宽容他人。很多摩羯从小就被严格要求，所以以为这些要求标准是再普通不过的，每个人都应该做到。当他们发现别人竟然因为种种理由未能达标时，完全无法理解对方竟然会被区区这些原因所阻挠，进而觉得对方不堪大用。对那些整天被情绪困扰甚至要死要活的人，摩羯不但不会同情，甚至会抱着“物竞天择”“优胜劣汰”的想法听之任之。除非是自己的亲朋好友，摩羯才会表面上安慰应付一下。

Q: 太阳摩羯座和上升摩羯座有什么区别呢？

4. 太阳摩羯座和上升摩羯座的区别

（1）太阳摩羯座

当太阳落在某个星座内，便意味着太阳将自己所守护的星座与这个星座紧密联系在一起。太阳所守护着的狮子座就对应着摩羯的第八宫。

在占星术中，第八宫被称为“原欲之宫”，掌控我们的一切欲望，包括性、他人的财物和未知的一切。当太阳把第八宫和摩羯座联系在一起时，这就意味着摩羯内心中容易对他人、包括伴侣的所有物有一种责任感，同时也有将之置于掌下的欲望，即所谓的“野心”。如果说天蝎座的野心在于希望自己能掌控局面，或者通过掌握庞大的资源来操纵他人，是一种“无形”掌控欲的话，那么摩羯座受到土象星座的影响，渴望的是掌握有形的物质资源，也有部分摩羯的欲望体现在希望他人给予自己物质上的支持。与此同时，掌管“性”的第八宫主太阳落到摩羯座内，使他们对性欲表现出矛盾的心态，既渴望激情经验，但又因为受守护星土星的影响而不得不因为现实因素备受压抑，生怕给自己惹上麻烦。也有些人干脆就是讨厌性事，尤其是女性，因为土星也有“拒绝”的含义在内。

第八宫也是和神秘之物、修行、内在探索相关的领域。我们平时留意的话，会发现很多摩羯对宗教、神秘学（如命理、玄学、气功、甚至灵异）感兴趣，也有些会孜孜不倦地钻研某个高深或冷门的学科。

（2）上升摩羯座

比起太阳摩羯座来，上升摩羯们表面上看起来更具备这个星座的特质，尤其在接近中年之后。上升星座是我们的表象，那些内心认真、谨慎、严苛的太阳摩羯或许因为上升星座恰好落在比较外向活泼的星座，如射手和双子，看起来让人觉得好接近得多。反而是上升摩羯，哪怕具有奔放不羁、活泼的内心，其外表看着简直就像总铁青着脸的训导主任，又或是木讷老实本分的小人物。

上升星座，是我们打出生以来，为了适应外界环境渐渐形成的一套行为模式。所以，很多人以为长年一副苦闷中年表情、鲜少放肆大笑的上升摩羯，一定是从小生活不易所致，进而推导出上升摩羯可能小时候家境贫寒、不得不穷人的孩子早当家的结论来。这就片面理解了土星守护下的摩羯的含义。从小生活不易确实是事实，上升摩羯可能很小就知道自己肩上背负着责任与希望。不过，这未必是经济方面的原因，虽然一部分上升摩羯的确如此，但也有很多是因为从小家境优越，甚至有一定的地位，才导致家人比较讲究规矩。又或者，是因为打小在各方面的成绩都不俗，免不了承受师长们的期待，自己也感觉到了这点，更觉得该注意不要放纵自己，甚至喜怒不轻易形于色，十分克制自己的言行。还有一些上升摩羯成年后进入了大型机构、政府部门等气氛严谨的地方，其一言一行甚至表情都不可太过轻松随意。

三、占星宫位剖析摩羯座

1. 摩羯座基本性格解读篇——责任是不能轻易背负的字眼

（主要相关宫位：第一宫、第三宫、第九宫、第十一宫、第十二宫）

Q: 摩羯是真的负责吗？为什么他们经常会推卸和逃避责任不肯承担？

（1）第一宫摩羯座——“自我”

摩羯座的土星式含义之一是“责任”，但摩羯座并不是真的爱扛起责任，而是深知“责任”之重，所以更不愿意让自己轻易背负责任。他们谈吐、行事上的慎

重，与其说是出于责任心，倒不如说是怕草率行事惹来麻烦，让自己背上不必要的责任。对于自己不熟悉的东西，他们不会去贸然指点别人，因为若是误导了他人，就会使摩羯害怕被要求负责。说摩羯“城府深”，未免带有贬义。摩羯们觉得在开口和做事之前，深思熟虑是必需的，如果那就被指责为“算计”和“腹黑”的话，实在有些委屈摩羯。他们只是学不会不假思索凭着感觉任性行事而已。

摩羯很难像射手那样做事不考虑后果，或者乐观到打心眼里觉得自己自有天佑。不过，幸运的事也确实很少落到摩羯头上。摩羯从小就从种种经历中吸取教训，知道心存侥幸很难过关。例如，逃课时恰好遇到老师随机抽点名，多数点到的偏偏就是摩羯；考试时很多人作弊，恰巧就是摩羯被抓，或是抄的对象还不如自己。偶尔有外人眼中的一步登天、平步青云的摩羯，但其周围关系密切的人都知道他们背后付出了多少，他们的成功从来都不是偶然的。

摩羯不怕成功来得慢，来得晚，只求自己不要犯下大过错。他们的成绩都是累积的，不像其他星座如白羊、射手那般敢闯，甚至连基础都没打扎实就盲目扩大疆界，而失败了大不了换个地方另起炉灶。摩羯也没有天秤长袖善舞易得众人相助的高情商，他们宁可依靠自己，将地基深扎于土，才不怕地动山摇。摩羯担心中途一个过错就可能让过去好多年的付出毁于一旦。他们输不起，因此所有的谨慎、斟酌和趋利避害都是为了能让自己保持无懈可击的状态。因此，可以说摩羯的责任感和较真的源头，是对“承担不必要的责任和后果”的深深惧怕。

Q: 为什么摩羯常会吃力不讨好？

在生活中我们难免会有“顺得哥情失嫂意”不得不伤害他人的时候。射手和白羊这种冲动随兴分子、巨蟹和双鱼这种情绪大过理智的类型更容易出现这种状况，但反而人们会觉得：“唉，他们就是那样的人，自己都控制不住，也没坏心眼，算了吧。”于是，并不怎么记恨对方。但若放在摩羯，也包括天蝎身上，就完全不是那么回事了。这是因为大家都知道他们从不随意行事，必然是周密考虑过后才选择自己认为相对最有利的那条路。所以，当不可避免的有人受到伤害时，当事人会觉得“原来伤害我是你思考后的决定啊”。于是这么一来，就显得特别让受害者难以宽恕。这也是让摩羯觉得特别委屈的地方，自己总是那么小心谨慎，也并不爱没事伤害人，但怎么就反而不如那些任性行事的星座来得好人缘呢？

Q: 摩羯真的不懂浪漫吗？

（2）第三宫双鱼座——讯息、思维、交流和学习

“太势利”和“不懂浪漫”也许是让摩羯们感到最委屈的两个控诉了。他们从不认为自己缺乏浪漫情怀，也确实有很多和摩羯沉浸在热恋中的人们会惊喜地对朋友们说：“别看我的摩羯平时很闷，没想到他真的很浪漫！”

是啊，掌管摩羯思维的第三宫正好对应着双鱼座，这是个很容易让人联想到爱情剧、梦幻、浪漫，甚至还有那么一点儿不切实际的星座。所以，摩羯哪能没点儿浪漫情怀呢？受到水象星座双鱼细腻特点的影响，摩羯的浪漫并不会只是通过土象的物质形式来体现，例如不会砸钱给你买昂贵的礼物，而是让你惊讶地发现你的一些小动作、小习惯竟然都被他们记在心里。比如，午饭后随意递来的水果也许恰巧是你爱吃的；当他们请你喝饮料时，喜欢咖啡的你绝不会拿到茶；突然兴起送你的礼物，是你期盼已久的；半夜打来电话，只为和你说我爱你……

可是，为什么摩羯依然被评价不懂浪漫呢？说来说去，还是摩羯座这个第一宫“总司令”惹的祸。当现实与浪漫冲突时，他们铁定会选择现实。或者在考虑如何执行浪漫的同时，也会非常认真地考虑在现实中如何具体操作。比如，当你说“我们去攀登珠穆朗玛峰吧”，其实仅仅是兴奋之余的随口之言，可摩羯或许会说：“你的心肺系统不太健康，不适合去。”当你说“这部手机好漂亮啊”时，他可能一边考虑是否要买下作为礼物，一边又忍不住表示：“性价比很低，空有漂亮外表，操作手感差，机能弱，配套应用程序不多……”这些可爱的认真举动，有时就像是一盆冷水泼在对方头上，让人觉得“也未免太认真了吧”。

Q: 为什么摩羯很容易在某方面领域中成为“专家”？

（3）第九宫处女座——哲学/宗教/人生观、长途旅行、高等教育：适合深造的专业人士

当掌管高等教育和学术的第九宫对应处女座时，可以算是个“专业对口”的位

置。因为处女座的守护星水星本身就掌管着学习、信息的交流和思考，处女座更以分析和注重细节见长，这就难怪我们身边很多小时候受第三宫双鱼座影响看起来有些不太伶俐的摩羯人，随着年龄的增长却学有所成，甚至成为某个领域的专业人士。处女和摩羯一样同属土象星座，所以摩羯对于高深的学术知识、甚至包括宗教哲学方面的追求，很少会是脱离实际的空想主义，他们总有办法将学到的东西与现实生活结合起来。

第九宫也是长途旅行之宫，处女的资讯收集和分析的能力，让摩羯将旅行也视作学习的过程。即便在旅途中，他们也从未停下过思考和比较各地风俗文化。这听上去似乎有些累，但对于摩羯来说反而是种很乐在其中的享受。

由于处女座的思考和分析总会带着点儿怀疑性，所以摩羯无论是读万卷书还是行万里路，都不会人云亦云地去接受别人的想法，而是自己独立思考。有时，到了一定深度后，会突然对过往所学产生怀疑，并推翻或不再重视那套理论。

Q：为什么摩羯真正认可的知心朋友很少？

（4）第十一宫天蝎座——社交

天蝎座，是个被认为朋友少、且对可称之为“朋友”的审核标准非常高的一个星座。它需要对方是完全地忠于自己，并对自己坦诚相待。当对人对己都高标准严要求的摩羯座第十一宫对应上天蝎座时，导致的就是从表到里彻头彻尾的一套严苛交友准则了。

摩羯座看不上一无是处的人，能让他欣赏的，至少得在某一方面有突出表现，最好还能和他一样不抱怨、能吃苦耐劳，并得放聪明些，不要老干些蠢事拖累他人。而天蝎座的社交特质呢，是贵精而不在于多，这个对“背叛”相当敏感的星座希望自己的朋友最起码能做到坦诚不粉饰，即便是负面因素，也能诚实相告，而不是企图用花言巧语蒙混过关。

所以，或许你身边的摩羯看上去很和善，与周围的人也可以相处和睦，但要真正被摩羯当成可以推心置腹的朋友，却是相当难的。有时，你终于走入了摩羯的内心，但当他们发现你有什么事没有与他们分享，甚至和别人一起但唯独漏下了他们时，摩羯会有种莫名的“被遗弃感”。

Q: 摩羯那么务实，为什么也会有很多人会和哲学、宗教、玄学这种虚幻的东西扯上关系？

（5）第十二宫射手座——潜意识、障碍与困境：神秘领域探求者

如果你对玄学、学术、哲学有兴趣，可能你已经发现，在玄学、宗教和文化行业中，摩羯座名人一点儿都不少。在通常的观念中，以他们的务实好像该干点儿实业才搭调。

射手座对应的宫位是我们喜欢向更深更广的领域进一步探索的地方。第十二宫象征着神秘、不可捉摸的事物，所以我们常常会把它与宗教、神秘学、灵修等扯上关系。从第三宫、第九宫和第十二宫来看，摩羯可以说是与此类事物很有缘分的星座。

首先，掌管摩羯座学习和思维的第三宫对应着双鱼座，双鱼座本身就和神秘学、精神、灵性、宗教相关。其次，象征哲学观、高等教育和学术的宫位非常“专业对口”地对应到了喜欢分析并化为己用的处女座，进一步加深了摩羯对于带有哲学、宗教性质事物的兴趣。最后，就是这个第十二宫对应的射手座，更促使摩羯向第十二宫神秘的未知领域深入探索。所以，摩羯这个土象星座其实并不是只知道追求物质层面的东西，他们对精神层面的追求同样在许多人之上。

第十二宫也是我们潜意识的渴望，但又是我们难以做到或做好的地方。射手的乐观常为摩羯所羡慕，他们也很希望自己能和射手一样把那些负担、困境、阻碍都不当回事，可以率性而为。可与射手的守护星——与木星性质相反的土星，却一再提醒摩羯现实是多么无情，不容许天真。对许多摩羯来说，像射手那样奔放不羁只是他们默默埋藏在第十二宫深处的一个美好梦想吧。

2. 职场中的摩羯座——目标越是高远，就越应有坚实的地基

（主要相关宫位：第六宫、第十宫）

Q: 为什么摩羯会被认为是在职场上喜欢结交对自己有用之人的势利眼？

（1）第十宫天秤座——人生/事业的长远目标、公众声望

星盘中最高的位置是第十宫事业宫，它象征着我们人生、事业和地位的长远目

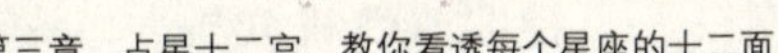

标。天秤座的关键词是“合作”“优雅”“爱”与“美好”。当摩羯的第十宫对应天秤座时，其土象的务实性会将天秤座的人际合作特质发挥出更实际的用途，即如何让人际关系带来实际的功用。人们都以为看上去口才并不出色、也不擅长依赖他人的摩羯只会孤军作战，但事实上他们能够准确判断出每个人能起到的作用，并安排或请求其完成合适的任务。天秤座讲求合作，摩羯们一直一步一个脚印的积累，并不是真的想成为一个强大的独行侠，而是希望自己更有资本和资格能同别人谈合作、论条件，能给予对方需要的东西，同时来换取自己想要的。

天秤座的合作除了业务、工作上的配合外，也和婚姻、伴侣关系有关。所以，当象征人生目标的宫位对应天秤座时，我们会发现无论摩羯男女，都希望自己的婚姻会是双方携手共同展望未来的关系，而不是双目交投互相凝视。摩羯意味着传统观念，这会体现为俗称的“帮夫运”，所以摩羯男期望妻子是一个能给自己提供帮助的人，这种帮助可以是工作、金钱上，也可以是扮演将家庭治理得井井有条、让自己无后顾之忧的贤内助角色。

然而，如果因此说摩羯在和你交往时就居心叵测，那又冤枉了他们。比起其他一些星座来，摩羯的情绪情感并不算太丰富，所以他们会觉得人际间的往来不是彼此倒苦水、给予对方同情和谅解，而是让自己“有用”和被需要。实际上，情感上的同理心和生活事务上的支持，二者本身并无高低之分，只是表达友好之心的不同方式而已。

天秤座总是与良好的外形和姿态联系在一起。当天秤对应象征我们公众声望、公共形象的第十宫时，令摩羯们喜欢拥有个良好的社会名声，哪怕与自己的实际并不相符。这也是为什么之前说摩羯其实本身是个喜欢粉饰的星座。除非摩羯已经有了可以不在乎世人眼光的实力，否则公众形象被破坏对他们而言简直是毁灭性的冲击。

Q: 为什么很多摩羯都有工作狂倾向？

（2）第六宫双子座——日常工作/杂务/人事关系

双子是个灵活好动的星座，当象征日常工作、生活杂务的第六宫对应双子座时，会让摩羯有一种闲不下来的倾向。他们的大脑无法停止思考，无论这是主观上自意，还是繁忙工作迫使他们这么干，总之若让他们闲下来不工作、无事可干，就像是失去了能量的机器，仿佛连同生机一并被剥夺。摩羯“工作狂”的名声便因此而来。

双子座受水星影响会有多虑的倾向，当对应到象征各种杂务的第六宫时，便让摩羯染上了爱操心的毛病。他们总是担心这里做得不够好，思考那里是否还能改进。

星座原型是两个人形的双子座，有“双份”“多重”的含义。很多摩羯经常处于同时做几个项目的状态。有些摩羯会一手抓“稳定”，一手抓“风险”，在保留主业的同时，会干些符合自己兴趣或作为尝试的兼职作副业。

3. 摩羯座的金钱观——对内对外大不相同、稳中求新求变的理财思路

（主要相关宫位：第二宫、第八宫）

Q: 为什么摩羯很注重实际利益?

（1）第二宫水瓶座——我的资产与价值观

摩羯的第二宫对应的是同属土星守护的水瓶座（水瓶座有天王星和土星两颗守护星），第二宫象征我们所拥有的资源和价值观。当第一宫命宫的守护星和另一个宫位的守护星相同时，说明自身与该宫位代表的事物紧密相连，所以摩羯被认为和金牛一样是个很物质很现实的星座也不无缘由。当然，这“物质”并不是贬义词，也不是指他们“拜金”，而是说摩羯会比较在意自己所能拥有的东西，就连衡量人或事物的价值观也是通过其实际价值来判断。

打个比方，当你赠送摩羯礼物时，最好送些能以价格、实用性来衡量的东西。换言之，就是方便出手变现或是平时生活中能用得到的东西，例如热门的电子产品、实用的生活用品，而不是什么每天早上收集的露水、走遍四方拍摄的照片、收集的1000个祝福等无法定价的抽象物品。摩羯们会习惯性地用“你为我做了些什么实际的事”来衡量对方的爱意，那些“虚幻”的甜蜜话语、浪漫行为是不计分的。

Q：平时精打细算的摩羯，为什么有时做大的财务决定时也会相当敢冒风险，甚至一意孤行？

水瓶座被认为是个求新求变的星座。当它对应摩羯掌管资产和价值观的第二宫时，会让摩羯思考如何开辟新的财源。不过，在自己尚无把握时，摩羯很少真的会去冒险，毕竟作为“总司令”存在的第一宫摩羯座本身是个稳健的星座。可当摩羯自认对这方面已经精通时，他们的发言和决策会比“专家”更牛哄哄。更何况，水瓶有两个守护星——土星和天王星，这表示水瓶的求变求突破是建立在本身土星坚实的基础之上的。水瓶座所对应的宫位，虽然讲求标新立异，但并不是真的不切实际（这一点和双鱼座的特质不同），而是在了解现实的基础上才敢于突破界限。

水瓶座还与高新技术、科技研究、实用技术、新奇创意有关，也包括占星术、命理等相对冷门的行业，所以摩羯将这些事务作为自己收入来源的也不少。

此外，摩羯在财务上的“大手笔”举动，和他们第八宫对应的狮子座带来的自信和强大欲望也有关。

（2）第八宫狮子座——他人的资产

狮子座是我们渴望占据舞台中央位置的地方。在讨论金钱和价值观问题时，第八宫泛指他人钱财，狭义上指的是与我们有“一对一合作关系”之人的钱财，比如商业上的合伙人、客户、经纪人，还有我们的伴侣。

当摩羯的第八宫对应狮子座时，在涉及与他人财物相关事宜时，摩羯希望主导权能在自己一方，即便是不能拥有对方的资产，也想有管理的权力。这也是造成摩羯座野心的一个原因。

很多摩羯座夫妻在婚姻中也是如此，他们并不介意承担对方的财务责任，如摩羯男认为太太全职在家，由自己养活，是一种光荣，而摩羯女也会有王宝钏寒窑苦熬待夫君出头的心态，当然前提是她们认为对方确实有这个潜力。摩羯人也不介意通过伴侣的实力来打造自己的王国，这些运用、管理、甚至主导对方资产和资源的感觉是摩羯非常享受的。

狮子座还是个慷慨的星座。摩羯也并不像传闻中的那样一毛不拔，但狮子座作为帝王，守护的是自己的子民，所以得成为摩羯亲密小圈子中的一员，才能看到摩羯慷慨大方的一面。对于“别国人士”，自然只能看到“寸土必争”态度。为了感情、亲密家人而导致陷入财务困境、付出有去无回的摩羯不少，可能也正因为狮子对于自己守护的人实在太过慷慨之故，为了维持帝王的架子与尊严，他们甚至会打肿脸充胖子在经济上一再为“自己人”付出。难怪很多过来人的文章都有说，看摩羯有没有把你当自己人，就看他们愿意在你身上投入多少。

4. 恋爱中的摩羯座——在现实心态下难以持久的浪漫

（主要相关宫位：第四宫、第五宫、第七宫、第八宫）

Q: 为什么很多摩羯的正式恋情次数常屈指可数?

每次提到不擅长恋爱的星座，都难免会有摩羯座上榜，这个受到现实土星重压下的星座，确实和轻松、浪漫、愉快、激情，甚至带着些冲动的爱情有些不合拍。并非摩羯真的铁石心肠心中无爱，或者不需要爱，而是他们将失败看得太重。对他们来说，一次失败的恋爱，意味着之前所有的投入都化为乌有，结果白白消耗了那么多宝贵时间。更糟糕的是，“虽然恋爱不成但也曾经经历过美好的日子，也算没有遗憾”的这种想法，对于不易忘怀过往记忆和伤痛的摩羯来说，当初的每一份美好，都像是现实的耳光响亮地抽打在自己脸上。

摩羯并不是不懂爱、不会爱，若想要摩羯投入，那么就需要将他们身上对现实的担忧、惧怕，对未来的不确定，都一一带走。比如，担心自己没有钱，对方会嫌弃自己；担心自己不够好，对方会不喜欢自己；担心异地恋会磨损双方的感情等。若是纯粹逢场作戏，则要拿走的顾虑是“责任”，即让他们确定自己不会因此承担任何后果。摩羯对配偶乐意付出也是因为婚姻是由法律制度保护的，是符合现实社会规则的，所以摩羯才能少一些后顾之忧，可以尽情表达自己对伴侣的信任与关怀。他们选择的伴侣，通常也会是那种适合一起并肩在人生道路上前进的人，即便彼此间未必有多深的爱意。

正因为如此，摩羯很少会轻易投入一段感情。他们本身就慢热，在投入过程中，一旦发现这段感情有“无法在现实中开花结果”的可能性，就会果断抽身而出。或许你会看到流连于“花丛”“草堆”的摩羯，但那些人都未曾进入摩羯的心里，也不会给摩羯带去任何麻烦。这是摩羯保持自己不受伤害的方式，也是为什么很多摩羯要么宁愿忍受寂寞，或干脆找“交际花草”“炮友”，也不愿意开始一段认真但未必有结果的感情，因为后者是有投入、有责任的。

Q: 怎样理解摩羯对感情抱有的现实主义态度？

（1）第五宫金牛座——追求愉悦的无责任之爱：爱是感官享受与物质

金牛素来被视作一个物欲、实际的星座，和摩羯一样同属土象星座。于是，摩羯对待感情的态度会表现出双重的现实。他们既在意“你能给我带来什么实质层面的享受和利益”“我对你又有什么用途”等这类金牛式的对于“拥有物”的实际心态，但同时作为摩羯，他们又很能认清现实，知道凭自己目前的能力是不可能无止境地提要求的。最终，摩羯会综合现实情况来做出最适合自己现实生活需要的选择，包括适合自己家族的选择。他们不相信凭缥缈的爱能战胜现实，深信的是现实和合乎逻辑的潜力。

不要片面地将摩羯的现实判断为拜金。在和摩羯恋爱时，无论是他们对你的付出，还是你想表达的爱意，切记都得遵循土象最喜欢的那种物质层面的实际性来给予。“能用物质价值衡量”，是他们对感情的加分点。在摩羯心中，同样花一万元买个苹果笔记本电脑作为礼物，要来得比在情人节时送999朵玫瑰要感动得多，甚至后者会被摩羯判定为不善理财、不会过日子、不会生活。要知道，金牛座素来是个精打细算、把钱用在刀刃上的星座。反过来也是如此，有时当摩羯对他人倾诉自己在感情中付出多少时，也习惯用钱来衡量，比如，“我真的不计较钱，我把钱都给对方管了”“我经常给对方买礼物，还是名牌”“我给对方介绍了很多生意都没要一点儿好处”等。用物质来量化付出是他们的习惯，算不上拜金，也不是不懂得心意的珍贵，而是心意这种非物质形态的东西太难量化，会让他们觉得不好形容。

Q: 为什么有些平时保守传统的摩羯，在性方面会发扬“认真努力求好评”的作风？

（2）第八宫狮子座——对性的态度

狮子座所在的宫位是我们需要从中获得自信，想让自己在该领域做得很棒的地方，因为狮子是帝王的象征，也是舞台上的天皇巨星。摩羯男常被人形容成即使在亲热时都认真得像工作一样，他们就如同一头辛勤耕耘的老黄牛一样认真用力地办事，却少了些其他星座男的随意和轻松感，让人觉得他更像在干体力活儿。

也许在这方面摩羯男实在太渴望得到认可了，所以会非常注重自己的表现。在性事上，摩羯男比其他星座男更注重对方的肯定和赞美，甚至有时就和狮子一样自大，有明显夸耀的倾向。若你身边有朋友和摩羯男正式交往过，你准能听到她们说：“没想到平时那么稳重、沉闷的摩羯，竟然在性事上那么热情、强势。”

男女有别，作为受传统观念影响较深的星座，部分摩羯女可能起初会有些放不开，顾虑多多，导致很多人认为摩羯女相当冷淡。但是，当她们抛开这些束缚之后，其实是相当有潜力的。拿出认真工作的劲头去投入、去尝试、去追求对方的满意度，还有什么做不好的呢？

Q: 为什么摩羯被称为最不容易离婚的顾家星座之一？

（3）第七宫巨蟹座——婚姻的本质是双方间的契约关系

摩羯象征婚姻的第七宫对应着巨蟹座，就如同长着一对大蟹钳、有十二星座中最强壳装甲的巨蟹那样，会使摩羯对于婚姻关系有着极强的守护天性。第七宫和第五宫不同，它是带有承诺、契约等严肃认真的含义在内的。对于一段真正投入或是已经缔结婚姻契约的关系，摩羯很难轻易放手。关系破裂之后，他们依然会像蟹钳紧抓目标一样，抱着回忆和伤痛不肯放手，导致很难再看见新的目标。

这种维护心有时可能会过度，导致对伴侣的占有欲、控制欲过盛，竭力想将对方控制在自己的蟹壳之中，其掌控欲一点儿不比天蝎逊色。

婚后的摩羯通常非常顾家。然而，巨蟹受其守护星月亮的影响，阴晴圆缺状态不定，是个非常敏感、易受伤的星座。所以，虽然摩羯平时在外的表现可能很值得依赖，面对困难时也照样面不改色、情绪稳定，可在家中，他们也许就是另一副情绪面孔。换另一个角度看，如果你看到这样的摩羯倒算得上是件好事，因为你已经被纳入摩羯的亲密范围之内。

第七宫也代表我们渴望的伴侣形象，别看摩羯平时一副清冷的样子，其实他们比其他星座更需要爱的滋润与呵护。巨蟹是十二星座中最具母性和温柔的星座，也是母亲与原生家庭的象征。无论摩羯男女，他们需要的伴侣是在自己感到不安、脆弱、失意时依然能敞开温暖怀抱迎接自己的人，无论高潮或低谷都能坚定站在自己一边的人。

当然，不容易离婚，并不是就不离婚。只是他们不会冲动离婚，必然是全盘打算后才会做决定。

Q: 为什么摩羯那么注重家庭观念和父母意见？

（4）第四宫白羊座——家庭与内心需求

当热情、有冲劲、自我、暴躁的白羊座对应摩羯的第四宫时，家庭会是他们认为值得奉献热情的对象。白羊也象征精力、动力，家庭亦是摩羯的奋斗动力源。家人的生活经济基础、家人的向往和期望仿佛鞭策着摩羯在外不断努力，让家人失望对于摩羯来说是个很严重的失败，甚至为此牺牲自己的喜好也没关系。

白羊作为黄道星座的第一宫，如同初生的孩子一般想干什么便得去干，是个比狮子座更自我更任性的星座。摩羯在家中也希望自己能成为一家之主，从家务事到配偶、子女，他们都会一一打点，有时会给家人带来压迫感。摩羯又是个重规矩的星座，他们的家庭生活很少是民主、活泼、父母子女间平等如朋友般相处的气氛，而是长幼等级分明。

作为火象星座，白羊座欠缺了些温情与同理心。无论摩羯是作为父母还是子女，相互间的爱显得有些单方面替对方决定的倾向，付出的爱总是与对方的需求并不一致。很多争执与失望便由此而起。要知道，白羊座同样有冲突的含义。若想避免的话，在家中需要多些耐心，少一些“我是为你们好”的自作主张。

5. 摩羯座的健康问题

（主要相关宫位：第一宫、第六宫、第八宫）

Q: 摩羯需要注意哪些健康问题？

（1）第一宫摩羯座——身体也是自我的一部分

摩羯掌管的部位和骨骼、牙齿、关节、皮肤有关。所以该宫位的相关状况不佳时，遭遇的疾病也容易出现在这些部位上，例如关节炎、痛风、风湿、骨折、牙病、皮肤病等。

（2）第六宫双子座——生活规律与健康养生

双子座代表的身体部位是呼吸器官、神经系统、肩膀与双手。作为容易被工作缠身的摩羯座，在忙碌之余，务必注意不要让自已的神经总处于紧张、焦虑的状态，要学会让自已松弛的方法，否则容易患有神经衰弱等精神疾病。

当双子座及其守护星水星受到影响时，支气管炎、气喘、肺及呼吸道疾病，肩及手脚的神经疼痛也是摩羯的常见病。

（3）第八宫狮子座——疾厄与死亡

狮子座掌管的身体部位与心脏、血液循环、脊椎及背部、眼睛有关。摩羯在工作之余，得常做体检，保持健康才能走得更远。当狮子座或其守护星太阳受到影响时，可能出现心脏病、心律不齐、心肌梗死、狭心症、血液循环疾病、脊椎问题、背部疼痛或背部骨骼异常等类似症状。

四、给摩羯座的忠告

1. 不必过度追求结局的完美，失败与经历未尝不是收获。

2. 当遇到困难时，可尝试求助或妥协，不要一味死扛。

家。因主张文学革命而成为新文化运动的领袖之一。

◆ **华特·迪斯尼**（1901年12月5日）：美国著名动画片导演、制片人、编剧、配音演员和卡通设计者，和其兄长一同创办了世界著名的迪斯尼公司，晚年还建立了迪斯尼乐园。

◆ **藤子·F. 不二雄**（1933年12月1日）：日本著名漫画家，代表作有《哆啦A梦》。

◆ **李小龙**（1940年11月27日）：著名的华人武打电影演员，截拳道创始人，在全球各地具有极大影响力。

◆ **史蒂文·斯皮尔伯格**（1946年12月18日）：美国著名电影导演、编剧和电影制作人。代表电影作品有《大白鲨》《辛德勒的名单》《侏罗纪公园》等。

◆ **刘嘉玲**（1965年12月8日）：香港著名的影视歌多栖女艺人。

◆ **邓文迪**（1968年12月5日）：广东东莞人，被称为中国最富有女人，有“一个传奇的中国女人”之誉，是传媒大亨默多克的第三任妻子。

3. 很多事都有其出现的时机，并不是当你功成名就后就必然会得到感情、友情、快乐等。

五、摩羯座名人录

◆ **艾萨克·牛顿**（1643年1月4日）：英国物理学家、数学家和天文学家，用数学方法阐明了宇宙中最基本的法则——万有引力定律和三大运动定律，被认为是“人类智慧史上最伟大的一个成就”。

◆ **蔡元培**（1868年1月11日）：中国民主革命家、教育家、思想家。中华民国首任教育总长，任北京大学校长时开“学术”与“自由”之风。

◆ **毛泽东**（1893年12月26日）：中国共产党、中国人民解放军和中华人民共和国的主要缔造者和领袖。

◆ **徐志摩**（1897年1月15日）：中国现代著名诗人。

◆ **王永庆**（1917年1月18日）：台湾著名的企业家、台塑集团创办人，被誉为台湾的“经营之神”。

◆ **马丁·路德·金**（1929年1月15日）：美国黑人民权运动领袖。

◆ **“猫王”埃尔维斯·普雷斯利**（1935年1月8日）：风靡世界的著名摇滚乐歌手。

◆ **斯蒂芬·威廉·霍金**（1942年1月8日）：英国剑桥大学应用数学和理论物理系终身教授，世界最伟大的科学家之一。

◆ **穆罕默德·阿里，即拳王阿里**（1942年1月17日）：美国拳击运动员，拳击史上第一位三夺世界重量级冠军的人，其中第一次和第三次相隔14年。

◆ **荣智健**（1942年1月17日）：曾任中信泰富集团主席，父亲是著名的“红色资本家”荣毅仁。

◆ **姜文**（1963年1月5日）：中国著名电影演员、电影导演。

◆ **周杰伦**（1979年1月18日）：华语流行歌手、著名音乐人、词曲创作家、电影导演，有“亚洲流行天王”之称。

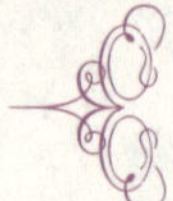

第十一节　水瓶座

超脱地活在现实之中

一、水瓶座基本资料篇

◆ 守护星及其含义：天王星——革新、独特、抽离性、突发、科技、标新立异、社团群体

土星——传统制度、刻苦努力、权威性、老旧事物、迟缓、阻碍不顺、磨炼、务实、压抑

◆ 星座阴阳：阳性

◆ 星座元素：风象星座

◆ 星座类型：固定宫

◆ 强势行星：在此地能更好地发挥其本性的行星

守护星：土星和天王星

擢升（Exalted）行星：无

◆ 弱势行星：在水瓶座处于弱势，无法正常发挥其原有特质

失势受损（Detriment）行星：太阳

落陷（Fall）行星：无

当以水瓶座为第一宫（命宫）时，十二个宫位对应的星座如下表所示：

宫位	宫位常用名称	对应星座	宫位本质含义
第一宫	命宫	水瓶座	“自我”、行为模式
第二宫	财帛宫	双鱼座	拥有的物质和资源
第三宫	兄弟宫 思维交流宫	白羊座	兄弟姐妹 学习沟通、思维交流等互动模式
第四宫	家宅宫	金牛座	家宅状况
第五宫	男女宫 子女宫	双子座	纯粹的娱乐/快乐
第六宫	工作宫	巨蟹座	工作杂务/健康
第七宫	夫妻宫	狮子座	一对一带有责任的关系
第八宫	疾厄宫	处女座	疾厄、从他人处获得的东西（含有形和无形资产）
第九宫	迁移宫	天秤座	远距离/有深度的事物
第十宫	事业宫 官禄宫	天蝎座	社会地位 公众形象
第十一宫	社交宫 福德宫	射手座	群体、社交
第十二宫	玄秘宫	摩羯座	隐秘不明之事物、潜意识

注：各宫位衍生含义参见第二章第二节中“十二个宫位的含义”部分。

二、通过行星了解水瓶座

Q：既然水瓶座和摩羯座的守护星都是土星，为什么这两星座人的性格相差甚远？

1. 守护星——土星（传统守护星）和天王星（现代守护星）

谈到水瓶座，往往会联想到“标新立异”“不入俗套”“怪异”等这类关键词。水瓶座给人的感觉仿佛是不食人间烟火的外星人，事实上果真如此吗？行星能告诉我们答案。

在当代占星术中，象征着革新的天王星被认为是水瓶座的守护星。然而，在天王星尚未被世人观测到之时，水瓶座和摩羯座一样，都是由土星守护的星座。这就意味着在讨论水瓶座的另类性时，也不能忘记他们同样具有土星现实的一面。水瓶座和摩羯座的区别，就如同青出于蓝而胜于蓝，水瓶座扎根于现实，却又能毫不顾惜地为自己的理想打破旧壳。

在土星的影响下，水瓶座人深知现实游戏规则，但天王星带来的“抽离性”又让他们总能跳出框架思考，看清庐山真面目，进而得到出人意料的结论。作为固定宫的一员，当水瓶座认为现状存在问题时，会毫无心理压力地去打破既定规则，这一点和重视世俗观念的基本宫摩羯座大不相同。

土星象征权威、专家，土象摩羯座习惯凭自己在世俗生活中的成就来树立自己的权威和地位。水瓶则是风象星座，风需要流动才能存在，所以当土星与风象元素结合时，使得水瓶座追求的是通过人际互动来得到大家对自己想法的认同，从而提升自己言论、观点的重要性和权威性。

这两个星座也有相同点。天王星和土星本身都是并不怎么容易和人亲密得起来的星体，虽然天王星本身有群体性的含义，我们也能看到很多瓶子相当喜欢呼朋唤友，其交友范围非常大，看上去俨然是个不亚于天秤、射手、狮子的社交动物。然而，天王星象征着突变、疏离，使得瓶子喜欢和人群往来，喜欢参加团体活动，但同时又并未真正地完全融入进去。这就好比他们喜欢生活在一个热闹的社区里，开门出去不远就能找到一起玩乐的左邻右舍，但绝对不希望自己和一堆人住在同一屋檐下，甚至同一幢楼也没必要。进进出出的需要打招呼，状态起伏时会有人关心询问，做什么事都得顾虑同住人……这简直等同于失去自由。

水瓶就像隐居在闹市中的隐者，时而化身为社交红人，时而随兴从人群中遁走，享受不为人打扰的生活。群体中的水瓶有时给人的感觉就像是“最熟悉的陌生人”，明明互动往来频繁，却又觉得从来没有走进他们自己的领地之中。

Q: 为什么水瓶座喜欢剑走偏锋，甚至相当自大？

2. 弱势行星——太阳

水瓶座和天秤座一样，都是太阳的弱势之地。太阳是君主、权威的象征，由于

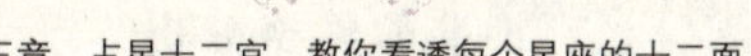

太阳在水瓶座内落陷，使得他们不会盲目听从权威，这也导致他们的想法和作风常有另辟蹊径的非主流倾向。水瓶座又属于喜欢“坚守”的固定宫星座，当同人讲道理或辩论时，别人依据的或许是常规常识，而他们却滔滔不绝地用自己的那套道理应对，简直是鸡同鸭讲，使别人一时之间根本无从辩驳。于是，水瓶座“外星人”“怪胎”的称号便由此而来。

Q: 太阳水瓶座和上升水瓶座有什么区别呢？

3. 太阳水瓶座和上升水瓶座的区别

（1）太阳水瓶座

太阳是一颗象征生命力、热忱、活力的星体，作为象征他人的第七宫（狮子座）守护星，又在自身星座内落陷，会让人始终觉得有疏离感。这一点和天秤座非常相似，天秤是象征社交群体的第十一宫（狮子座）的守护星在自身星座内落陷。所以，天秤座和水瓶座都看似朋友遍天下，但很少有人真正走入他们的内心，而他们也很少真正把别人当成密友，最多只是混成“熟人”身份。然而，天秤座自身的守护星是象征爱与美的金星，这让天秤显得可亲得多。水瓶的守护星则是本身就有拒绝意味的土星和具有抽离性的天王星，给人的感觉是不太有亲和力、也很难把握得住的一类人。

象征权威的太阳在水瓶座内落陷也使他们对权力并不执着，而促使他们向上爬的动力是理想，以及为了实现这个理想而必需的工具，而非世俗地位本身。

（2）上升水瓶座

如果说太阳水瓶心态上的抽离性导致他们在人际关系上看似合群、实则疏离的话，那么上升水瓶的抽离性则体现在行动上。他们会以干脆利落的方式来执行自己的决定，而太阳水瓶则相反，下决定容易，行动是不是跟得上还得看他们上升星座的执行力如何。上升水瓶更懂得有舍才有得，所以他们敢于放弃当下令自己不满的环境和之前累积的成果，直接投向未知的未来。

也有部分上升水瓶座显得没那么孤僻离群，例如，太阳在射手、狮子、白羊的反而特别爱和人拉关系套交情一拍即合，不往人堆里扎就难受。不过，他们同样有着敢“舍”的特性，爱交际，但不固守、不深入。

三、占星宫位剖析水瓶座

1. 水瓶座基本性格解读篇——带着上帝视角行走世间

（主要相关宫位：第一宫、第三宫、第九宫、第十一宫、第十二宫）

Q: 水瓶真的是不食人间烟火的外星人吗？

（1）第一宫水瓶座——“自我”

如果天蝎座有让人难以看透的神秘，那么水瓶座在很多人眼中根本是无从捉摸。

水瓶座仿佛是以人类的凡胎行走在尘世间的神明，虽然看上去和其他人一般无二，但他们总抱着一种“观察人类活动”“试验人类反应”的心态。水瓶座喜欢团队活动，也和常人一样经历着结婚生子、生老病死等，可是因为“非我族类”，始终很少真正入心。然而，水瓶座一旦认真了，就会陷入疯狂，令自己都感到害怕。那是当然，看过那些本应心若止水的神明入凡间偏偏动凡心爱上凡人的故事吗？就是那种感天动地的套路。

水瓶作为狮子的对宫星座，和狮子一样相当自大。不过，水瓶自大的表现方式和狮子式的唯我独尊不同，是那种不怎么“接地气”的自大。“以神明身份微服私访”是只有水瓶一个人知道的小秘密，他们心里暗暗觉得自己和别人是不同的，自己的很多见解是普通人类达不到的高度（无论实情是否如此）。可在旁人看来，却觉得水瓶自恋得有些莫名。狮子若是一呼百应的武林盟主，那水瓶就是那“一剑西来，天外飞仙”式的江湖散修。

行走在人世间，自然需要遵守世间法则。然而，作为神一样的水瓶，灵魂必须是自由不受俗世束缚的。水瓶不是清心寡欲的圣人，不介意享受身外物，也会追求

“功名利禄”或其他远大理想，但不会被这个执念捆绑手脚。水瓶座的抽离感让他们始终保持“身在曹营心在汉”的生活状态，即他们会投入地去做自己感兴趣的事，但其自由的心和思想可以随意带着身体离开。

无论在职场还是情场，当你为“水瓶座究竟在想什么而烦恼”时，请将自己想象成堕入凡间的神明，以“上帝视角”代入角色去揣摩。

Q: 为什么水瓶对自己的见解相当自信且好辩？

（2）第三宫白羊座——讯息、思维、交流和学习

作为风向星座，都有喜欢与人互动和理性的特质。水瓶掌管思维和交流的第三宫对应着白羊座，而白羊是由火星守护的火象星座，主动、直爽、明快，甚至还有些攻击性。因而，水瓶喜欢以逻辑清楚、语言简洁、直截了当的方式进行交流，讨厌含糊不清、无中心思想的瞎掰。那些喜欢凭口才推销、说服的人遇到水瓶可算是踢到了硬石头，他们完全不会被你天花乱坠的各种说辞迷惑，要的是有理有据、有理又实在的资料。

和水瓶交流，直截了当地说清楚你的想法、目的和需求才是最简单有效的方式。不要和水瓶玩什么花招，无论以情动人还是要什么手段，在水瓶眼里都像是可笑的表演。或许他们表面上会给你面子配合一下，实际内心多少都有几分不屑。就连感情中也是如此，直截了当地表白，要比采用家长路线、从朋友群入手等间接迂回的手段更能赢得他们的尊重——如果不足以引起爱意的话。

白羊是个“单线思维”的星座，以注重当下自己的需求为主。和水瓶交流过的人会发现，水瓶的自大完全不输于狮子，他们就是相信自己的想法才是正确的，很少接受别人的意见。你很难在辩论上胜过水瓶，双子的辩论优势在于无边际地跑题、混淆逻辑和乱中取胜。水瓶是以自创理论应对常理，并凭借在其自创理论上的丰富经验来驳得你接不下话茬儿。除非你能拿出绝对无可辩驳的论据才有可能说服他们，但这很难办到，因为他们不会认可你引用的权威意见或真理，只有用事实直接打败他们还有那么一线可能。

Q: 为什么水瓶常具有让人觉得无情的理性？

（3）第九宫天秤座——哲学/宗教/人生观/迁移

秤，是一种衡量工具，所以天秤的特点是能够客观且全面地做出评判，看清楚事物的优劣面以及由此产生的各种利弊，是分析问题的好手。当水瓶掌管人生观和对待各种思想、哲学、宗教的第九宫对应天秤座时，赋予了水瓶能够敞开胸怀看待各种思想、学说、宗教的能力，因此对新兴事物很少会因为抱有成见、未经深入了解就盲目地排斥，是个很能接受新思想、新科技的星座。正是因为天秤座的特质能让水瓶以客观的心态接触并了解各种学说，天王星给水瓶座带来的抽离性也保证了他们不受惯例或其他人的思维影响，从而能够独立做出判断。水瓶喜欢坚持自己的想法，并寻求他人的认同，也许你说服不了水瓶，但他们也不会强迫你站自己这边。

第九宫也是掌管远行的宫位，金星所守护的星座如天秤、金牛，通常是我们希望从中感受到愉悦的场所。所以，水瓶喜欢远行，不耐烦整天在同一个地方待着，更不喜欢上班下班两点一线，那样的生活会让水瓶失去光泽。

Q: 爱社交的水瓶座为什么又被说成很疏离？

（4）第十一宫射手座——社交

射手座所对应的宫位，往往是我们需要尽可能地去拓展疆界的人生领域。当射手座对应水瓶掌管社交的第十一宫时，就不奇怪为何水瓶座人如此爱往人堆里钻、爱组织和参加各种团体及聚会了。凭借第十一宫火象星座的主动和热情，水瓶座人很容易就能在短时间内与人建立起联系。

射手座是喜欢多样性的星座，而水瓶座本身又能接受各种想法，无论那有多怪异，在水瓶眼里都有可取之处。所以，与水瓶座人往来的朋友通常涵盖了各个行业、领域及层次，水瓶能同时参与到性质完全不同的几个社交圈子中，而且毫无不自在之感。水瓶的朋友可能遍及世界各地，这是因为射手本身是个和远方相关的星座。

受木星的影响，射手座也有文化和教育的含义。所以，水瓶座在朋友群中有好为人师的一面，他们会倾听你的烦恼，帮你想对策。射手座对应的行业是文化、传媒、宗教、哲学、教育、交通等，所以水瓶座的人际圈里这些相关行业人士也较多。

Q: 为什么貌似超脱和藐视世俗的水瓶有时却相当实际，甚至还有自私利己的一面？

（5）第十二宫摩羯座——潜意识、障碍与困境

在前文中提到，水瓶座除了由天王星守护之外，还和摩羯座拥有同一颗守护星，即象征现实的土星。这就使水瓶座人集与众不同、另类和现实性于一身，更何况掌管水瓶潜意识的第十二宫对应的正是摩羯座。

同样是风象星座，相比天秤注重皆大欢喜和双子喜欢逗乐来说，同水瓶相处的压力会大得多。他们有类似摩羯的高标准挑剔性，很少有人能入得了他们的法眼。所以，你不仅得具有强大的逻辑分析及表达能力，更得在某方面如专家般精通才能获得水瓶座人的赏识。若你做不到上述这些，那么能在实际生活中符合水瓶的需求也是可以的。例如，先给予水瓶需要的爱，等他们被你们感动，又到了倦鸟知返时，就会想起你的好。水瓶如摩羯一样注重当下的事实，期望他人可以表里如一、言行一致，尽管他们自己有时未必做得到。

作为风象星座，水瓶本身就不是感性当道的性格，更何况第十二宫的摩羯座更使他们有相当无情的一面。水瓶一切从道理出发，所以别指望能一味用感情打动他，正所谓“天地不仁，以万物为刍狗”。记得之前提到水瓶座的“上帝视角”吗？我们人类很难对蚂蚁的喜怒哀乐感同身受，也不觉得有必要顾及这一点。所以，如果你认为自己是水瓶座人的亲人、恋人、密友，来点儿无理要求也会被包容的话，那可就大错特错了。水瓶们不会因为你和他们的关系就降低标准，甚至会很不给面子地直接指出你这种想法是不对的，是没道理的。要知道水瓶的交流宫对应着的可是白羊座，直接起来是很有杀伤力的。

2. 职场中的水瓶座——易经历大转型的职业道路

（主要相关宫位：第六宫、第十宫）

Q: 为什么水瓶敢于“裸辞”，舍得将自己已有建树的事业放弃并另起炉灶？

（1）第十宫天蝎座——人生/事业的长远目标、公众声望

第十宫是我们希望发展的人生方向，也是呈现给公众的形象。水瓶的第十宫对应着天蝎座，这是个从来不知道什么叫中庸、非黑即白的星座，注定了水瓶不可能是淹没在寻常路人中的甲乙丙。

天蝎座象征着重生，他们既以执念而闻名，却又能到了一定的底线之后，彻底将过往建立起来的一切全部推翻，从头开始或者选择一个全新的方向。很多书中用“浴火凤凰”来形容天蝎座，每一次浴火后，旧的躯壳化作灰飞烟灭，明天又将是全新的人生。这个特点在水瓶身上便体现为敢于更换人生跑道。对自己感兴趣的事业，水瓶会不惜投入全部精力与热忱。然而，一旦哪天觉得当下的现状背离了自己的初衷，再持续下去也无法给自己带来乐趣的话，水瓶会毅然放弃，去一个陌生的地方重新开始，或者转行去做一份全新的工作。

水瓶座的守护星天王星象征着变革、反传统，天蝎座则是彻底地摧毁旧物并在废墟上建立新世界。水瓶座的弃旧迎新不仅对自己个人，甚至可以扩大到整个外环境。他们能够以抽离、置身事外的视角俯瞰当前形势，就像是以上帝视角来看，觉得这整个世界都需要改造一番。因而，这个星座在近代出了不少革命人士。

Q: 职场中怎样和水瓶座上司、同事相处？

（2）第六宫巨蟹座——日常工作/杂务/人事关系

水瓶掌管日常工作状态和职场人事关系的第六宫对应着巨蟹座，而巨蟹座本身象征着家宅，是个很有领地感的星座。这份工作是不是能给水瓶归属感很重要，只有这样他们才能停留得更久些。然而，水瓶是个由土星和天王星共同守护的风象星座，所谓的归属感，并不是同事之间有多团结友爱，上司多么关心下属以致常常嘘寒问暖，而是一个团体要有相同的想法、发展方向和处事模式，而不是各自为政，尤其是不能与水瓶的观点相抵触。水瓶需要的是一个志同道合的群体，虽然他不会去搞一言堂；水瓶喜欢一起探讨，但前提是大家得有一个大致相同的方向，在此基础上尽可能冒出各种异想天开的想法。

第六宫也代表我们对待下属的态度。巨蟹作为一个具有母性的水象星座，使得水瓶座老板通常还比较好相处。他们并没那么注重等级分明的规则，显得平易近人、很好打交道。巨蟹的领地感也使水瓶座老板对员工相当不错。不过，这不代表他们什么都可以包容，首先你得进入他们认可的领地或群体内，不仅想法的大方向得一致，并且得会干、肯干。水瓶座的守护星之一是和摩羯一样的土星，注定了他们对员工的要求并不比摩羯低，只是态度上不似摩羯那么严苛，而是偏向风象星座的有商有量。他们会给你机会表达自己的意见，也会提出自己的要求和建议，但这必须要收到一定的效果。如果发现你对他们的建议只是当作耳边风的话，你就会被他划出不受保护的“领地”之外。

3. 水瓶座的金钱观——能赚会花才是王道

（主要相关宫位：第二宫、第八宫）

Q: 为什么水瓶在理财和赚钱上头头是道，自己却挺乱花钱的？

（1）第二宫双鱼座——我的资产与价值观

水瓶掌管资产与价值观的第二宫对应的是双鱼座，这个星座本身具有灵性、感性的特质，会显得与物质世界比较脱节。所以，水瓶对金钱不太会有执着的欲望。虽然他们也会努力赚钱，可是不会“钻到钱眼里拔不出来”，金钱回报对他们而言只是对自己工作的肯定。此外，双鱼座的灵感能激发他们想出各种赚钱和理财的创意性点子，而将之付诸实践也是一个愉快的过程。水瓶明白钱只是身外之物，是为自己换得快乐的，不会让自己沦为金钱的奴隶。

双鱼座也是个“界限感”模糊、不喜欢受限的星座，所以水瓶在花钱时容易没有谱。双鱼还有着很强的购物欲，常糊里糊涂地就花了一大笔钱，看到喜欢的东西就忍不住不顾经济现状去购买，成为月光族也不稀奇。总之，水瓶在消费上不太会亏待自己。双鱼座是个具有灵感和艺术性的星座，受此影响，水瓶座人会特别喜欢一些新奇、有创意或有特殊含义的东西，比如水晶球、罕见的艺术品、构思奇特的物品等。双鱼座的博爱、仁慈、奉献特性，又使不少水瓶座人喜欢参加慈善和捐助活动。

（2）第八宫处女座——他人的资产

水瓶座人花起钱来大手大脚，但并不代表他们对金钱毫无概念，“能赚又舍得花”才是他们金钱观的最佳写照。在理财方面，水瓶依靠的并不仅仅是自己满脑袋稀奇古怪的歪点子。“水瓶是个理性的星座”这个主基调始终不会变，无论他们做出怎样离经叛道的行为，必定都是经过思考的。

水瓶的第八宫对应着处女座，而第八宫和“他人的资产”有关。无论是水瓶座还是处女座，都有喜欢分析资料、思考对策的倾向，所以在资产管理、商业往来以及投资理财方面，水瓶座绝对思路清晰。如果你有此类问题想征求他人建议的话，找水瓶座人会是不错的主意。水瓶座的发散性思维使得他们能在理性分析的基础上想出独特的投资、理财方案。他们会查阅资料、学习相关知识，没准儿甚至还会和电脑分析、金融占星等其他技术来个融合，总之会运用一切有效手段来增添财富、规避风险。

4. 恋爱中的水瓶座——爱是各有各的精彩

（主要相关宫位：第四宫、第五宫、第七宫、第八宫）

Q：为什么和水瓶座恋爱那么难？

和水瓶谈恋爱恐怕是很多人都感到头疼的问题，其他难搞定的星座，如天蝎、处女、摩羯等，都各有需求。天蝎需要能打动他们的心却求而不得的“虐恋”，处女等待的是经得起考查、没有大毛病的恋爱对象，摩羯则憧憬门当户对、能有共同未来的靠谱爱情。唯有水瓶，感情上几乎无固定“罩门”，也很难概括出他们对感情究竟有什么样的需求。如果非要说有的话，那就是“自由”。然而，“自由”这

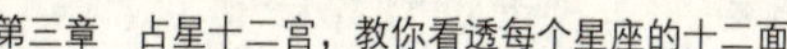

东西多少和爱情是有些矛盾的，也很少有人在爱情中能做到不干涉对方，即便水瓶自己也不例外。水瓶讨厌失去自由和被干涉，但对待伴侣时未必能做到一视同仁。可以说能打动水瓶的东西，恰恰是爱情中很难保有的，这也难怪水瓶座被评为最不适合恋爱和结婚的星座，就连他们自己也“供认不讳”。

其实，水瓶座的爱很简单，或许正因为如此才导致问题多多。所以，有必要花一定篇幅有针对性地解释一些常见问题。

Q: 水瓶喜欢什么类型的人？

（1）第五宫双子座——纯粹的恋爱关系、娱乐

第五宫是能令我们感到快乐的宫位，包括纯粹的爱恋、娱乐活动、创意、子女等。从第五宫对应星座的特质，可以看出我们需要通过什么样的方式感受到快乐。水瓶第五宫对应的是双子座，这是个由水星守护，在交流、思想方面有高度活跃能量，并充满好奇心的星座。所以，要打动水瓶的心，就得从双子座自身的含义出发，紧抓“思想默契”和“一个人的精彩”两个关键所在。

对风象星座的双子座来说，思想和交流上的默契是必需的。要和水瓶擦出点儿火花，不是走贤妻良母路线，或者用家庭煮夫、事业有成的绩优股风范就可以打动他们的心。思想上的同步性、总是有谈不完的话题、了解彼此的想法、聊天互动时能跟得上节奏是最重要的。风象星座普遍都无法接受不能与自己进行思想交流的爱人，或许他们出于“男大当婚，女大当嫁”的心情会接受一个适合充当“伴侣”身份的人选。然而，那并不是爱，只是第七宫所代表的契约式合作关系或第四宫代表的家庭需求。只有交流，才是打开水瓶内心的钥匙。

如果仅是想法上的默契就可以搞定水瓶的话，也不会有那么多人在他们身上栽跟头了。“一个人的精彩”才是和水瓶情感保鲜的不二法门。

双子座是以“双生子”为原型的风象星座，而“双生子”是两个既亲密又相互独立的个体。所以，交往中保持彼此的独立性，即便一个人时也能过得很精彩，反而更能引起水瓶的兴趣。有种说法为水瓶恋爱时比较“贱”，其原因就在于此。你越是不“鸟”水瓶，一个人该吃吃该玩玩，和一堆朋友玩得不亦乐乎，他们反而会不时来联络你一下。

可是，往往爱得越深就越想去占有。见此阵势，水瓶就越想逃离，他们不容自己的自由有一丝受到威胁。确实，和水瓶恋爱不容易。如果说天秤座希望感情是两条平行线的话，那么水瓶座所要的平行线是由虚线组成的，若即若离，时断时续，而且节奏要把握在自己手上。

Q: 为什么总是摸不透水瓶的心？

“水瓶究竟爱不爱我？如果不爱，为什么总是隔一阵子突然和我联络一下？如果爱，为什么联络后又消失了？”这个问题困扰了许多人。

双子座像个长不大又充满好奇心的孩子，受此影响，水瓶很多看似在“勾搭”异性的行为，其实并没有认真的目的，就是觉得有意思而已。想起来了，就联络一下，不见得是要和你发展什么关系。更何况，有时对方为水瓶的态度患得患失时，还让他们觉得特别有趣。

和水瓶往来，最好别想太多，也别装腔作势，做自己就好。若你故作高深，会被他们看穿你的目的，并在心中暗笑你的装腔作势；若你太过肤浅，那只能换来水瓶的敷衍式聊天。真诚且有自己独特的思想才是水瓶看重的。可问题在于，不管你表现出哪种方式，作为“神之人间观察者”的水瓶，都挺乐于多接触、观察你各种有趣反应的。至于对方是不是误会，又关自己什么事呢？

Q: 为什么不少水瓶对性事相当无所谓的样子？

（2）第八宫处女座——性生理功能、对性的态度

水瓶对性事的无所谓表现为两个极端，一种是清心寡欲式的不在意，而另一种对性事就像对待普通娱乐行为一样。水瓶掌管性爱的第八宫对应着处女座，看上去理性、谨慎、挑剔的处女座似乎应该会使水瓶在性事上特别保守放不开才对，然而加上水瓶特立独行的大前提后，就满不是那么回事了。

处女座和水瓶座都理性得可怕。作为土象星座，处女座对性爱的态度也很实际：有必要，就做；喜欢做，就做。而且，和其他星座会因发生关系而使感情发生质的转变、让“炮友”变恋人不同，处女座都可以冷静应对。所以很多水瓶，特别是水瓶男，能接受纯粹的性爱，甚至沉溺于肉欲。

作为由掌管交流的水星所守护的星座，处女座在性事上喜欢讨论、交流。例如，询问对方中意什么样的模式，表达自己的期望与喜好，探讨相互间的感受等。处女座是个具有服务倾向的星座，性爱中的这些交流就像是用户体验和反馈，他们会认真听取并争取下次改进。有时，这种情况会让他们显得缺少点儿激情，更像个机器，挑不出哪儿有毛病，但就是少了点儿“人味”。水星的好奇心和水瓶本身的喜好新奇常使他们冒出点儿新鲜花样，在性爱方面各种模式的接受度也比较高。

Q：为什么水瓶在感情中总是那么以自我为中心？

（3）第七宫狮子座——合作关系：包括婚姻、正式伴侣、合作、契约双方

强调自我和自尊的狮子座对应水瓶的第七宫时，会产生一个矛盾的现象。一方面，水瓶座人希望自己的伴侣是独立、自信、自强、优点突出的对象，要有活力、有干劲、有思想、对未来充满希望，而不是凄凄惨惨悲悲切切的林黛玉型。而另一方面，崇尚平等自由的水瓶也有着如狮子那般强烈的自尊心，甚至还有些自我感觉良好，希望对方在依从自己想法的基础上，又保持独立且丰富有趣的思维。

狮子座所对应的领域是需要成为“王”的，有些“王”是“寡人”型，宁可独来独往也要享受自己向往的生活，所以水瓶是一个比较能享受潇洒单身生活的星座。还有一种是后宫三千的“王”，他们或是会交一堆非正式恋人，或是自我感觉良好到觉得自己魅力十足，就像后宫之主，只要自己想要，就不可能搞不定。当然，这只是他们的自我感觉，未必都符合实情。若仔细观察的话，会发现水瓶有着比狮子更甚的自信和自大。

伴侣宫对应“王者”的狮子座，意味着节奏主导权要把握在自己手里，即自己可以若即若离，但对方最好原地守候。水瓶实在太怕“失去自己”，因而把自己的心收得好好的。这是其他星座很难想象的，甚至觉得是个不值一驳的理由。这种要求，即便对方同属水瓶座都很难接受。倒是没有爱上水瓶座的人比较容易接受这一点，所以很多人评价说当你没有爱上水瓶座时，关系反而会很紧密，因为水瓶对你不是必需的，来去你都不在意，于是水瓶的所有主动接近，都成了感情上的进展。

Q: 在恋爱中疏离的水瓶，为什么对家人却尽责得多？

（4）第四宫金牛座——家庭与内心需求

金牛座对应的宫位，是我们渴望获得世俗层面实质性安全感的地方，它对应着水瓶掌管家宅的第四宫。

找个水瓶做恋人或许会让你头疼，让你觉得很难把握住他们，但水瓶对家庭的态度稳定得多，一旦决定结婚，会尽力做个称职的伴侣。即便有一部分水瓶座人和家人的关系依然疏离，甚至只是为了结婚而结婚未必有多少感情，又或者会在外逢场作戏，但他们仍会把家照料得十分妥帖。

水瓶对恋爱的要求很高——紧了会跑，松了又不乐意，可是很容易被家庭的温暖所打动。有时，对方或许并不是水瓶座的最爱，可当水瓶觉得对方是能始终守候在自己身边，并能给予他们期望中的家庭温暖，例如，下班后的饭菜、收拾料理整齐的家、温馨有爱的家庭生活……此时水瓶座人就会被打动。再怎么自由的水瓶座人，都会渴望有个可供叶落归根的温馨家园。

5. 水瓶座的健康问题

（主要相关宫位：第一宫、第六宫、第八宫）

Q: 水瓶需要留意什么健康问题？

（1）第一宫水瓶座——身体也是自我的一部分

水瓶座有突变、奇特的含义，因而当水瓶座星体状况不良时，其带来的健康问题可能会是突发的、出乎意料的。

水瓶座象征的人体部位是血液、淋巴腺、脚踝和小腿。爱旅行、爱尝试各种新鲜事物的水瓶座首先需要留意的就是意外事故造成的人身伤害，尤其是腿部的。此外，也可能是长期积累下来的慢性疾病，如血液循环不良、低血压、静脉瘤、甲状腺机能低下等。

（2）第六宫巨蟹座——生活规律与健康养生

巨蟹座代表的身体部位是胃、乳房、子宫和卵巢。水瓶座喜欢变化，对稳定、平淡无奇生活的厌倦容易使他们日常生活不太规律，时而不按时三餐，时而因为参与各种社交活动而暴饮暴食、作息紊乱。这容易导致胃炎、胃溃疡、胃癌等胃部疾病，还有乳癌、乳腺炎，以及卵巢病变等。

巨蟹座是一个情绪大户，当情绪和精神状态不稳定时，也会间接影响到生理健康，如肠胃不适、生理期疼痛，还得小心神经质、焦虑症、歇斯底里等精神方面的问题。

（3）第八宫处女座——疾厄与死亡

处女座的守护星是水星，它和水瓶座的守护星天王星一样，都与神经相关。掌管水瓶座健康状况的第六宫巨蟹座，又再度强调了水瓶的健康与精神状态密切关系。处女座这个星座掌管的部位是肠胃，情绪的起伏不定、精神上的紧张和焦虑，都容易引起肠胃和消化系统疾病，例如胃炎、腹膜炎、肠胃炎等。

四、给水瓶座的忠告

1. 与众不同的想法并不一定说明你就是正确的。
2. 讨厌束缚有时是拒绝承担责任的体现。
3. 当身处团队中时，过度的特立独行是一种自私的表现。

五、水瓶座名人录

◆ **亚伯拉罕·林肯**（1809年2月12日）：美国第16任总统。他领导了美国南北战争，颁布了《解放黑人奴隶宣言》，维护了美联邦统一，被称为“伟大的解放者”。

◆ **查理·罗伯特·达尔文**（1809年2月12日）：英国博物学家，进化论的奠基人。出版《物种起源》这一划时代的著作，提出了生物进化论学说，从而摧毁了各种唯心的神造论和物种不变论。

◆ **李鸿章**（1823年2月15日）：清末最有权势的官僚，当了几十年中国多事之秋、世界变革迅猛之时的宰相，也是中国历史上最有争议的名人之一。

◆ **德米特里·门捷列夫**（1834年2月7日）：俄国化学家，发现了“化学元素周期律”，并就此发表了世界上第一份化学元素周期表。

◆ **托马斯·阿尔瓦·爱迪生**（1847年2月11日）：美国发明家、企业家，共获得1000多项发明专利，包括对世界影响极大的留声机和钨丝灯泡等，是有史以来最伟大的发明家。迄今为止，世界上没有一个人能打破他所创造的发明专利数世界纪录。他还创立了通用电气公司。

◆ **道格拉斯·麦克阿瑟**（1880年1月26日）：美国陆军五星上将，参与过第一次世界大战、第二次世界大战，还是美国陆军史上最年轻的西点军校校长。

◆ **富兰克林·德兰诺·罗斯福**（1882年1月30日）：美国历史上任期最长的总统，连任四届。在反法西斯斗争中做出卓越的贡献。

◆ **克拉克·盖博**（1901年2月1日）：20世纪30年代好莱坞最著名的男明星，曾获奥斯卡最佳男主角奖，代表作有《一夜风流》《乱世佳人》等。

◆ **鲍里斯·尼古拉耶维奇·叶利钦**（1931年2月1日）：俄罗斯联邦总统，充满争议的政治人物。执政时推动市场经济和民主制，采取“休克疗法”以期让俄罗斯尽快走上资本主义道路，结果却让俄罗斯的经济濒临崩溃。

◆ **邓丽君**（1953年1月29日）：一代歌后，在全球华人社会具有相当大影响力的台湾歌手。

◆ **迈克尔·乔丹**（1963年2月17日）：美国NBA著名篮球运动员，被称为“空中飞人”。他在篮球职业生涯中创造了刷屏般不胜枚举的纪录，是公认的全世界最棒的篮球运动员，也是NBA历史上第一位拥有“世纪运动员”称号的巨星。

◆ **章子怡**（1979年2月9日）：国际影坛中知名的华人女影星。

第十二节 双鱼座

正因为了解现实无趣，才爱沉溺于多姿多彩的想象世界中

一、双鱼座基本资料篇

双鱼座

- 守护星及其含义：海王星——无私奉献、酒/毒品等易上瘾物、迷糊、航海、朦胧、艺术、文艺创作
  木星——扩张、财富、幸运、仁慈、成功、乐观、繁荣、高等教育、远距离旅行、宗教哲学
- 星座阴阳：阴性星座
- 星座元素：水象星座
- 星座类型：变动宫
- 强势行星：在此地能更好地发挥其本性的行星
  守护星：木星（古典守护星）、海王星（现代守护星）
  擢升（Exalted）行星：金星
- 弱势行星：在双鱼座处于弱势，无法正常发挥其原有特质
  失势受损（Detriment）和落陷（Fall）行星：水星

当以双鱼座为第一宫（命宫）时，十二个宫位对应的星座如下表所示：

宫位	宫位常用名称	对应星座	宫位本质含义
第一宫	命宫	双鱼座	“自我”、行为模式
第二宫	财帛宫	白羊座	拥有的物质和资源
第三宫	兄弟宫 思维交流宫	金牛座	兄弟姐妹 学习沟通、思维交流等互动模式
第四宫	家宅宫	双子座	家宅状况
第五宫	男女宫 子女宫	巨蟹座	纯粹的娱乐/快乐
第六宫	工作宫	狮子座	工作杂务/健康
第七宫	夫妻宫	处女座	一对一带有责任的关系
第八宫	疾厄宫	天秤座	疾厄、从他人处获得的东西（含有形和无形资产）
第九宫	迁移宫	天蝎座	远距离/有深度的事物
第十宫	事业宫 官禄宫	射手座	社会地位 公众形象
第十一宫	社交宫 福德宫	摩羯座	群体、社交
第十二宫	玄秘宫	水瓶座	隐秘不明之事物、潜意识

注：各宫位衍生含义参见第二章第二节中“十二个宫位的含义”部分。

二、通过行星了解双鱼座

Q: 为什么很多双鱼座爱陷入自己的幻想？

1. 守护星——海王星和木星

要形容双鱼座，恐怕不可避免地要提到“梦幻”这个词，这是由双鱼的水元素特质和其守护星决定的。在近代天文学尚未发现海王星之前，双鱼座和射手座一样，都被认为是由木星守护的星座。但是很显然，双鱼座和射手座的性格大不相同。木星的含义是扩张、遥远、不受束缚、哲学和学习等，然而同是木星能量，因为星座元素的不同，其表现形式也大不一样。

射手座是火象星座，火元素代表着行动力和精力，所以他们把木星扩张和自由的能量化作了物理层面的移动，如出去旅行，经常变动自己的住所、工作、周围环境和所处圈子等。双鱼座则属于水象星座，代表情绪和感受，当木星的扩张功能应用到感性思维中，就造成了双鱼座爱幻想、爱做梦的性格。可以说，木星赋予了双鱼座无疆界的想象力。

在近代才被天文学家发现的海王星，是双鱼座的另一颗守护星，其特点类似于通过水元素来表现的木星能量。海王星代表着梦幻、想象，对艺术、创意、文学创作都具有促进作用，毕竟这些都是非常依赖想象力的。所以，很多双鱼容易从事与艺术、设计、传媒和文化相关的行业，但同样也可能带来迷糊、混乱、暧昧、沉迷、上瘾症等负面影响。

Q：为什么双鱼座会被人认为是个超级爱玩暧昧的星座？

2. 擢升行星——金星

被认为容易花心、招惹桃花的星座不少，但原因各有不同。有的是由主动热情导致误会的，如射手、双子；也有的是走性感挑逗路线的，如天蝎、白羊。双鱼则和天秤座类似，有意无意间总给人暧昧的感觉，这都是金星惹的祸。

金星喜欢和谐，爱享乐，也希望周围的人都能愉快，因为这样才会有令人舒适的气氛（哪怕仅是表面上的）。双鱼作为水象星座，讨好人的方式更注重“攻心”，说话和做事方式和天秤类似，不知不觉就让你打心眼儿里觉得如饮甘霖一样舒服。所以，这种态度难免让人心中寻思是否双鱼对自己有意，更何况象征着爱与美的守护星金星本身就容易吸引这些能量。再加上木星和海王星这两颗守护星的影响，导致双鱼容易心软、犹豫甚至迷糊，因而即便发现对方误会，或觉得自己无法接受对方的爱，也都会当断不断、说不出口。

金星也喜欢被爱，水象星座更是感觉至上。和由金星守护的风象天秤座喜欢人际上的和谐、土象金牛座喜欢占有物质相比，属于金星强势之地的水象双鱼座才是真正喜欢爱和被爱的，难怪这个星座会被人认为是“为爱而生”的。爱的感觉对双鱼来说是种享受，无论是爱得甜蜜还是忧伤，甚至是纠结、痛苦，这一切都是美好的。当然金星也和财富有关，虽然水象星座并不像土象星座那样注重实际的财富，但至少也是考虑的因素之一，金星守护或强势之地的星座都不会太和金钱过不去。

Q: 为什么和双鱼交流时，常有沟通困难说不到一个点儿上去的感觉？

3. 弱势行星——水星

掌管沟通与交流的水星是理性的，它的思维活动和想象力都建立在逻辑分析与推导之上，属于推理能力。然而，由木星掌管的星座其思维方式是发散式的，并不一定是有因果关系的严密推理，更可能是一种直觉或感应。由木星守护的射手与双鱼两个星座，都是水星弱势的地方，尤其对于侧重情绪的水象双鱼来说更是如此。

不过，这并不意味着双鱼座的智商就不高。相反，双鱼和射手一样，都是非常聪慧的星座，只是他们的思维过程往往并不是循序渐进的逻辑因果关系，也不会只局限于通过实实在在的证据来分析并得出结论。他们可能会根据自己的直觉和时不时闪现的灵感来得出结论，这个结论也许未必经得起推敲，甚至连他们自己也说不清推理过程，但是却能打开一扇发现未知的天窗。这可以说是双鱼特有的想象力或直觉。

当双鱼用这种思维方式来与人交流时，尤其是和那些侧重逻辑思维的星座，如风象双子、水瓶和天秤，或是需要你拿出实际论据的土象金牛、处女和摩羯，就会让对方抓狂。对方会很难理解为什么双鱼忽然就将话题扯到其他地方去了，更受不了当他们用精确、周到、缜密的方式向双鱼解释一通后，换来的却是一脸茫然或一种答非所问的反应。所以，双鱼常会被认为思路不清，其实这仅仅是由沟通模式差异导致的问题：你和他讲逻辑，他和你讲感觉；等你好容易跟上他的节奏也谈论起感觉时，他没准儿又会问其中的推理过程。

Q: 太阳双鱼座和上升双鱼座有什么区别呢？

4. 太阳双鱼座和上升双鱼座的区别

（1）太阳双鱼座

太阳是狮子座的守护星，而狮子座处于双鱼象征日常工作与生活杂务、琐事的第六宫。当第六宫的守护星落入梦幻的双鱼座时，意味着双鱼对现实其实是很敏感的，但海王星的模糊作用与木星的发散思维，使得那些已经让我们习以为常的日常琐碎生活，在双鱼眼中都染上些许梦幻色彩。对于现实中那些让自己觉得不满、无趣的部分，双鱼会采取回避的态度，并发挥想象力在幻想中将之补足。例如当陷入单恋却又始终没被接受时，他们会想象自己与喜欢的对象在一起，并在脑海中编织浪漫的情节，即使这样都能令他们满足。当对现实生活不满、感到困惑甚至遇到棘手的人际关系时，他们可能会幻想关于前生今世的“业报”与因果，或从宗教、灵修、玄学、艺术创作中寻找寄托。所以艺术家、宗教灵修、文学创作人士中太阳双鱼座的人非常多。

（2）上升双鱼座

上升双鱼的人，除非自己的太阳、月亮星座也是爱幻想的，否则并不会像太阳双鱼那样喜欢沉浸在自己的想象中。初次接触时，上升双鱼常给人和善、无害的感觉，甚至带着点儿对现状“木知木觉”的迷糊劲儿。他们很少会做出过激行为，和太阳双鱼一样有着较好的容忍力。他们有些懒散，喜欢舒适，讨厌总是被人干扰或打断节奏。有时他们做起事来显得有些没有方向感，或拖沓低效率，让旁观者都替他们着急，但实际情况倒未必如此。就和上升射手容易给人风风火火的印象类似，他们就是给人一种“急不起来”的感觉。

三、占星宫位剖析双鱼座

1. 双鱼座基本性格解读篇——两条鱼，两种不同的侧面

（主要相关宫位：第一宫、第三宫、第九宫、第十一宫、第十二宫）

Q: 为什么不少双鱼不够强势果断、依赖性强？

（1）第一宫双鱼座——“自我”

双鱼爱沉浸在自己的世界中幻想，实际上这是一种为了让自己感觉舒适的逃避

行为。他们如同生活在与外界隔绝的透明胶体内，梦游一般的状态常让人觉得双方节奏从没踏在同一个点儿上。如果你只看表象就认定双鱼真的很好骗，迷糊又判断力差的话，那就大错特错了。作为水象星座，双鱼和巨蟹、天蝎一样有着敏锐的直觉，对现状的了解可能比其他人更深刻。

受到木星懒散和宽容、海王星模糊状态的影响，双鱼很多时候如非必要就懒得去理会现状。双鱼行动力不强、容易优柔寡断也是出于同样的原因。他们本能地躲避让自己觉得麻烦的状况，尤其当实际情况与自己的想象产生偏差时，更会躲入自己的想象中。于是，能拖就拖，一拖再拖，往往最后连旁人都看不过去而主动代劳。双鱼处事的态度较温和，很少会明确表示出拒绝的意思，部分依赖性强的双鱼在面对问题时会缺乏魄力与担当。

Q: 双鱼真的不食人间烟火、完全不现实吗？

（2）第三宫金牛座——讯息、思维、交流和学习

不要认为双鱼真的不食人间烟火，掌管其思维、沟通和学习的第三宫对应着金牛座，这可是个公认的相当看重物质层面价值的星座，怎能不给双鱼的想法染上那么一点儿“铜臭味”呢？金牛还是个不喜欢立即做出反应，或者说反应有些迟缓的星座。他们会像牛吃草一样把接收到的信息反复咀嚼，并由此衍生出多种想法。双鱼对此乐在其中，甚至太过投入而忘记了要做出言行上的反应，不免让对方产生鸡同鸭讲之感。这种倾向在双鱼自身爱想象特质的影响下，变得更为严重。

虽然思维宫对应金牛座会给双鱼染上不少“物质化”的色彩，不过双鱼终究是个怕麻烦、图省心、爱逃避问题的星座。他们心中或许会考虑种种现实因素，但才懒得拿出来和你像去菜场买菜一样一毛一分地计算清楚。他们不是不明白，只是不屑。除非他们把讨价还价作为一种有趣的游戏来进行，那么没准儿你会听到各种富有创意的古怪借口。双鱼的真实想法是：凭自己高超的情商就能解决的问题，何必要斤斤计较摆到台面上来，搞得吃相那么难看呢？

在爱与美的金星守护下的金牛座具有艺术天赋，受此影响，很多双鱼对艺术、创作会比较感兴趣，也容易从事相关的行业。双鱼对美学十分敏感，苹果公司的创始人乔布斯就是双鱼座的，他正是凭借对产品精致美观的苛刻要求和无穷的创造力使苹果产品成为传奇。在娱乐圈和文化传媒界，也处处可见双鱼座人的身影。

Q：为什么很多双鱼都会对宗教和一切神神道道的事物感兴趣？

（3）第九宫天蝎座——哲学/宗教/人生观

天蝎座的属性与神秘之事密切相关，这是个爱挖掘事物背后真相的星座。掌管双鱼座人生观与对待哲学、宗教、远行态度的第九宫对应着天蝎座，自然使本来就爱沉浸在自己想象世界中的双鱼对那些神秘抽象事物的兴趣要高于物质世界的现实。历史上第一位承认并皈依基督教的罗马皇帝君士坦丁一世就是双鱼座人，创下庞大苹果帝国的乔布斯也深受东方及印度神秘主义的影响。

各种宗教，以及灵修、心理学、玄学、命理、巫术等，都容易令双鱼座着迷。天蝎座掘地三尺追求真相的作风，使得双鱼座不会仅满足于神秘学术的表面含义及技巧。当双鱼座人向命理师咨询时，仅仅告诉他们客观的人生趋势是不够的，他们更想知道来龙去脉、宿命因果以及宇宙的根本规律。很多从事神秘学术类工作的双鱼座人，其研究的课题方向通常是非技术分析型的，而是偏向心理、轮回等形而上的层面。

天蝎座带着股狂热劲，对于喜好的人或事物会执着投入。受此影响，双鱼座人的信仰相对更虔诚。然而，若运气不好，万一被邪教异端学说所迷惑，同样会执迷不悟。最终，会导致损失惨重，甚至步入歧途成为极端狂热者。也正因为如此，以仁慈包容著称的双鱼座人中，出现杀人狂、恐怖分子的比例也比其他星座高一些。

天蝎座还具有“颠覆”的特性，即像火凤凰一样能够浴火重生，在颠覆旧事物的基础上建立起新事物。所以，当双鱼座觉得自己接触到的神秘学术仍无法满足自己的探索欲时，他们索性会建立起自己的新教派。爱想象、敢颠覆与创新这些特质，正是双鱼座在各个领域出现如此多杰出人物的重要原因，例如伟大的发明家爱因斯坦、在艺术和建筑领域留下众多传世巨作的米开朗琪罗，以及印象派画家雷诺阿等。

Q: 有人说双鱼无私，也有人说双鱼有心计，哪种说法才对？

（4）第十一宫摩羯座——社交

要了解黄道十二星座中最后一个星座不容易，找到一个合适的词来形容也很难，即便是最常用的“梦幻”也显得太过简单。双鱼座不是一个简单的星座，虽然很多双鱼从未意识到自己的复杂。他们也许是“编着世外梦，行着世俗事”的一群人，而看到的只是梦里的那个自己。

摩羯座是一个有着强烈防卫心的星座，想得到摩羯的认可、成为他们真正的朋友很难。当摩羯座处于双鱼掌管社交的第十一宫时，一方面作为需要情感依赖的水象星座，双鱼渴望与人交往，建立起亲密的友情；另一方面摩羯座谨慎、现实的作风又使双鱼不自觉地与人保持一定的距离，交往而不交心，只是单纯地寻找现实中的依赖。正面来理解，双鱼是希望自己能被妥善照顾，说得消极一点儿，就成了功利性的利用。

因此在交友中，给人友善、亲和感的双鱼，未必真的敞开了心扉，没准儿他们向你敞开的只是自己编织的梦境。等到熟悉之后，你会发现之前他们所说的很多并不真实。这是由双鱼的守护星海王星带来的虚幻与欺瞒性质所致，就连双鱼自身也是受害者。因此，双鱼常被认为“善恶一体”，即他们既可能是高贵无私的圣父圣母，也搞不好是个“哄死人不偿命”的小恶魔。

很多情况下，双鱼的“本能回避、编织想象和虚言欺瞒”的特质是出于不想面对令自己感到不适的真实状况。因为不安全感，双鱼也会说出真实性掺杂不少水分的言辞。

喜欢沉浸在自己世界里的双鱼常不知不觉地交到一群非常务实的朋友，这起到了很好的互补作用。别看双鱼座容易迷糊，甚至给人生活自理能力差的感觉，但身边总是不乏看不过去而替他们代劳的人。或许这也是双鱼被认为好运、深藏不露和有心计的原因之一吧。

Q: 是什么导致双鱼总是神游天外？

（5）第十二宫水瓶座——潜意识、障碍与困境

水瓶座是个有着疏离感的星座，能将视角从当前状况中抽离、切换立场或者干脆站在高处俯瞰局势，以便进行冷静全面的分析。双鱼的第十二宫对应着水瓶座，受第一宫的影响，这种抽离能力容易演变成“从当前或眼前的局势中脱离”，转而沉浸在自己营造出的想象之中，而不是像水瓶那样能俯瞰局势并做出理性的分析。

水瓶座的古怪在于跳跃性的思维，让与之交谈的人常跟不上他们的思路。和双鱼座互动时同样存在这个问题，当你还在纠结眼下的问题时，他们的思绪不知已经飞到了宇宙的哪个角落。

第十二宫对应着水瓶座也会使双鱼对玄学、宇宙法则、灵修等抽象的学问感兴趣。水瓶的含义中包括科技、高新技术，就连占星术也在其涵盖的范围之内。对双鱼座来说，不仅自己的命宫会使他们对神秘学说兴趣匪浅，就连掌管潜意识的第十二宫都促使他们对那些走在前端的知识有求知欲，这也难怪在占星家行列中常能看见双鱼座。

2. 职场中的双鱼座——擅长创作却少担当

（主要相关宫位：第六宫、第十宫）

Q: 为什么双鱼座的同事和上司常有拖延症，还不爱担当？

（1）第十宫射手座——人生/事业的长远目标、公众声望

双鱼座的第十宫对应着射手座，而射手和双鱼都是由木星守护的星座。木星象征着广阔和轻松，因而双鱼座并不适合从事琐碎、重复度高、管制严、又无多少新意的工作。受木星的影响，不少双鱼会从事与玄学、哲学、传媒、教育相关的行业，而且双鱼会坚持自己的兴趣爱好，不会因为现实原因勉强自己。例如，搞创作和设计的双鱼通常不会为了金钱收益、上司或合作者的认可而让步，他们会坚持自己对作品的要求，哪怕会曲高和寡。当教师的双鱼也不会因为学生的不重视、教授的并非主要科目就得过且过草草了事，他们或许并不严苛，但在授课时态度十分投入。

除非个人星盘中具体配置元素的问题，否则双鱼座对于权力、地位和名利并不感冒。美国首任总统乔治·华盛顿就是双鱼座，在担任两届总统之后，自愿放弃权

力不再续任，鲜有身在高位的人能够这样做。由木星守护的星座喜欢随性而为，让他们去钻营和钩心斗角实在累人。虽然双鱼不至于真的如传说中那样“被人骗了还替人数钱”，但当形势所迫时他们也能尽力自保，善于示弱的优势既能让对手轻敌，也能获得他人的帮助。

太麻烦的事，双鱼不屑干，因为他们足够懒。懒，是木星带来的副作用。做事拖泥带水、选择障碍、无进取心，即使眼下工作令自己不满也不会轻易跳槽等，都是“懒散”的体现。双鱼很怕麻烦，以至于无论和双鱼交代任务还是交接工作，最好都言简意赅地进行说明。别以为将各自分工逐条罗列清楚，双鱼就能看个明白——他们对着长篇大论就头皮发麻。把最重要的事交代下去，暂且省略那些细枝末节，这样收到的效果反而更好。

当遇到麻烦事时，双鱼最先想到的就是“回避”。要么表现出一副听不懂对方在说什么的样子，要么找理由一再拖延，以期对方能够自动打消交代自己任务的念头，有的双鱼还会干脆就找人代劳。双鱼是个很难明确拒绝别人的星座，但你可以仔细观察双鱼的反应，如果他们不表态、催促几次还是效果不显著，那就表示拒绝。只有面临不得不去做的严重局面时，例如不做就真的会被处分、不做就没有收入等，双鱼才会勉强自己去面对现实。

Q: 为什么双鱼座同事遇到一点儿问题就爱找人帮忙？

（2）第六宫狮子座——日常工作/杂务/人事关系

双鱼的第六宫对应着狮子座，这是个具有王者心态的星座，乍一看这似乎和双鱼平时的作风完全不搭界，实际上双鱼会以自己的行为模式来达成狮子座赋予的心态。狮子座喜欢指使人，作为水象星座的双鱼自然不可能有趾高气扬的气势，可是他们会以示弱、好言好语的方式来得到他人的帮助。

狮子座是个极富创意与表现力的星座，和双鱼座本身的天赋类似，所以双鱼不仅适合从事设计、企划、艺术、文学创作、表演类的行业，即便在日常工作中，双鱼也常能想到别出心裁的方法来解决问题。

3. 双鱼座的金钱观——跟着感觉走，财务常不稳

（主要相关宫位：第二宫、第八宫）

Q: 双鱼是不是对理财挺没谱的？

（1）第二宫白羊座——我的资产与价值观

白羊是由火星掌管的火象星座，以自己的需求为优先又容易冲动。双鱼的第二宫对应着白羊座，使得他们对金钱的处理并不理智。双鱼本身又是注重自己感觉的星座，于是经常头脑发热冲动购物，投资时也难以静下心来慎重细致地进行理性分析。双鱼常跟着感觉走，仅仅凭自己觉得前景一片大好，或他人描绘的方案听上去非常动人，就贸然出手。

双鱼座人不适合一分一厘地去赚钱，再抠抠巴巴地存进银行。他们很在意快感，这种快感要么通过自己感兴趣的赚钱方式来实现，要么就赚得高兴花得爽气。“来得快，去得也快”，这常使双鱼手头的现金流紧张，一不小心就成为了“月光族”。好在，双鱼就是有那种糊里糊涂又搞到钱不至于断炊的能力。

（2）第八宫天秤座——他人的资产、投资

不喜精打细算的双鱼座，在投资上不适合亲力亲为。双鱼的第八宫对应着天秤座，该星座和双鱼在怕麻烦和懒散的倾向上简直半斤八两有一拼。不论投资，还是与合作人或伴侣的共同资产管理，双鱼都乐于彼此分享，但又不爱费心管理。于是，就干脆选择省心省力的方式处置，如交由对方管理，选择稳定且不用太费心思的理财方式等。

双鱼女比巨蟹女更安于做全职太太，就连双鱼男也并不介意找个女强人过日子。还有些双鱼男是为伴侣付出到血本无归的“凯子情圣”（被女人骗了钱财却没落着好的男人）。

4. 恋爱中的双鱼座——爱上自己的构想

（主要相关宫位：第四宫、第五宫、第七宫、第八宫）

Q: 为什么很多双鱼座人总把感情搞得像琼瑶戏？

双鱼座人给人留下的印象，似乎不是在迷迷糊糊地追寻显得曲高和寡的理想，就是在为爱情愁苦。即便在这物欲横流、生活压力巨大的社会，双鱼也总能把爱情谈出不食人间烟火的“琼瑶味儿”来，而双鱼式的浪漫也常让旁人觉得不接地气。双鱼的异性缘远好于同性缘，所以和双鱼恋爱的人常觉得少些安全感，要么担心他们会被追求者的甜言蜜语冲昏头脑，要么害怕双鱼自身的魅力和引人误会的暧昧体贴行为惹来桃花。

无论双鱼当前的感情状态如何，给人的感觉总是陷在爱情之中。在感情不顺遂时，他们会徒劳无益地抓着旧人旧情反复咀嚼念念不忘，或是陷在无望的暗恋纠结中执迷不悔。任旁人磨破嘴皮讲遍道理，双鱼也依然会弱弱地表示：“可我就是放不下……”在感情顺利享受当下时，双鱼也总怀着种对未来的隐忧，仿佛只有陷在悲剧情节里才能感觉得到自己的存在。恋爱通常是件让双方都愉快的事，同样喜欢恋爱的狮子会把恋爱过程整得像出贺岁档喜剧片，但对双鱼来说，“虐恋”更能满足他们的戏剧化情结。

Q: 为什么双鱼座人对感情总是那么放不下，甚至爱啃回头草？

（1）第五宫巨蟹座——纯粹的恋爱关系、娱乐

双鱼座人，尤其是双鱼女，在情场上令对手感到大伤脑筋的一点就是她们太能“耗”了。即便他们的爱并没得到回报，依然能忍耐与坚持下去，以自己水象星座温柔和细腻的优势不断攻关。双鱼座的第五宫对应着巨蟹座，这是个爱怀旧、具有母性的星座，还象征着家宅。被巨蟹特质影响到爱情观的双鱼爱上一个人后，就容易在脑海中幻想与对方在一起一生一世。他们喜欢照顾对方，既有耐心又细心周到，甚至在对方未能回应他们的爱时，也依然继续付出。这些就像无私的母爱，更

何况双鱼座本身就有包容与无私的倾向。

有时双鱼爱上的纯粹是自己的想象。在生活、工作中与人交往时，对方的部分表现打动了他们的心，之后双鱼可能会不断地放大那部分优点，以致只见树木不见森林。对于自己和对方之间的种种不合适之处，双鱼会选择视而不见，而受守护星海王星的影响，又导致双鱼同情心与包容心泛滥，即使对方对自己的态度极其恶劣，也会心甘情愿一如既往。正是因为如此，当双鱼陷入单恋中常常无法自拔。虽说爱情应该是无私的，但很少有人能做到这一点，可双鱼是个例外。有的双鱼真的会执着地单恋下去，哪怕明知是一场空，但追逐着幻影的双鱼却乐此不疲。受双鱼第五宫巨蟹座的影响，这种倾向会更加严重。

巨蟹座是个极度需要关爱的恋旧星座，过去的一丁点儿美好都可以供他们在未来反复回味许多年。很多时候，对于当下的问题，双鱼并不是一无所知，但过去的种种美好都令他们难以放下。一旦想起这些，双鱼就觉得当下诸多问题都没什么不可以包容及忍受的。很多人觉得双鱼很会“缠”人，实际指的就是这种“韧性”，以至于到最后对方会因为内心的亏欠感而妥协。

还有一种情况是，双鱼对某些追求者并不是很感兴趣，但被爱的渴望使他们下意识地会采取暧昧态度，以便持续享受这种关爱感。当对方想更进一步时，双鱼座人却会回避。然而若对方知难而退，出于伤害对方的内疚，和想紧抓这种被爱的感觉，双鱼座人又会回头示好，继续维持这种说不清道不明的关系。双鱼的“暧昧”之名便由此而来。

Q: 是什么令双鱼座人在亲密关系中柔情有余、激情不足?

（2）第八宫天秤座——性生理功能、对性的态度

在十二星座中，有些以动物为原型，有些以人类的形象出现，而天秤座是唯一一个无生命的星座（水瓶座的形象是手持水瓶的人）。双鱼座与性相关的第八宫对应着天秤座，所以难怪双鱼座会成为比较能接受精神恋爱的星座，而这也正是他们更能坚持长久单恋的原因所在。

天秤座是个合作性很强的星座，为了使这段关系更美好，双鱼在性事中自然很是能配合对方。作为水象星座，双鱼本身就有浪漫和温柔细腻的特质，更能给性伙伴带来美妙的感觉。这些特质对于双鱼女来说，十分合适，柔情似水的女人有哪个男人会不喜欢呢？可对双鱼男来说，也许就不是那么回事了。在占星术中，热烈甚至带些暴力的火星是性行为的象征，由此我们可以看出，在性事中不仅需要柔情，还要加入些许粗暴的激情。双鱼座和天秤座的守护星分别是木星和金星，这是占星术中的两大吉星，会发挥吉星“令人感到舒适”的特质，使性事浪漫体贴有余但激烈不足。建议双鱼座人，尤其是双鱼男，在性事中除了了解“你想要什么”之外，可以多表达下“我想怎么做”。

Q: 什么样的伴侣适合双鱼座?

（3）第七宫处女座——合作关系：包括婚姻、正式伴侣、合作、契约双方

具有服务精神的处女座，落在了双鱼掌管伴侣与合作关系的第七宫，这个宫位也是伴侣形象的投射，这就意味着双鱼需要的伴侣要有处女座的星座特质。

处女座是个注重细节的土象星座，而土象针对的是物理层面存在的现实，这对于维持恋爱关系的长期稳定会起到良好的作用。若是用到合伙与业务关系中，他们也许并不像双子座和射手座那样，能在短时间内与人熟络起来并争取到合作机会，但他们却非常善于巩固长期性的合作关系。

要在这个现实社会中生存，浪漫主义的双鱼有时确实需要一个具有土象星座特质、讲求实用主义的对象来互补，好让自己不用操心世事俗务，继续沉浸在自己编织出的小天地中。摩羯、金牛和处女这三个土象星座中，没有比处女特质的人更适合双鱼的了。处女座和双鱼座一样，具有无私服务的倾向，由处女座的守护星水星可以看出，双鱼座需要的伴侣是能交流和分享自己精神世界的人，处女的特性是最适合的。不过，并不是说双鱼座一定要找处女座为伴侣，而是指他们适合找这种与自己特质互补、善于应付现实俗务、爱交流又乐于奉献的类型。

Q: 为什么不少双鱼会有比较宽松或开明的家庭氛围?

（4）第四宫双子座——家庭与内心需求

双鱼喜欢宽松的家庭氛围。他们象征家宅的第四宫对应着喜欢交流、沟通、传播的双子座，使得很多双鱼的家庭中通常没有等级严明的长幼之分，相互之间都能如同朋友一般以较平等的关系相处，例如父母与孩子的谈话更像朋友间的聊天、分享，而不是一味的由上至下的分配任务和训导。不论是双鱼自身的成长环境，还是双鱼自己组织家庭后的状况，都容易是类似的情况。

不过，也有另外一种可能，那就是双鱼的家庭环境状况或类似父母的角色并不稳定。因为双子座的守护星水星与变动、出行有关，双子座又属于变动星座，本身非常喜欢追求点儿新鲜和变化，这就使得有些双鱼的家庭可能住所并不固定，例如时常搬家、外出旅行等，或是父母因为某些原因，需要把双鱼座孩子托付给其他亲属照顾。双子座的变动特性也体现在双鱼喜欢在家中时不时做些改变上，例如常常更换家中的布置，爱买些新奇的小东西或摆饰来给家中增添新意。

5. 双鱼座的健康问题

（主要相关宫位：第一宫、第六宫、第八宫）

Q: 双鱼需要注意哪些健康问题？

（1）第一宫双鱼座——身体也是自我的一部分

双鱼座掌管的身体部位是腿、脚、淋巴和循环系统，要留意免疫系统疾病、体液或血液循环的异常，小腿和足部的问题也要当心。

双鱼座作为一个与精神、灵性相关的星座，其精神状态同样会影响到健康，例如心理和精神上的问题。双鱼座的守护星海王星带来的模糊与沉迷倾向，会导致双鱼平时对自己的身体状况要么不够重视，要么担心过度，更可能患上某些成瘾症，如依赖药物或其他易上瘾的食品，尤其值得一提的是毒品。不少双鱼座或受海王星影响强烈的人很容易出现这些问题。

（2）第六宫狮子座——体质、生活规律与健康养生

由尊贵的狮子座掌管的人体部位相应的也是至关重要的，包括心脏、血液循环、脊椎及背部，还有眼睛。双鱼座要注意心脏方面的相关疾病，如心脏病、心律不齐、心肌梗死、狭心症，还要警惕血液循环疾病、脊椎问题、背部疼痛、背部骨

骼异常等诸如此类的问题。

第六宫与我们对待健康与养生的态度有关。狮子座所对应的宫位通常会是我们比较重视的地方。重视健康本身是件好事，但因为双鱼座本身容易产生负面思维的倾向，使得他们对自己的身体状况过度担忧，反而增加了心理负担。

（3）第八宫天秤座——疾厄与死亡

天秤座对应的身体部位有肾脏、肾上腺、副肾、下腰身、腰椎和输尿管，若天秤座及金星的状况不良，就特别需要注意这部分器官的问题了，例如肾病、下腰背痛、腰椎受损、糖尿病、尿蛋白失衡、尿路结石、膀胱炎等。

四、给双鱼座的忠告

1. 很多时候逃避解决不了问题，该面对的事赶早不赶晚。
2. 不要一味沉溺在自己的感受中，尤其要注意负面思维的倾向。
3. 表明自己的态度能有效减少后续麻烦。

五、双鱼座名人录

◆ **米开朗琪罗**（1475年3月6日）：意大利文艺复兴时期的雕塑家、建筑师、画家和诗人。与达·芬奇和拉斐尔并称“文艺复兴三杰”。

◆ **乔治·华盛顿**（1732年2月22日）：美国开国总统，被称为美国国父。

◆ **亚瑟·叔本华**（1788年2月22日）：德国哲学大师，代表作有《作为意志和表象的世界》等。

◆ **利兰·斯坦福**（1824年3月9日）：美国实业家，政治家。美国镀金时代的十大财阀之一，有“铁路大王”之称，还是斯坦福大学的创始人。

◆ **阿尔伯特·爱因斯坦**（1879年3月14日）：理论物理学家，相对论的创立者，现代物理学奠基人。

◆ **诺尔曼·白求恩**（1890年3月3日）：国际共产主义战士，著名胸外科医师。

◆ **宋美龄**（1897年3月5日）：与宋蔼龄、宋庆龄并称为“宋氏三姐妹”，是蒋介石的第四任妻子。

◆ **金庸**（1924年3月10日）：华人世界最知名的武侠小说作家。

◆ **加西亚·马尔克斯**（1927年3月6日）：哥伦比亚著名作家，魔幻现实主义文学代表人物，代表作有《百年孤独》《霍乱时期的爱情》等。

◆ **黄霑**（1941年3月16日）：香港著名作家、词曲家。

◆ **吉永小百合**（1945年3月13日）：日本国宝级影后。

◆ **史蒂夫·乔布斯**（1955年2月24日）：发明家，企业家，美国苹果公司联合创办人、前行政总裁。

第四章

从星座十二宫看流年运势

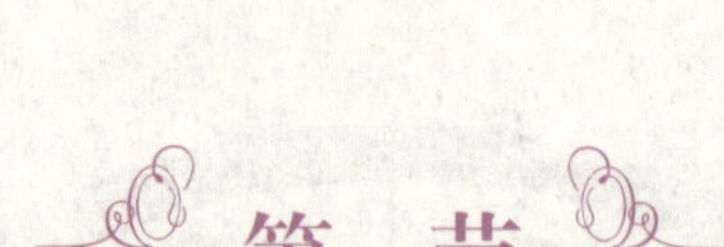

第一节 木星——传播幸运的天使

在占星术中，木星通常被认为是一颗带来好运的吉星，能让我们做事顺利、付出少但收获多以及将原有的利益扩大化。它就像一个圣诞老人，给每个所经之处带去礼物与福泽。因而通常情况下，我们先天出生星盘里有木星驻守的宫位，会是我们天生就比较幸运的地方。木星在十二星座黄道圈上运行的周期约为12年，即在每个星座约停留1年，它也会给经过的对应宫位带去临时性的机会和好运。因此，了解木星的运行规律，能帮助我们了解自己的天赋优势，以及在后天每个特定时段里出现的不同领域内阶段性的好运与机会。

不过，木星也有其负面作用，那就是会导致过度乐观、自大、不够重视。如果说木星带来的好处是轻轻松松便能获得回报的话，那它的危害就是“死于安乐”，即容易使人因为忽略了种种应该考虑的问题而酿成大错。这也是我们需要警惕的地方。

通过以下两个表格，我们可以知道在不同时间段里木星分别位于自己星盘中的哪个宫位。

表1：通过下表我们可以查找出不同时间段里木星所在的位置。

木星行经白羊座的时间	
1963年4月4日11：20至1964年4月12日14：51	1975年3月19日00：47至1976年3月26日18：24
1987年3月3日02：41至1988年3月8日23：43	1999年2月13日09：23至1999年6月28日17：28
1999年10月23日13：49 至2000年2月15日05：39	2010年6月6日14：28至2010年9月9日12：49
2011年1月23日01：12至2011年6月4日21：56	2022年5月11日07：22至2022年10月28日13：09

续表

2022年12月20日22: 33至2023年5月17日01: 19	2034年4月21日17: 40至2035年4月30日02: 56
木星行经金牛座的时间	
1964年04月12日14: 52至1965年4月22日22: 31	1976年3月26日18: 25至1976年8月23日18: 23
1976年10月17日04: 25至1977年4月3日23: 41	1988年3月8日23: 44至1988年7月22日08: 00
1988年12月01日04: 54至1989年3月11日11: 25	1999年6月28日17: 29至1999年10月23日13: 48
2000年2月15日05: 40至2000年6月30日15: 34	2011年6月4日21: 57至2012年6月12日01: 22
2023年5月17日01: 20至2024年5月26日07: 14	2035年4月30日02: 57至2036年5月9日22: 51
木星行经双子座的时间	
1965年04月22日22: 32至1965年9月21日12: 36	1965年11月17日11: 09至1966年05月05日22: 51
1976年8月23日18: 24至1976年10月17日04: 24	1977年4月3日23: 42至1977年8月20日20: 42
1977年12月31日07: 50至1978年4月12日08: 11	1988年7月22日08: 01至1988年12月01日04: 53
1989年3月11日11: 26至1989年7月31日07: 49	2000年6月30日15: 35至2001年7月13日08: 02
2012年6月12日01: 23至2013年6月26日09: 39	2024年5月26日07: 15至2025年6月10日05: 01
2036年5月9日22: 52至2037年5月24日10: 12	
木星行经巨蟹座的时间	
1965年9月21日12: 37至1965年11月17日11: 08	1966年05月05日22: 52至1966年9月27日21: 18
1967年1月16日11: 50至1967年5月23日16: 20	1977年8月20日20: 43至1977年12月31日07: 49
1978年4月12日08: 12至1978年9月5日16: 30	1979年3月1日07: 35至1979年4月20日16: 39
1989年7月31日07: 50至1990年8月18日15: 29	2001年7月13日08: 03至2002年8月2日01: 20
2013年6月26日09: 40至2014年7月16日18: 30	2025年6月10日05: 02至2026年6月30日13: 51
2037年5月24日10: 13至2038年6月12日23: 24	
木星行经狮子座的时间	
1966年9月27日21: 19至1967年1月16日11: 49	1967年05月23日16: 21至1967年10月19日18: 51
1968年02月27日11: 34至1968年06月15日22: 43	1978年9月5日16: 31至1979年3月1日07: 34
1979年4月20日16: 40至1979年9月29日18: 23	1990年8月18日15: 30至1991年9月12日14: 00
2002年8月2日01: 21至2003年8月27日17: 26	2014年7月16日18: 31至2015年8月11日19: 11
2026年6月30日13: 52至于2027年7月26日12: 48	2038年6月12日23: 25至2038年11月17日05: 20
2039年1月16日22: 55至2039年7月8日08: 23	
木星行经处女座的时间	
1967年10月19日18: 52至1968年2月27日11: 33	1968年06月15日22: 44至1968年11月16日06: 43
1969年3月31日05: 37至1969年7月15日21: 29	1979年9月29日18: 24至1980年10月27日18: 10
1991年9月12日14: 01至1992年10月10日21: 26	2003年8月27日17: 27至2004年9月25日11: 23
2015年8月11日19: 12至2016年9月9日19: 18	2027年7月26日12: 49至2028年8月24日13: 08

续表

2038年11月17日05: 21至2039年1月16日22: 54	2039年7月8日08: 24至2039年12月13日06: 04
2040年2月20日13: 36至2040年8月6日06: 02	
木星行经天秤座的时间	
1968年11月16日06: 44至1969年3月31日05: 36	1969年7月15日21: 30至1969年12月16日23: 55
1970年4月20日14: 44至1970年8月16日01: 58	1980年10月27日18: 11至1981年11月27日10: 18
1992年10月10日21: 27至1993年11月10日16: 15	2004年9月25日11: 24至2005年10月26日10: 51
2016年9月9日19: 19至2017年10月10日21: 20	2028年8月24日13: 09至2029年9月24日14: 23
2039年12月13日06: 05至2040年2月20日13: 35	2040年8月6日06: 03至2041年1月12日03: 32
2041年3月21日08: 01至2041年9月6日08: 11	
木星行经天蝎座的时间	
1969年12月16日23: 56至1970年04月20日14: 43	1970年08月16日01: 59至1971年01月14日16: 48
1971年06月05日10: 13至1971年09月11日23: 32	1981年11月27日10: 19至1982年12月26日09: 56
1993年11月10日16: 16至1994年12月9日18: 54	2005年10月26日10: 52至2006年11月24日12: 43
2017年10月10日21: 21至2018年11月8日20: 38	2029年9月24日14: 24至2030年10月23日07: 13
2041年1月12日03: 33至2041年3月21日08: 00	2041年9月6日08: 12至2042年2月9日07: 52
2042年4月24日20: 41至2042年10月4日17: 58	
木星行经射手座的时间	
1971年01月14日16: 49至1971年6月5日10: 12	1971年9月11日23: 33至1972年2月7日03: 36
1972年7月25日00: 43至1972年9月26日02: 19	1982年12月26日09: 57至1984年1月19日23: 03
1994年12月9日18: 55至1996年1月3日15: 22	2006年11月24日12: 44至2007年11月19日04: 11
2018年11月8日20: 39至2019年12月3日02: 20	2030年10月23日07: 14至2031年11月15日18: 29
2042年2月9日07: 53至2042年4月24日20: 40	2042年10月4日17: 59至2043年3月2日01: 05
2043年6月10日05: 42至2043年10月26日19: 29	
木星行经摩羯座的时间	
1972年2月7日03: 37至1972年7月25日00: 42	1972年9月26日02: 20至1973年2月23日17: 27
1984年1月19日23: 04至1985年2月6日23: 35	1996年1月3日15: 23至1997年1月21日23: 13
2007年11月19日04: 12至2009年1月5日23: 41	2019年12月3日02: 21至2020年12月19日21: 07
2031年11月15日18: 30至2032年4月12日08: 58	2032年6月26日20: 57至2032年11月30日11: 31
2043年3月2日01: 06至2043年6月10日05: 41	2043年10月26日19: 30至2044年3月15日12: 26
2044年8月9日20: 42至2044年11月5日01: 32	
木星行经水瓶座的时间	
1973年2月23日17: 28至1974年3月8日19: 10	1985年2月6日23: 36至1986年2月21日00: 04
1997年1月21日23: 14至1998年2月4日18: 51	2009年1月5日23: 42至2010年1月18日10: 10

续表

2020年12月19日21: 08至2121年5月14日06: 35	2121年7月28日20: 43至2121年12月29日12: 11
2032年4月12日08: 59至2032年6月26日20: 56	2032年11月30日11: 32至2033年4月15日06: 44
2033年9月13日06: 28至2033年12月2日06: 33	2044年3月15日12: 27至2044年8月9日20: 41
2044年11月5日01: 33至2045年3月26日13: 07	
木星行经双鱼座的时间	
1974年3月8日19: 11至1975年3月19日00: 46	1986年2月21日00: 05至1987年3月3日02: 40
1998年2月4日18: 52至1999年2月13日09: 22	2010年1月18日10: 11至2010年6月6日14: 27
2010年9月9日12: 50至2011年1月23日01: 11	2121年5月14日06: 36至2121年7月28日20: 42
2121年12月29日12: 12至2022年5月11日07: 21	2022年10月28日13: 10至2022年12月20日22: 32
2033年4月15日06: 45至2033年9月13日06: 27	2033年12月2日06: 34至2034年4月21日17: 39
2045年3月26日13: 08至2046年4月5日00: 10	

木星落在射手、双鱼和巨蟹座内，状态良好，能很好地体现木星本身幸运、安逸、回报率高的特点。相反，当木星落在摩羯、处女和双子座内，状态不良。虽然同样能发挥木星幸运的特质，但会伴随多劳碌、多变动的副作用，少了些轻松安逸感。尤其是落在前两个星座内，这种情况更明显。当木星落在双子座时略好些，固然有些多变动，不过也会有头脑灵活、聪明的特性。

木星在中国也被称为“岁星”“太岁”，大致每年经过一个星座。在中国，很多人认为属猪的比较有福气，而属牛、羊的无论自身生活情况如何，多少会有些劳碌倾向。通过木星行经各星座时间表，我们可以发现一件有趣的事：被认为幸运猪年，也就是1971、1983、1995、2007年等生肖猪的年份，恰巧一半以上的时间中木星位于射手座，也就是处于能最大限度地发挥出木星幸运特质的星座。而传说中劳碌的属羊者（例如出生于1979、1991、2003年的人），在他们出生的年份里木星落在了其状态不良、有多劳多动副作用的处女座内。

现在，很多人讲究在比较幸运的年份生儿育女，以期自己的孩子能有个较好的人生。实际上，与其仅看生肖，不如对照一下木星这颗大吉星的位置。在木星状况良好的年份里出生的孩子，等于先天就拥有一个宝藏。虽然最终的人生和成就如何得通观全局，但能多拥有点儿优势又何乐而不为呢？结合生肖来说的话，反而属猪、鼠、虎、蛇、马这几个生肖易有先天吉运，因为那个时间段木星容易出现在射手、双鱼、巨蟹座等状态良好的星座内。出生时木星易出现在摩羯、处女座的属牛、羊者的辛苦众所周知，但大热的“龙宝宝”因为木星容易出现在影响自身特质的双子座内，其实反而不如之前提到的几个幸运生肖。

表2：当选择不同的星座作为第一宫时，其十二个宫位对应星座如下表所示。

第一宫	白羊	金牛	双子	巨蟹	狮子	处女	天秤	天蝎	射手	摩羯	水瓶	双鱼
第二宫	金牛	双子	巨蟹	狮子	处女	天秤	天蝎	射手	摩羯	水瓶	双鱼	白羊
第三宫	双子	巨蟹	狮子	处女	天秤	天蝎	射手	摩羯	水瓶	双鱼	白羊	金牛
第四宫	巨蟹	狮子	处女	天秤	天蝎	射手	摩羯	水瓶	双鱼	白羊	金牛	双子
第五宫	狮子	处女	天秤	天蝎	射手	摩羯	水瓶	双鱼	白羊	金牛	双子	巨蟹
第六宫	处女	天秤	天蝎	射手	摩羯	水瓶	双鱼	白羊	金牛	双子	巨蟹	狮子
第七宫	天秤	天蝎	射手	摩羯	水瓶	双鱼	白羊	金牛	双子	巨蟹	狮子	处女
第八宫	天蝎	射手	摩羯	水瓶	双鱼	白羊	金牛	双子	巨蟹	狮子	处女	天秤
第九宫	射手	摩羯	水瓶	双鱼	白羊	金牛	双子	巨蟹	狮子	处女	天秤	天蝎
第十宫	摩羯	水瓶	双鱼	白羊	金牛	双子	巨蟹	狮子	处女	天秤	天蝎	射手
第十一宫	水瓶	双鱼	白羊	金牛	双子	巨蟹	狮子	处女	天秤	天蝎	射手	摩羯
第十二宫	双鱼	白羊	金牛	双子	巨蟹	狮子	处女	天秤	天蝎	射手	摩羯	水瓶

例如，一个出生在1977年11月初的人，其太阳星座是天蝎座。由表1可以查到，他出生时木星在巨蟹座。由表2可以查到，当以天蝎座为第一宫时，巨蟹座是他的第九宫。那么，此人在第九宫所掌管的人生哲学、教育、高等知识与学历、外出旅行、传媒、异地/异国相关等方面有着天赋的好运。木星象征着好运与轻松、舒适、少劳多得，在通常情况下，此人相对容易轻松获得高学历、在思想上有先见之明、外出旅行轻松愉快、成为写手/小说家/编辑等从事传媒行业的人士、异地或异国的行业及事务甚至异地或异国的人会对他有利（如从事涉外工作、在异地朋友或客户较多、去异地发展顺利）。

由表1可知，在2011年6月 至 2012年6月，木星行经金牛座。再查表2可知，金牛座是天蝎的第七宫。那么在这段时间里，此人在第七宫所掌管的婚恋、合作、与他人关系方面会比往常有更多机会和幸运。例如结婚、恋爱、通过合作得到好处、与他人关系良好甚至受到别人的照顾与提携。

如果知道自己上升星座的话，也可以用同样的方式来了解自己的幸运所在。同样以上述例子来说，若此人是上升水瓶，那么出生时候木星在巨蟹，由表2可知巨蟹是水瓶的第六宫，那么此人在第六宫掌管的工作、生活杂务、健康、与同事下属的关系等方面会较顺利。例如，不愁找不到工作、工作舒适、对工作满意、体质好、和同事相处愉快等。

而在2011年6月至2012年6月，木星行经的金牛座对于上升水瓶来说是掌管家宅的第四宫，那么在此阶段，此人在家庭、房屋相关方面容易有喜事发生。

当然，凡事没有绝对性。当木星本身或其所在宫位受其他星体影响时，会对木星带来的舒适、轻松、幸运特质有所干扰，可能变成好坏并存、时吉时凶的情况。

木星在十二个宫位中的影响

注：以下讲述的是出生时木星对十二个宫位的影响。对以上升星座为第一宫的准确度要大于以太阳星座为第一宫的准确度。

木星在第一宫

第一宫，掌管一切与“自我”相关之事，包括性格、外貌、行为模式。

（1）出生时木星在第一宫

出生时木星在第一宫的人会有些类似射手的特质，行动力强且不喜克制或压抑自己的需求，喜欢轻松舒畅、随心所欲、不受束缚的生活。虽然木星带来的好运能让你诸事颇顺，但同样会助长你不善吃苦耐劳、贪图享受以及懒散的个性。上升星座在双鱼或双子座，出生时木星在第一宫的，比较容易担任老板、管理者、领导者等职务。

（2）行运木星经过第一宫

当行运木星进入你的第一宫，会给你带来一年如释重负的轻松感觉，并且意味着之前的回顾、反思与总结已经结束，将是重新起程开始新阶段的时候。你会变得比往日更有自信和干劲，很多未来计划都等待实施。不过，需要留意的是你的冲动、鲁莽、草率和自大同样会被木星的力量增强，可能会导致人际摩擦变多。如果之前有一直刻意隐瞒、压制的问题，会暴露无遗。例如，在2009年木星行经水瓶座时，很多水瓶座明星成为了焦点人物。一直走清纯玉女路线的酒井法子，在当年被爆出吸毒藏毒遭警方逮捕的丑闻，而陈琳因为婚恋不顺跳楼自杀。

木星在第二宫

第二宫，掌管资产与价值观。

（1）出生时木星在第二宫

第二宫可谓木星最受欢迎的位置。虽然它未必能和富有直接画上等号，但至少你能拥有许多赚钱的机会，如何开源对你来说从来不是难事。那些出生时木星在第二宫，而且第二宫对应的又是射手、双鱼、巨蟹座的人，即便他们不一定称得上富有，但至少保证一定的生活质量是没有问题的，从来不用为生计担忧。例如，有些人可能出生于富裕的家庭，也有些是千金散去还复来、财源不断。

（2）行运木星经过第二宫

气象预报能让我们知道天气变化，做出必要的应对措施。而通过占星，则能把握人生运势的起伏趋势。行运木星经过第二宫的那段时间，是许多人渴望把握的时机。首先它会给你带来更多财务方面的机会，尤其当第二宫对应的星座是射手、双鱼、巨蟹时，更是获益匪浅。你对金钱的欲望也比平时来得强烈。不过，与此同时也会出现对财务处理上不够谨慎的倾向，例如冲动购物、草率投资等，这将造成你的开支如流水。

木星在第三宫

第三宫，掌管交流、沟通、学习和短途出行，它也和兄弟姐妹、左邻右舍有关。

（1）出生时木星在第三宫

出生时木星在第三宫，大多数情况下，你会显得聪明伶俐，思维灵活。尤其当第三宫对应的是阳性星座时，这种情况会更明显，甚至会让你拥有出色的口才。你

也许居住在一个人口繁多的社区里，从事着需要头脑灵活或表达能力见长的事务，也可能是得频繁外出。

不过，有个例外的情况，当木星在第三宫，且第三宫对应的是双鱼座时，可能你的想法对于他人来说很难理解，你的感性思维远胜过理性逻辑能力，会给你与他人的交流沟通带来很大麻烦。

（2）行运木星经过第三宫

木星进入第三宫会使你这一年考虑进修，给自己充电，甚至进行才艺创作，旅行或出差也比往年更频繁。这对学生或正在学习、准备考试的人来说是相当有利的，你的思维和表达能力都被木星增强，在考试中也会有好运降临。你与别人的互动明显增多，尤其是和你的手足及社区邻里之间，你的渴望交流的欲望会比平时更强烈，但要留神因为口无遮拦、言辞太过直接而使对方有被冒犯之感。

木星在第四宫

第四宫，掌管家庭、房屋、不动产。

（1）出生时木星在第四宫

出生时木星在第四宫的人会有宽松的家庭氛围，可能是因为有较开明的父母，所以你在家中不会受到严厉管束。你也能得到家庭给予你的不少支持。与房地产、物业、家居相关的事宜对你有利，比如从事相关行业，或能有较好的家居环境。

（2）行运木星经过第四宫

行运木星进入第四宫会给你的家庭带来变化，家宅方面有很多事需要你去忙碌，过去积累的问题将得到解决，即便它会带来分歧与争执。家庭规模会扩大，包括房子变多、变大，也可能是有新的家庭成员，包括人及宠物，或与他人同住。如果想找房子、买卖房屋、搬迁，这段时间也较容易实现。

木星在第五宫

第五宫，掌管广义上的娱乐、还有纯粹的爱恋，以及子女、创意、创作。

（1）出生时木星在第五宫

出生时木星在第五宫的人懂得体会生活的乐趣，总能保有一颗童心，并喜欢玩乐。他们的恋爱机会较多，也喜欢彼此轻松自在相处的关系，但并不能就此说他们是风流之人。如果木星在土象星座内，会使他们对开始一段感情抱有务实、谨慎的态度。他们对子女的态度比较包容开明，若木星在射手、双鱼、巨蟹座内，可能会拥有比较出色的子女。

（2）行运木星经过第五宫

这是恋爱之年，也是你寻找如何让自己更快乐的时期。你不会再忍受无乐趣可言的情感关系，转而从新的火花中寻找刺激。对于已婚人士来说，需要提防因为冲动导致出轨的倾向。你会更注重自己寻找乐趣，甚至把自己的兴趣爱好发展成事业。从事艺术、文学创作以及设计相关行业的人，将在这一年里灵光闪现、创意泉涌。

如果想要个孩子，同样也可以抓紧木星这颗大吉星在你掌管子女的第五宫内逗留的机会，受孕机会也比平时来得多（也包括意外受孕，所以要做好安全措施哦）。若已怀孕，则需注意生活规律，避免因为自己大意而让孩子受伤害。已经有子女的人则将体会到孩子给你带来的更多欢乐。

木星在第六宫

第六宫，象征具体的工作事务与职场环境，还有健康。

（1）出生时木星在第六宫

木星在第六宫的人健康状况、自身体质十分良好，只是在这方面你也容易疏忽大意，不太注意养生，还会有懒散倾向。通常木星在第六宫的人不太会为找工作发愁，工作压力和强度都不会很大，而且闲暇时间较多。倒是可能你自己平时闲不住，会充分利用空闲时间来做些其他事。

（2）行运木星经过第六宫

对正在找工作的人来说，这是个有利的年头，工作机会来得比平时多，唯一的问题是你自己是否满意且乐意去干。有时，木星会让你有些好逸恶劳、眼高手低。相应的，工作也会更繁忙，或者即便本身任务并没增多，你也会自己去找点儿事干，例如，多花点儿时间将手头事务处理得更妥当。

木星在第七宫

第七宫，象征你的伴侣、合伙人、客户、广义上的“他人”以及公开的敌人。

（1）出生时木星在第七宫

出生时木星在第七宫的人容易有良好的婚姻关系，能体会到关系中的快乐，彼此也较能包容对方。但需要注意的是，婚恋上的机会多，有时也是造成关系不稳定的负面因素。第七宫也是对合作关系很有利的位置，总是会有贵人有意无意地给你帮助，自己与他人往来时也会持宽容态度。

（2）行运木星经过第七宫

这又是一个非常受欢迎的木星位置。当行运木星经过第七宫时，将是与爱情、合作关系密切的一年。若你期待爱情的来临，那么在这一年里大胆行动追求你的目标吧。若你是被动性格，那也无须担心，只要多留意出现的那些机会，主动追求你的人会变多，甚至热情得让你不好意思拒绝，你要做的就是冷静下来挑选。同样对于公务合作、商业往来上也是类似的情况。这一年你会觉得自己变成了“香饽饽”，总会路遇贵人给你机会。

木星在第八宫

第八宫，与他人的资产、投资、伴侣或合作人的财产、健康、欲望有关。

（1）出生时木星在第八宫

木星在第八宫的人容易获得他人给予的好处，尤其是物质上。例如，从事买卖、合作、投资、金融等行业的工作，通常伴侣的经济状况也较宽裕且慷慨。你乐于享受性事的愉悦，身体也较健康，复原能力好。除非木星恰好落在了摩羯、处女、双子座，那么其幸运度会有所削弱。

（2）行运木星经过第八宫

行运木星经过第八宫时，对正打算申请贷款、抵押、投资的人会比较有利，因为这一年里你很容易获得来自他人的利益。若你之前一直有债务负担，那么在此时会觉得减轻很多。虽然木星在第八宫对健康较有利，但如果过去你在健康方面一直存在隐患，也许反而到了会发作出来的时候。

木星在第九宫

第九宫，与远行、异地/异国、教育、传媒、宗教、人生观、高等知识有关。

（1）出生时木星在第九宫

出生时木星在第九宫的人，容易对宗教玄学、哲学、人生观、教育这些领域的知识较感兴趣，也喜欢接触异域文化。与上述领域相关的事宜也会给你带来好处，甚至让你选择从事该行业。读万卷书或行万里路，通常会占其中之一。尤其当木星在射手和双鱼时，这种倾向会更明显。出生时木星在第九宫的人，其求学之路特别是高等教育，会相对来得顺利。

（2）行运木星经过第九宫

当木星进入到第九宫，可能你出差会较频繁，或极度渴望去旅行。无论是哪一种，旅途将是轻松愉快的。有些人干脆考虑搬家，甚至迁去异地。第九宫也是有利学习的位置，对知识有强烈的好奇心，学习过程也会来得轻松且顺利，为了兴趣而学更甚于为了工作需要而学习。不过木星在摩羯、处女座时，过程相对略多些辛劳。工作中，涉及异地异国的以及教育、传媒类的任务会变多，甚至放弃原来行业转行到这些领域之中。

木星在第十宫

第十宫，主要掌管事业发展方向、人生目标、与上司间的关系、公众形象，也代表母亲。

（1）出生时木星在第十宫

和木星在第二宫类似，这也是个相当受欢迎的重要位置。因为第十宫对人生的影响举足轻重，出生时木星在第十宫会使事业发展顺利，拥有广阔的前景，而且容易得到权威人士、师长、上级的青睐。这的确是可能性之一，但木星本身的轻松、无压力特质有时也会体现在一个根本无事业心的人身上，例如全职太太、游手好闲安于现状者。尤其当木星落在处女、双子座时，会助推“高不成低不就”的倾向。

（2）行运木星经过第十宫

当木星进入第十宫，你的事业发展会比往日来得轻松，机会也较多。和上司间的关系会变得更融洽，你所做的工作、创作的作品也易得到上司及其他各个权威人士包括社会大众的认可。不过，如果之前工作得并不愉快，则会在这一年忍无可忍地爆发，甚至考虑干脆换个工作。

木星在第十一宫

第十一宫，主要掌管社交生活，此外和公司的资金情况、股份也有关系。

（1）出生时木星在第十一宫

那些出生时木星在第十一宫的人，会比较喜欢交友，或从事需要和人群、团体频繁打交道的工作。尤其当木星落在阳性星座时，会更加明显。上升星座是双子、处女座的，未来的伴侣容易是从朋友做起，或通过朋友介绍认识的。不过，需要留意因为伴侣的桃花而影响双方感情。

（2）行运木星经过第十一宫

当木星进入到此宫位的那段时间，你会结识很多新的朋友或加入一些社团、组织，也容易得到别人提供给你的机会与好处。不过，你的社交圈也会有些动荡不安，例如，来得快去得也快的友谊、朋友间的争执与分歧等。你所处的公司容易得到金钱援助或是现金流比往年来得宽余，从而开始考虑业务的扩张，但得留神因为扩张过度再次使公司陷入资金链衔接不上的困境。

木星在第十二宫

第十二宫，是主要掌管隐秘之事的宫位，也包括潜意识、在暗处的对手等。

（1）出生时木星在第十二宫

木星在第十二宫的人有着丰富的内心世界，他们关注精神与玄奥之事，喜欢沉浸在自己的世界中。有时这会使他们的想法显得有些古怪和脱离现实，而且还老去思考些在世俗中很难得到确切答案的问题。也有一种说法是木星在第十二宫能带来天赐福泽。

（2）行运木星经过第十二宫

当木星进入第十二宫时，对你的影响可能表面上看来并不明显。你会比往日花更多时间在思考、冥想、回顾与总结过去的经历上。你会突然开始向往宁静的生活，并远离喧嚣。这是适合休养生息的一年。但得留神此倾向发展过度会使人变得懒散，沉溺于空想而忘了必须要干的实事。此外，在你的人际圈中，也许有人对你暗藏着不满，一些过去一直存在但未引起重视的问题也会暴露出来。

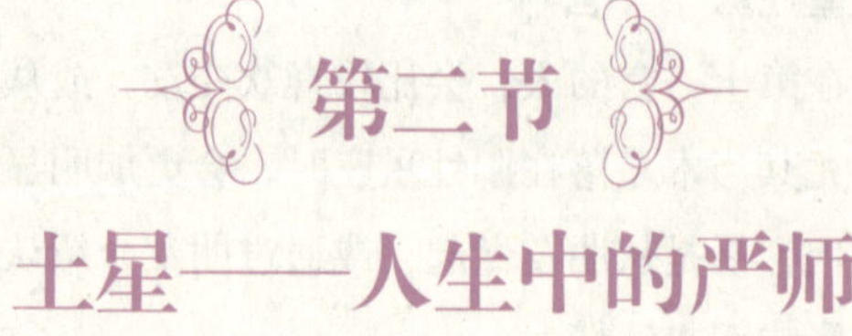

第二节 土星——人生中的严师

和带来好运的“圣诞老人”木星相反，土星则像个严师，它所到之处必然伴随着压力、挫折、阻碍、迟缓和压抑。土星所在宫位象征的人生领域，是你付出多却收获少的地方，所以难怪土星在传统占星术中被视为一颗凶星。土星并不是无法带来成功，而是和轻而易举的“木星式成功”相反，你必须得花很多精力、时间，在过程中经历挫折、打击，克服种种困难后才能得到收获。而且土星象征着迟缓，它的成果是必须经过十年磨一剑而来。所以，在我们出生星盘中有土星驻守的宫位，将是我们经受考验的地方。

土星在十二星座黄道圈上运行的周期约为29.5年，平均在每个星座的停留时间约为2.5年。在我们所有人的29~32岁、59~62岁、89~92岁期间，行运土星会和我们本命盘中的土星落在同一个星座，又称“土星回归”，也就是我们生而具有的压力将会翻倍出现。这是一个相当考验人甚至让人备受折磨的阶段，而且出生时土星在白羊、巨蟹、狮子的人挫折感尤为强烈。不过，事过境迁后，你会发现这个阶段是自己成长最多最快的时期。俗话说“三十而立”，结合占星学来解释的话，就是当你经受了“土星回归”的洗礼后，方算真正成人。

土星并不是只会带来负面效应，它也教会我们什么叫责任感，教导我们规则的重要性，让我们明白现实与理想之间的距离，以及再好的想法都必须落实到实际才有意义。

了解土星的规律以及对自己的影响，可以让我们对人生中容易产生压力的领域做好心理准备，正确面对挫折，并知道应该提防那些可能出现的问题。

通过以下两个表格，我们可以知道在不同时间段里土星分别位于自己星盘中的哪个宫位。

表1：从下表我们可以查得不同时间段里土星所在的位置。

土星行经白羊座的时间	
1967年3月4日05: 32至1969年4月30日06: 22	1996年4月7日16: 49至1998年6月9日14: 05
1998年10月26日02: 41至1999年3月1日09: 25	2025年5月25日11: 36至2025年9月1日16: 05
2026年2月14日08: 12至2028年4月13日11: 39	
土星行经金牛座的时间	
1969年4月30日06: 23至1971年6月19日00: 07	1972年1月10日11: 45至1972年2月21日22: 50
1998年6月9日14: 06至1998年10月26日02: 40	1999年3月1日09: 26至2000年8月10日10: 25
2000年10月16日08: 46至2001年4月21日05: 59	2028年4月13日11: 40至2030年6月1日10: 33

续表

土星行经双子座的时间	
1971年6月19日00: 08至1972年1月10日11: 44	1972年2月21日22: 51至1973年8月2日06: 20
1974年1月8日04: 28至1974年4月19日06: 33	2000年8月10日10: 26至2000年10月16日08: 45
2001年4月21日06: 00至2003年6月4日09: 28	2030年6月1日10: 34至2032年7月14日10: 15
土星行经巨蟹座的时间	
1973年8月2日06: 21至1974年1月8日04: 27	1974年4月19日06: 34至1975年9月17日12: 55
1976年1月14日21: 17至1976年6月5日13: 08	2003年6月4日09: 29至至2005年7月16日20: 30
2032年7月14日10: 16至2034年8月27日10: 46	2035年2月16日03: 34至2035年5月12日04: 44
土星行经狮子座的时间	
1975年9月17日12: 56至1976年1月14日21: 16	1976年6月5日13: 09至1977年11月17日10: 42
1978年1月5日08: 43至1978年7月26日20: 00	2005年7月16日20: 31至2007年9月2日21: 48
2034年8月27日10: 47至2035年2月16日03: 33	2035年5月12日04: 45至2036年10月16日15: 34
2037年2月11日14: 46至2037年7月7日10: 30	
土星行经处女座的时间	
1977年11月17日10: 43至1978年1月5日08: 42	1978年7月26日20: 01至1980年9月21日18: 48
2007年9月2日21: 49至2009年10月30日01: 09	2010年4月8日02: 51至2010年7月21日23: 10
2036年10月16日15: 35至2037年2月11日14: 45	2037年7月7日10: 31至2039年9月5日23: 14
土星行经天秤座的时间	
1980年9月21日18: 49至1982年11月29日18: 28	1983年5月7日03: 29至1983年8月24日19: 53
2009年10月30日01: 10至2010年4月8日02: 50	2010年7月21日23: 11至2012年10月6日04: 34
2039年9月5日23: 15至2041年11月11日18: 57	2042年6月21日18: 24至2042年7月14日22: 00
土星行经天蝎座的时间	
1982年11月29日18: 29至1983年5月7日03: 28	1983年8月24日19: 54至1985年11月17日10: 09
2012年10月6日04: 35至2014年12月24日00: 34	2015年6月15日 08: 36至2015年9月18日10: 49
2041年11月11日18: 58至2042年6月21日18: 23	2042年7月14日22: 01至2044年2月21日22: 21
2044年3月25日18: 00至2044年10月31日20: 51	
土星行经射手座的时间	
1985年11月17日10: 10至1988年2月14日07: 50	1988年6月10日13: 23至1988年11月12日17: 25
2014年12月24日00: 35至2015年6月15日 08: 35	2015年9月18日10: 50 至2017年12月20日12: 48
2044年2月21日22: 22至2044年3月25日17: 59	2044年10月31日20: 52至2047年1月24日23: 40
2047年7月11日11: 01至2047年10月22日19: 08	

续表

土星行经摩羯座的时间	
1988年2月14日07: 51至1988年6月10日13: 22	1988年11月12日17: 26至1991年2月7日02: 50
2017年12月20日12: 49至2020年3月22日11: 57	2020年7月2日07: 37至2020年12月17日13: 03
2047年1月24日23: 41至2047年7月11日11: 00	2047年10月22日19: 09至2050年1月21日21: 14
土星行经水瓶座的时间	
1991年2月7日02: 51至1993年5月21日12: 56	1993年6月30日16: 31至1994年1月29日07: 42
2020年3月22日11: 58至2020年7月2日07: 36	2020年12月17日13: 04 至 2023年3月7日21: 34
2050年1月21日21: 15至2052年4月16日21: 52	2052年8月9日11: 34至2053年1月11日10: 50
土星行经双鱼座的时间	
1993年5月21日12: 57至1993年6月30日16: 30	1994年1月29日07: 43至1996年4月7日16: 48
2023年3月7日21: 35至2025年5月25日11: 35	2025年9月1日16: 06至2026年2月14日08: 11
2052年4月16日21: 53至2052年8月9日11: 33	2053年1月11日10: 51至2055年3月23日02: 28

表2：当选择不同的星座作为第一宫时，其十二个宫位对应星座如下表所示。

第一宫	白羊	金牛	双子	巨蟹	狮子	处女	天秤	天蝎	射手	摩羯	水瓶	双鱼
第二宫	金牛	双子	巨蟹	狮子	处女	天秤	天蝎	射手	摩羯	水瓶	双鱼	白羊
第三宫	双子	巨蟹	狮子	处女	天秤	天蝎	射手	摩羯	水瓶	双鱼	白羊	金牛
第四宫	巨蟹	狮子	处女	天秤	天蝎	射手	摩羯	水瓶	双鱼	白羊	金牛	双子
第五宫	狮子	处女	天秤	天蝎	射手	摩羯	水瓶	双鱼	白羊	金牛	双子	巨蟹
第六宫	处女	天秤	天蝎	射手	摩羯	水瓶	双鱼	白羊	金牛	双子	巨蟹	狮子
第七宫	天秤	天蝎	射手	摩羯	水瓶	双鱼	白羊	金牛	双子	巨蟹	狮子	处女
第八宫	天蝎	射手	摩羯	水瓶	双鱼	白羊	金牛	双子	巨蟹	狮子	处女	天秤
第九宫	射手	摩羯	水瓶	双鱼	白羊	金牛	双子	巨蟹	狮子	处女	天秤	天蝎
第十宫	摩羯	水瓶	双鱼	白羊	金牛	双子	巨蟹	狮子	处女	天秤	天蝎	射手
第十一宫	水瓶	双鱼	白羊	金牛	双子	巨蟹	狮子	处女	天秤	天蝎	射手	摩羯
第十二宫	双鱼	白羊	金牛	双子	巨蟹	狮子	处女	天秤	天蝎	射手	摩羯	水瓶

例如，一个出生在1977年11月初的人，若其太阳或上升星座是天蝎座。由表1可以查到，他出生时的土星在狮子座。由表2可以查到，当以天蝎座为第一宫时，狮子座对应的是他的第十宫，那么此人在第十宫所掌管的事业、与权威人士关系、

社会地位方面会遇到许多阻碍，得付出相当多的努力才有希望获得成功。

再由表1可知，在2007年9月至2009年10月，土星行经处女座。再查表2可知，处女座是天蝎的第十一宫。那么在这段时间里，此人在第十一宫所掌管的社交、人际关系方面会较难得到他人的帮助，容易陷入孤立无援的境地，身边的人际往来圈子也会有较大的变化。

当土星落在白羊、巨蟹、狮子座时，状态不良，会使它带来的麻烦更严重，甚至付出许多也难以得到回报。当土星落在金牛、处女、摩羯这些土象星座时，其严苛的特性会进一步增强，尤其在摩羯时更加明显。不过当土星落在天秤、水瓶座时，会呈现出较好的状态，能真正把理想与实际、想法与行动相结合，压力感也会减轻许多。

土星在十二个宫位中的影响

注：以下讲述的是出生时土星对十二个宫位的影响。对以上升星座为第一宫的准确度要大于以太阳星座为第一宫的准确度。

土星在第一宫

第一宫，掌管一切与“自我”相关之事，包括性格、外貌、行为模式。

（1）出生时土星在第一宫

出生时土星在第一宫的人和摩羯座会有些相似，或许你的本性并不一定有那么严谨、克制，但一直以来你得承受许多压力，长期以来的经验和教训更使你觉得只有坚忍不拔才能最终实现自己的理想。你必须得付出很多努力才能得到别人的认可，来不得一点投机取巧的侥幸。如果上升星座在巨蟹座，那么感情上会有很大的烦恼和挫折感。如果上升在白羊和狮子座，则会遭遇比旁人更大的工作压力。

（2）行运土星经过第一宫

当土星经过你第一宫的那两年多的时间里，你必须得学会首先要依靠自己的力量，因为很可能在你需要帮助的时候，并不会有人恰好出现来雪中送炭，甚至你会发现旁人对你的要求也比以前严苛，令你备受压力。不过，这并不一定是负面事件，也可能是你得到晋升或转换了工作岗位、有了自己的家庭等，使你得承担起比以往更多的责任。相应的，对你的要求也会与过去不同，需要你去努力适应。

土星在第二宫

第二宫，掌管资产与价值观。

（1）出生时土星在第二宫

木星在第二宫是个广受欢迎的位置，土星则相反，这是因为大多数人都希望自己的收入能来得轻松些，好让自己不至于为生活担忧。然而，若出生时土星在第二宫，就是相反的情况了，一分耕耘一分收获，来不得半点儿不劳而获的奢望。虽然这并不能说明你的生活就会陷入穷困，但会使你对金钱总是缺乏安全感，并担忧未来的生活保障。在使用金钱时，你会持谨慎的态度，即便经济条件非常宽裕，也很少胡乱开销。土星落在巨蟹和狮子座的人，得谨防因为他人而影响自己的收益，尤其是伴侣或合伙人。

（2）行运土星经过第二宫

无论过去的财务情况如何，当土星进入你的第二宫时，你会因为这样那样的原因担忧起自己的经济状况来，甚至工作强度也有所加强，使你必须付出更多才能获得收益。无论你想提出加薪，还是希望获得一份更好的工作，最重要的就是凭自己的实力和一贯的努力去争取。

土星在第三宫

第三宫，掌管交流、沟通、学习和短途出行，它也和你的兄弟姐妹、左邻右舍有关。

（1）出生时土星在第三宫

本命土星在第三宫的人思维有慎重、谨慎、顾虑多的倾向，甚至在不需要多考虑的地方都会反复斟酌，容易对他人言辞较真，很少会出现“满嘴跑火车”的情况。不过，有时这会让人觉得你有些呆板和反应慢。土星意味着苛刻，因而你对他人的要求相对较高，自己也视这些要求为理所当然，不会轻易赞美和表扬他人。这些表现会让你在与人交流互相动时显得不太讨喜。

在学习及创作中，你并不是一帆风顺的，常遇到些阻碍。你也不是头脑灵活一点就通举一反三的那种类型，但却适合从事研究性的工作和专业题材的创作。和兄弟姐妹、左邻右舍的关系冷漠疏远，甚至会被拖累。

（2）行运土星经过第三宫

行运土星经过第三宫的那几年，你会承受来自第三宫掌管事务的压力，并且需要付出很多精力去克服。例如学习、考试、外出、演讲、创作，会有一堆此类事件等着你去解决。你与周围人的关系也可能并不融洽，要留神言辞中过于自以为是的倾向。

你在这些方面的努力短期内并不一定能看见明显的回报，有时还会出现停滞不前甚至倒退的情况。不过，不要放弃，当土星离开第三宫时，你才会看到成果，而这取决于你在这段时间里的付出。

土星在第四宫

第四宫，掌管家庭、房屋、不动产。

（1）出生时土星在第四宫

你的家庭生活并不轻松，可能是因为家境不佳，需要你承担较多责任，且未能在情感方面给予你足够的温暖与关爱，或是家人对你的要求和期望较高，无形中给你带来了压力。如果土星在巨蟹、狮子座的话，此情况会更严重，甚至与父母关系不和睦，或其事业境况堪忧。若土星在白羊座，那么得小心房产和家庭给你造成严重的经济损失。

（2）行运土星经过第四宫

家庭和房产方面的压力突然增强。可能是因为家庭中发生的麻烦需要你付出精力去解决。但也存在因为喜事而带来压力的情况，例如出于结婚、生子、买房等因

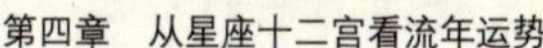

素导致你需要肩负更多责任。家中老人的健康状况需留意。这阶段买卖房产也许较难得到理想中的价格。

土星在第五宫

第五宫，掌管广义上的娱乐，还有纯粹的爱恋，以及子女、创意、创作。

（1）出生时土星在第五宫

土星这颗严谨的星体落入象征广义上娱乐的第五宫，会使你非但轻松不起来，反而对享乐持严肃心态。例如，会考虑是否合理，是否应当先完成职责再考虑娱乐，这会阻碍你充分享受人生的乐趣。

第五宫是个与感情相关的宫位，但第五宫的感情本身并不牵涉到责任，只是为了彼此的快乐而恋爱。土星使你对感情十分谨慎，会考虑太多现实因素，甚至有些负面思维，尤其当土星落入土象星座时更明显。在进入一段情感关系前，你就瞻前顾后、裹足不前，而且容易因为缺乏乐观心态导致错过机会或影响恋情。不过，你倒是比较适合以类似相亲的形式展开的严肃型恋爱。你的恋爱出于责任、现实需求和利益要多于纯粹因为感情。

创作与自我表现同样也属于第五宫的管辖范围，土星的落入可能会导致缺乏天马行空的创意，也可能是与专业题材相关，需要你投入许多精力和时间。情况不外乎两种，要么你根本就缺乏此方面的天赋，要么就是会以严肃且精益求精的态度去对待。而对于回报，你必须有极大的耐心去等待。

（2）行运土星经过第五宫

行运土星进入第五宫时，容易使你体会不到感情的乐趣，甚至遭遇情感上的压力与挫折。这对既有感情关系是一种考验，对开始一段新恋情则十分不利。不过，它却适合相亲、协议式婚姻这类本来就以合作、承担责任为主的关系。也可能会出现本来并不打算认真交往，却因为种种原因双方发展为正式的恋爱关系的情况。如果有计划生儿育女，那么在过程中得留意健康与安全。已有子女的会感到负担更沉重，和子女的相处与沟通不够顺畅。

从事创作、文艺、设计行业的人会觉得自己的创意与表达到了瓶颈期，欠缺灵感，需要煞费苦心地去思考对策和磨炼技能。

土星在第六宫

第六宫，象征具体的工作事务与职场环境，还有健康。

(1)出生时土星在第六宫

土星在第六宫是个容易带来辛劳的配置，会导致在工作中不顺心。即便本身职业并不差，也总让你觉得不太称心如意，认为自己值得更好的职位。在工作中，你不太容易得到认可，会从事一些需要专业性或负担较重的工作。土星落在白羊、巨蟹、狮子座的话，更得提防招惹是非。

土星在第六宫会导致体质不佳，易得慢性疾病。

(2)行运土星经过第六宫

对正考虑求职的人而言，土星经过第六宫的那段时期是相当不利的，容易迟迟找不到合意的工作。所以，这段时间应当降低些标准，以累积经验和锻炼技能为主。身体健康也容易有问题，要防止过度操劳。对平时的一些不适症状，不要一味忍耐，要尽快就医。

土星在第七宫

第七宫，象征你的伴侣、合伙人、客户、广义上的“他人”以及公开的敌人。

(1)出生时土星在第七宫

土星落在第七宫和在第五宫的情况有些类似，会给感情带来不顺和阻碍。你对感情持悲观心态，缺少信心去尝试，害怕受伤害，也有时过于注重现实因素。在关系中也较难得到对方的温柔呵护。你适合相敬如宾、各司其职的婚姻关系。

与人相处时较有戒心，不易信任对方。在合作关系和婚恋中得付出许多努力去磨合、适应。常会遇到顽固型的合作对象或恋人。

（2）行运土星经过第七宫

土星进入第七宫会给你的婚恋带来压力，也会让你感到肩负责任的沉重。既有感情中的激情和浪漫也会被现实、麻木所取代，甚至有些疲惫感。土星带来的是对关系的考验，那么要将压力化为责任感，还是觉得受挫而逃避或放弃，这得视你们彼此间关系的牢固程度而定。

这段时期，他人对你的要求也比往常更苛刻，你较难得到别人的帮助，甚至觉得他人给你带来的麻烦更多些。尽量做好独立自主的准备吧。

土星在第八宫

第八宫，与他人的资产、投资、伴侣或合作人的财产、健康、欲望有关。

（1）出生时土星在第八宫

土星在第八宫，会给你的伴侣、合作人的财务带来不便。虽然他们不一定贫困，但至少赚钱的过程会十分吃力，还常遇到些麻烦。而你通常也较难得到对方给予你的好处。当土星状况不佳时，例如在白羊、巨蟹、狮子座内，迟早会使你与伴侣、合作人之间发生严重的财务纠葛。

你对与他人间的财务往来也持谨慎态度，就连朋友间的馈赠都常觉得受之有愧，非得自己做些什么去平衡。

土星在第八宫和在第六宫一样，会对你的健康产生不利影响，尤其得注意慢性疾病，或是由长期不良习惯导致的问题。

（2）行运土星经过第八宫

在土星经过第八宫期间，相较平时而言，你会很难从他人处得到金钱资助。这对正需要贷款、申请各种资金的人相当不利，容易失败，或至少也得费上九牛二虎之力才稍有收获。所以，这段时期得保证流动资金的充裕。你伴侣的收入同样也面临着压力，合作计划短期内难有令人满意的回报。健康情况也值得留意。

土星在第九宫

第九宫，与远行、异地/异国、教育、传媒、宗教、人生观、高等知识有关。

(1) 出生时土星在第九宫

第九宫掌管高等教育，因而土星在第九宫带来的压力与不顺感主要体现在高校教育、深度进修、科研上较多。本命土星在第九宫的人，在求学、考试过程中来不得半点侥幸心理，必须刻苦钻研才能看到成果，甚至在过程中会时不时遭遇阻碍。你可能会从事需要专业技能的工作。

外出旅行通常也很少是纯粹的享受之旅，可能是频繁的公务出差，或是旅行条件会比较艰苦。

还可能遇到法律事务方面的麻烦，若是土星在白羊、巨蟹、狮子座，就更得留神陷入棘手的法律纠纷之中。

(2) 行运土星经过第九宫

当土星进入第九宫，你会觉得有学习、重新充电的需求，甚至考虑重返校园。这是适合钻研的阶段，但对于考试却未必有利，很难正常发挥。从事传媒、出版相关行业的人，会是十分艰苦的一年，几乎没有什么会是唾手可得、进展完全顺利的。进度拖沓更是家常便饭。

你的外出频率也比过去来得多。甚至包括住所的搬迁。

土星在第十宫

第十宫，主要掌管事业发展方向、人生目标、上司间的关系、公众形象，也代表母亲。

(1) 出生时土星在第十宫

土星在第十宫的人，会觉得自己遇到的那些权威的象征人物，如师长、父母长辈、上司、工作中接触的其他有地位人士，都对自己要求十分严格，似乎自己得付出十分努力才能获得一分认可，因而彼此间的关系并不怎么融洽。尤其是母亲给予你的关爱不够，显得过度苛刻，缺少温情。你唯一能做的，就是持续地艰苦奋斗下去，如果无法改变环境，那只能改变你自己。踏实与勤奋是你唯一赢得认可的方式。土星在第十宫，而且第十宫恰好对应天秤座的人，容易成为领袖式人物。不过，成功也许不会来得太早，因为土星象征着迟缓。

（2）行运土星经过第十宫

土星进入第十宫的那几年就像是对你过去工作表现的评价。过去你在工作中的不足将不再被姑息，其教训将令你记忆深刻。相反，如果之前你一直扎扎实实地努力着，那么可能会让你承担更多工作，甚至升职，从而导致你的压力大增。你的一言一行都会被他人以严苛的标准关注并评判着，所以这段时间你在工作中不能贪快，否则就会出现问题。你很难蒙混过关，所以必须得一步一个脚印地扎实前进。等到土星即将离开你的第十宫时，回顾这两年的经历，你会发现自己收获了很多。而那些想得过且过混日子的，就会尝到苦果。

土星在第十一宫

第十一宫，主要掌管社交生活，此外和公司的资金情况、股份也有关系。

（1）出生时土星在第十一宫

土星在第十一宫的人在人际交往中不会很顺利。你时常觉得自己的一举一动似乎总不太受人待见，别人对你各方面表现也都持挑剔的态度。可能你觉得自己明明已经热心待人了，但别人却对你回以冷漠疏远的态度。在团队活动中，你也总是付出多而收获少的一个。需要留神自己无意之中是否表露出让人觉得过于现实、自以为是的倾向。若你自主创业的话，公司的流动资金可能会时不时地有些紧张。

（2）行运土星经过第十一宫

在这两年多的时间里，你的人际往来圈子会渐渐完成一次换血，可能仅出于你自己的个人喜好换了往来群体，也可能是因为生活、工作的变化导致接触人群和以往有了显著的不同，这需要你努力去适应。这个阶段也是你很难得到他人帮助的时期。无论是出于主动或被动，你会与他人产生一些隔阂。有时是你遇到的困难不足为外人道，自行选择与他人保持距离，也有时是你的行为不太受人待见而导致的孤立。

土星在第十二宫

第十二宫，主要掌管隐秘之事的宫位，也包括潜意识、在暗处的对手等。

（1）出生时土星在第十二宫

土星在十二宫的人有些忧郁倾向，但这未必会明显地流露于外。甚至可能表面上看起来你很乐观向上，但深交后会发现你总是忧心忡忡，担心些别人看来根本不需要纠结的问题。这些烦恼你也许不会选择轻易说出口，宁可自己默默承受。若是土星同时又在巨蟹、狮子座的话，你得留神抑郁倾向或其他心理问题。土星在白羊座，则会使你的事业及与上司间的关系容易出现问题。

（2）行运土星经过第十二宫

这段时间你常会觉得需要离开人群，享受自己独处的空间，做些想做的事。除了主动的选择外，这也可能是迫不得已而为之。例如，生病进了医院、因为生活工作的需要时常得一人埋头苦干或待在某个与人不方便往来的地方。得留神一下隐藏在幕后之事，包括他人对你的不满、背后针对你的一些暗潮，因为你会挺容易“犯小人”的。你的情绪也比平时多些忧虑倾向，试着不要压抑自己，找个合适的发泄渠道吧。